顧史考著

郭店楚簡先秦儒書宏微觀

臺灣學生書局印行

自序

郭店楚墓竹簡，即一九九三年湖北省荊門市郭店村一號墓所出戰國時代楚國竹書。進行考古發掘之前，此墓曾被盜過兩次，部分器具已竊取不存，然竹簡幸而幾乎保留無遺。郭店楚墓位於當時楚國之地，具有多種戰國中期偏晚及晚期偏早的楚文化特徵，據考古專家推測，其下葬年代當在公元前三〇〇年左右，最晚也該在元前二七八年秦將白起拔郢之前；此說大致已成共識。❶至於陪葬其中的竹書，其著作及抄寫自然要比此早些，因而泛稱之為公元前四世紀之產物，蓋較符合實況。據墓制及禮器種類，墓主大概相當於上士或下大夫一級，過去學者多以為即太子之師傅，然證據實乃不足，至今祇能存疑。❷

墓中有字竹簡共計七三〇枚左右，竹簡形制不盡相同，字體亦頗不一致，當初整理者據竹簡的長短、形狀、編線契口間之距離，以及字體、書法特徵及簡文內容等因素，將原為散亂且部分殘損的竹簡

❶ 參湖北省荊門市博物館，〈荊門郭店一號楚墓〉，《文物》一九九七年第七期，頁三五—四八；徐少華，〈郭店一號楚墓年代析論〉，《江漢考古》二〇〇五年第一期（總第九十四期），頁六八—七二。

❷ 「東宮之師」之說，見李學勤，〈先秦儒家著作的重大發現〉，收入姜廣輝主編，《郭店楚簡研究》（《中國哲學》第二十輯；瀋陽：遼寧教育出版社，一九九九年一月），頁一三—一七。

相互繫聯而分成若干篇，乃為之題篇名，以圖版、釋文及注釋為目而編成專書，即文物出版社一九九八年五月出版的《郭店楚墓竹簡》。❸其中有三篇，章節內容與傳世《道德經》相同，合起來相當於後者的五分之二，另外有一篇大致相當於《禮記》所載的〈緇衣〉篇（然章序不同），以及於馬王堆亦曾發現過的〈五行〉篇（「經」部）。此外全都是未曾見過的逸書，且除了一篇言宇宙生成的〈太一生水〉及難以歸類的〈語叢四〉兩篇外，這些逸書全屬儒家一類。《郭店楚墓竹簡》共成十八篇，如下：〈老子〉甲乙丙、〈太一生水〉、〈緇衣〉、〈魯穆公問子思〉、〈窮達以時〉、〈五行〉、〈唐虞之道〉、〈忠信之道〉、〈成之聞之〉（下稱〈成之〉）、〈尊德義〉、〈性自命出〉、〈六德〉、〈語叢一〉、〈語叢二〉、〈語叢三〉及〈語叢四〉。本書內所論述，除了一篇專講〈語叢四〉外，重點皆在儒家部份。

誠如方家所常道，直自西晉武帝時掘出汲冢竹書以來，先秦墓中未曾發現如此重要的思想文獻群，因而自從《郭店楚墓竹簡》出版問世後，學者便一窩蜂地齊擁來研究。就儒家部份而言，郭店楚簡諸篇之論人性、人情與禮樂等人道之關聯，即如龐樸所謂「補足了孔孟之間所曾失落的理論之環」；❹或如郭店簡所見「五行」、「六德」等各種道德範疇及仁義內外之分合等問題，亦可與《論語》、《孟子》及《禮記》等書參照而填補不少戰國中期儒學思想史上之缺。至於其學派歸屬，自從李學勤、龐樸兩位大方家謂其中若干篇該與《子思子》有直接關聯後，❺乃多有學者討論此議題，筆者亦曾加入其數。由於〈緇衣〉一篇沈約早便謂「取《子思子》」，而劉瓛則謂「公孫尼子所作」，而郭店楚簡他篇中又與沈氏所謂同樣「取《子思子》」的〈表記〉、〈坊記〉、〈中庸〉及「取《公孫尼子》」的《樂記》或多或少都有思想或體材上之聯繫，因而郭店簡之學術歸源實可從多方面立論；❻本書第三、四兩篇即多圍繞此問題來探討郭店楚簡的儒家思想內涵。

郭店楚簡儒書究竟能否當作一個整體看待，自然是一個不容忽略的問題，然從其內容、辭句及用詞等方面之同點推論，其中數篇亦毫無疑問有其相互關聯緊密之處。❼若自其同者視之，可見郭店楚簡儒書有其一致的關懷及反覆的論點，而儘管這些蓋多與儒家之所以為儒者相等，亦多有未如郭店簡之突出者。如其中幾篇所言「上好是物，下必有甚焉者」，未嘗不是儒家者治道之核心理論，而如〈緇衣〉所謂「刑不式而民咸服」，〈尊德義〉所謂「民可導也，而不可強」等，對刑罰之政此種強烈貶抑，於郭店簡數篇較為一致，而於後來儒者則多有粗細輕重之分。凡如此種情況，皆有其歷史因素及家派互動之影響，隨著時間之荏苒而演變。若將之放在整個先秦思想史的脈絡當中，似可就先秦儒學史乃至諸子百家間之學術史得出更加清楚的認識。本書第一、二兩篇所述，便是此一類的狀況。

然而一切思想史上之討論，乃不得不以文本為基礎，而郭店楚簡此種文本，實在堪稱複雜無比。如上所言，竹簡原為散亂、殘損，而《郭店楚墓竹簡》整理者所作的繫聯與分篇等工作儘管已算相當完善，然篇內簡序難免仍有許多可以商討之處。簡上所書皆為楚國文字，字體結構多與秦漢後文字有別，古文字專家雖已有相當深厚的認識，然仍有許多難以隸定之字，更何況其中訛化、誤寫者亦不少。❽非僅

---

❸ 荊門市博物館編，《郭店楚墓竹簡》（北京：文物出版社，一九九八年五月）。據該書前言，其中釋文由彭浩、劉祖信及王傳富三位所定。

❹ 龐樸，〈古墓新知——漫讀郭店楚簡〉，收入《郭店楚簡研究》（見注❷），頁九。

❺ 見李學勤，〈荊門郭店楚簡中的《子思子》〉，收入《郭店楚簡研究》（見注❷），頁七五—八〇；李學勤，〈先秦儒家著作的重大發現〉（同注❷）；龐樸，〈孔孟之間——郭店楚簡中的儒家心性說〉，收入《郭店楚簡研究》，頁二二—三五。

❻ 亦有人主張其於子游一派有關；詳情見本書第四篇〈詩歌音樂美學〉。

❼ 其說見本書第三篇〈思孟道統〉第二節及第六篇〈排列調整芻議〉前言與結語兩節。

❽ 參裘錫圭，〈談談上博簡和郭店簡中的錯別字〉，《華學》第六輯（二〇〇三年六月）。

如此，由於先秦文本中通假字所佔比例遠非後世所見，因而簡中字詞之正確讀法亦往往難測，且古音與今音宛若有天淵之別，再加以楚國方言之因素，則誠然難以反其真。對竹書文義之理解自然依賴於文字釋讀的認識，然此種認識同樣亦無法離開上下文義的理解而推測。因而文字之隸定、字詞之釋讀，乃至文句之句讀、竹簡之順序以及章節之內容，凡如此之類實不得不同時兼顧，方可望於琢磨出其相互間的正確理解。然假若盡量利用古文字學、上古音韻學等領域的成果，再以謹慎的心態找出傳世文獻中相同或相類的章節詞句來進行仔細的校對，郭店楚簡庶幾可以得出其最為合理的詮釋。缺少此種努力，其思想史上之內涵實乃無從而論。準此，本書第五篇以下所探，皆為此類小學方面的問題。

基於上面所述，本書分為兩部，分別題為「宏觀篇」與「微觀篇」。「宏觀篇」共有四篇，所論者皆為郭店楚簡儒家著作之思想上及學術史上的探索，包括其中「以人治人」的思想、禮樂美學思想、「情義終始」論等哲學重點，以至於這些思路的歷史背景、其與戰國諸子間的互動關係以及其對後世儒學的種種影響。「微觀篇」則共五篇，所論者乃為詮釋郭店楚簡的具體問題，如若干竹簡的排列順序、有關章節文句的句讀與解釋以及各別字詞的可能釋讀，同時亦包括一篇專講郭店簡等出土簡帛如何該與傳世文獻相互校對的詮釋理論。今先將各篇的概況分述如下。

「宏觀篇」的第一篇〈從禮教與刑罰之辯看先秦諸子的詮釋傳統〉，以郭店楚簡為中心，探討中國詮釋傳統早期的發展。春秋戰國可以視為中國詮釋傳統的萌芽時期，當時《詩》、《書》等書已漸有定本，而在孔門弟子與其後學的筆記與論文當中，這些經典的章句詮釋往往成為其論說的核心所在。此時期亦為百家爭鳴的時代，各各學派皆是壁壘森嚴，而為了能與孔門分庭抗禮，則不得不對儒者所視為權威的先王之言論及經典，加以自己的說法與詮釋。然而其中所採用的方法與手段則有數種。本文擬針對當時的一項熱門命題，即禮教與刑罰之辯，分析各派是如何應用前人之言論來為其本家之說立論，以便探討先秦時期詮釋學的發展過程如何。通過此種對歷史傳記及諸子百家的有關記載之分析，希望將有助於使中國詮釋學史的基本發展路線更加清晰一些。

基於第一篇所論，第二篇〈從楚國竹簡論戰國「民道」思想〉，則進一步探索禮樂思想與法治思想的辯論過程及郭店楚簡於此中所扮演的角色。從戰國晚期到西漢的文獻來看，「人道」、「民道」此種字眼，早已成為儒家之治道思想的一種標誌。在此種概念逐漸形成的過程當中，郭店楚簡所代表的戰國中期儒家著作，實堪稱為占有最為關鍵之地。本文將先分析郭店簡所論的「民道」思想，之後再討論戰國時期諸子百家文獻中與此相關的章節，以便將其中的義理脈絡予以梳理，就其歷史淵源及其發展過程加以探討。其中除了「民道」等字眼外，「造父御馬」的比喻亦成為辯論中修辭上的一個焦點，而從百家何以各自描述此種御馬之正術著眼，亦可以得知諸子之間較為微妙的一些互動關係所在。

前兩篇已泛論郭店簡於整個先秦思想史脈絡中的角色，第三篇〈郭店楚簡儒家逸書及其對後世儒學思孟道統的意義〉則退一步而探討其本身的思想體系與學派歸屬，以及這些問題給後來的儒家道統所帶來的意義。從宋代理學家直到現代新儒家，莫不以子思、孟子為其所傳承之道統的關鍵人物，然如〈中庸〉等相傳為子思所著之書，是否確實代表子思學派的思想，或許可以通過郭店楚簡而得到證實。本文將在李學勤、龐樸等學者的基礎之上，進一步探討郭店楚簡儒家著作與《子思子》之關係。主要是以徐復觀、唐君毅等第二代新儒家對〈中庸〉一篇之闡發以為綱領，透過郭店楚簡來看〈中庸〉等篇章是否即能反映出一種與子思或其稍後年代相當的思想體系。誠若如此，則子思此一儒家道統的重大祖師之一，乃能期望重新踏上其傳統之地位，因而將給當代儒者從新測定其歷代淵源之深且厚矣。

第三篇中亦對郭店楚簡中的音樂思想以及其與公孫尼子的可能關係有所論述，第四篇〈以新出楚簡重遊中國古代的詩歌音樂美學〉則進一步探索這些問題。《毛詩·大序》可以說是中國傳統詩論之宗，而歷代詩論多以〈大序〉所論為其出發點。其言情性「感於物而動」，故「形於聲、發為詩」，以至於可以「正得失、動天地、感鬼神」，所論亦與傳統樂論之祖《樂記》相互輝映，而兩者皆對後代之詩歌美學論有莫大的影響。此二者雖分別相傳為與子夏、公孫尼子有關，但由於文獻之不足徵，而無法確切的追溯其思想淵源。然而最近幾年所出土的郭店楚簡等早已失傳的先秦儒家逸書，對於中國早期的詩論、樂論之發展，可給我們提供一些新的線索。本文擬以〈性自命出〉一篇為主，探討此其思想淵源，而接著將其中所蘊含的美學意義，加以進一步的發揮，以便給中國之傳統詩歌音樂美學做一初步的溯源。儒家素以「成於樂」為造極之境，「宏觀篇」亦順趣而以「樂」論為終。

「微觀篇」的第一篇，亦即本書第五篇〈古今文獻與史家之喜新守舊〉，先就如何以新出古本與舊傳今本進行有效的校對此一問題加以探討，可視為「微觀篇」的理論基礎。今日所看到的傳世文獻，由於歷代所混入的種種訛誤與妄改，已遠非當時著作之原貌，然通過文本校勘及訓詁等學門的知識，蓋可望於大略復其原狀。於此，較為純樸的出土簡帛正有助於瞭解傳世文獻之原形及後世的改動所在。然反過來講，欲理解難以通讀的出土文獻本身亦不得不依靠於早已經過整理的傳世文獻所給予的訊息。然則進行古今文獻校讎時，究竟應該採取何種處理方式、判斷標準及研究心態？本篇主要以郭店楚簡為例，將針對古今兩本間之差異性的處理此一問題而進行進一步的探討，希望藉此考慮如何避免某些至今仍然見到的學術偏見與障礙。

此後第六到第九篇，乃將此種理論付諸實施，對郭店楚簡中種種具體問題進行較為細緻的處理。《郭店楚墓竹簡》自從一九九八年問世後，一直引起中國內外學者矚目，對於研究先秦文字、歷史、思想等領域均有重大意義。當時既有彭氏、劉氏、王氏等人的釋文及裘錫圭先生的修訂建議，後來又有許多學者提供補充意見的論文及專著，皆就《郭店楚簡》的釋讀有其巨大貢獻。然由於楚系文字中形體的變化、假借的習慣等因素，再加上史者的遺漏、竹簡的殘缺等問題，均使其文章的本意晦澀難懂，因而至今仍有部分詞句令人茫然費解。筆者不揣寡陋，乃就此幾篇中若干難題而提出一些猜想與推測。

第六篇〈郭店楚簡儒家逸書的排列調整芻議〉，就竹簡形制相同的〈六德〉、〈尊德義〉及〈成之〉等三篇提出幾處竹簡順序上的調整意見，亦從字體上討論為何不可於此數篇文本之間掉換竹簡，最後亦就郭店楚簡之整體性此一問題提出一些值得考慮的現象。第七篇〈讀〈尊德義〉札記〉，對較受冷落的〈尊德義〉篇幾條文字的釋讀提出新的解釋，同時亦對該篇的韻文特徵加以初步的探索。〈尊德義〉思想內容堪稱豐富，然而由於難識莫名之字特多，且竹簡順序亦有不少不明之處，因而其思想內涵至今仍然無法澈底理解。本篇則為筆者為了開始破出這些障礙所作的一種嘗試。第八篇〈郭店楚簡〈成之〉等篇雜志〉，亦針對郭店簡幾篇儒家逸書中的部分問題，提出一些新的見解，以便能夠對其思想內涵及歷史意義達到進一步的認識。先就〈成之〉一篇，作兩處簡序上的調整，乃至突顯出其中「恆」、「疾」、「終」的進階概念，又對某些字提出新的讀法，試圖給聖人對善道之「不捨」此一觀念得出更加深入的理解。後文則又對〈唐虞之道〉作幾處簡序調整，對〈六德〉中「多」字給新的解釋，對〈語叢一〉諸簡之間的編連及字詞的釋讀亦提出種種說法，望能給予郭店楚簡之通讀問題作出微薄的貢獻。最後，第九篇〈從《楚辭》韻例看郭店楚簡〈語叢四〉〉，對郭店簡中此最為獨特的一篇進行詳盡的韻讀分析、簡序調整以及文字釋讀。此一方面分析〈語叢四〉各章內之合韻情形而與《楚辭》之分韻情況相互比較，以便探求對於〈語叢四〉所從出的方言韻文環境得出初步認識的依據。然同時透過韻讀分析之後，〈語叢四〉多處的釋讀、句讀、文義及簡序等問題可藉以得到更加合理的解釋，甚至於簡文中或可能為誤抄或妄改之處，亦可藉由韻讀分析而得出新解。

《郭店楚簡》出後不久，乃傳出另一大批先秦竹簡被發現的消息，即二〇〇一年便開始出版的《上海博物館藏戰國楚竹書》。❾此批竹簡初為盜墓者所偷取，據說後來張光裕於香港古董市場見到，而最後替上海博物館購買下來，乃得以保存、整理而逐漸問世。❿上博竹簡上所書，顯然亦是楚國文字，字體與郭店簡極其相似；據推測，其所由盜之墓很可能即是位於郭店鄰近一些一九九三年左右也被盜過的墳墓之一。上博楚書儒家文獻內容相當豐富，目前研究過郭店楚簡的學者大多都已將集中力移到上博楚書的研究上去，此後對先秦學術史之重建的影響不見得將亞於郭店楚簡。本書論郭店簡的同時，自然將涉及上博楚書的內容（包括與郭店簡重複的〈緇衣〉與〈性情論〉兩篇），然大體上還是以郭店楚簡本身為中心。

本書各篇為筆者從一九九九年至二〇〇五年所寫，皆曾收進學術研討會論文集或刊於學報上，詳情見各篇頭注，在茲向各個學報與學術單位表示感謝。除了為了使本書格式一致而作的一些小修改，本書基本保持各篇原狀，凡對篇中內容或簡文釋讀有所改動，皆在注腳以大方形括號「〔〕」注明之。書內各篇順序，與其寫作時序不盡相同，如其中第六篇與第三篇即為筆者對郭店簡的初作；然大體而言，「宏觀篇」的四篇皆為較早寫的，釋文都用寬式處理；「微觀篇」除了第六篇外皆為最近三年所著，釋文處理則配著其內容而更為嚴謹一些。

本書的寫作過程當中，承蒙多位學者的指教與幾所基金會的資助。後者當中，包括美國傅爾布萊特學術交流基金會（Fulbright：臺灣項目）、臺灣文化建設基金管理委員會、美國美侖（Mellon）基金會、美國學術團體聯合會（ACLS）的 Burkhardt 研究金以及美國郡禮（Grinnell）大學所予；通過以上各種資助，得於臺灣中央研究院中國文哲研究所及美國國家人文中心（National Humanities Center）分別進行一年的專心研究，在茲特致謝意。方家當中，特謝國立臺灣大學周鳳五先生及上海復旦大學裘錫圭先生之垂青，各自抽出珍貴時間不吝賜教，筆者感激不已。亦曾蒙李學勤、廖名春、陳偉、陳劍、李零、李銳、朱淵清、徐少華、黃沛榮、許學仁、邱德修、林素清、顏世鉉、范麗梅、陳麗桂、張光裕、袁國華、季旭昇、夏含夷等各位多次指正，又多受周鳳五主持的新出戰國楚竹書研讀會及郭梨華、林啟屏、陳鼓應、佐藤將之等主持的上海、郭店儒家簡研讀會各位參與學者的啟發，在此表示深切的感謝。亦感謝高柏園、黃俊傑、楊儒賓、鍾宗憲及林順夫先生各方面的幫助。每找相關資料，顏世鉉時而指津焉，實在不勝感恩。亦特謝林慶彰、戴璉璋、蔣秋華、李豐楙及文哲所各位同仁的支持與協助。馬銘浩為拙作題字，借之以外在美觀，感激不盡。此外所承兩岸三地學者的幫助亦不計其數，無法一一點出，感謝之意自然即在言外。筆者學識有限，本書尚存淺陋之處，自然乃與各位無關，仰望方家予以指正焉。〈六德〉云「以信從人者」謂之婦，最後感謝賢妻婉瑩此數年的耐心與支持，缺此則本作誠然無法落實。

---

❾ 如今頭五本已出來，其圖板與釋文見馬承源主編，《上海博物館藏戰國楚竹書（一）》（上海：上海古籍出版社，二〇〇一年十一月），及同書（二、三、四、五）（二〇〇二年十二月、二〇〇三年十二月、二〇〇四年十二月、二〇〇六年一月）。上博楚簡概況見該書第一冊序言。

❿ 此大致的情形可參看〈戰國竹簡露真容〉，《文匯報》一九九九年一月五日，第一至三版；及〈「上博」看楚簡〉，《文匯報》一九九九年一月十四日，頁一一。

郭店楚簡先秦儒書宏微觀

目　次

宏觀篇

一、從禮教與刑罰之辯看先秦諸子的詮釋傳統（註）

壹、前言

秦始燔滅民間書，項羽燒毀阿房宮，函谷一舉而微言絕，楚人一炬而大義乖。漢興而「禮壞樂崩，書缺簡脫」，於是孝武閔焉，乃「建藏書之策，置寫書之官，下及諸子傳說，皆充祕府」，且「置五經博士」，以解讀所藏而挽救先聖之道統於絕跡之境。❶此蓋可謂為中華詮釋傳統之為何而發者也。然而早在春秋之末，「周室既微而禮樂不正，道之難全也如此。是故孔子憂道之不行，歷國應聘。『自衛反魯，然後樂正，《雅》、《頌》乃得其所』；修《易》，序《書》，制作《春秋》，以紀帝王之道。」❷此說雖未必無所潤色，然而當時夏禮、殷禮「不足徵也，文獻不足故也」（《論語．八佾》），且周道

（註）本文初發表於二〇〇〇年六月國立臺灣大學舉行的「中國的經典詮釋傳統」第六次研討會。後來刊登於《臺大文史哲學報》第五三期（二〇〇〇年十一月），頁一—三二。

❶ 語出《漢書》〈楚元王傳〉、〈藝文志〉及〈武帝本紀〉：〔漢〕班固撰、〔唐〕顏師古注，《漢書》（北京：中華書局，一九六二年六月），頁一九六九、一七〇一及一五九。

❷ 《漢書．楚元王傳》，頁一九六八。

「壞於幽厲」而不復行，蓋為不可否認之實，因而孔子欲保存文獻於未盡，通過古籍以復古，論會經典以立教，借鏡古事以驗今，其事皆在自然之中矣。然則中華詮釋傳統之萌芽，蓋堪稱於周室衰微之時開端者無疑。

據西方哲人伽達瑪所言，詮釋學「代表一種欲把握住已開始消失之物而舉之於意識之照亮之下的努力。」❸口授傳統寫成書籍而固定下來之後，此種「文獻」乃與作者原意、其所欲言而未盡者，已有所疏離，有所異化，本來即是勢所必然，即《易．大傳》所謂「書不盡言，言不盡意。」更何況遠隔數百年之後，其讀者所欲跨越之溝便益加寬闊，因而「文獻意義的把握過程，乃與一種獨立的創作行為有所像」，故可見為何「詮釋技術所用的工具，大體上是自修辭技術借過來的。」❹但詮釋學的作用不限於文獻的解讀而已，而是更有其普遍性的：「歷史文獻之無法立即解讀或其容易被誤讀的現象，其實只是人類在面對世界時所遇到之『生疏』、所不『合』於我們從經驗中得來之通常期望者的一種特例而已。」❺即是說詮釋文獻中的「生疏」辭句，與瞭解生活中的「生疏」情況，乃是同一回事，目的皆在於將此「生疏」歸於所已知已明者之條理當中。此種瞭解本身「也可以說是一種活動」，我們所以瞭解且傳述傳統，亦乃所以經驗與瞭解且創作今世。確如伽達瑪所論，則「述而不作」乃不可復夢，而將歸為緣木而求魚之類也。

孔子藉經以立教，其後來之諸子亦然。當時《詩》、《書》等書已漸有定本，而於孔門弟子之筆記與論文當中，此種經典之章句的詮釋時而成為其論說之核心所在。至於百家紛起而爭鳴，而欲與孔門能分庭抗禮，則不得不以儒者所視為權威之聖王之言與先王之書，加以己說而另詮釋之。然而其中所採用之方法與手段則有數種。或以所祖述之先王與經典為同，而其對之之詮釋與解說則異，則儒、墨是也。或以彼之尊崇堯、舜、仲尼之言與《詩》、《書》、禮樂之文，轉為我之推尊黃帝、老子之言與臨關強為之書，則儒、道（黃老）是也。或乃根本便否認先王之言之可以為後王所用者，此則為法家所喜好之手段也。本文擬針對當時之一項熱門命題，即禮教與刑罰之辯，分析各派是如何應用或借重於前人及前書之言來為其本家之說立論，以便探討先秦時期詮釋學之發展路線如何、中華詮釋傳統之本質如何。

夫託古以喻今，自古有之，而古之所古者蓋異於今之所古者爾。先秦諸子，於今已古矣。焉知今之以「詮釋」之名託於古人之實，非乃類於古人之以其當時之名寓於上古之實者乎？奈何！然而今不如此詮釋古，則今古無以通。此古者，我之古也，人類之所共古也，而今者，亦古人之未來者也。今不以此古為我古以驗我之今，乃無以知我之所由來之道，而更無以知今之非是矣。「後人哀之，而不鑑之，亦使後人而復哀後人」，此之謂也。❻

貳、孔門與孔門之外

春秋之末年，列國諸侯已逐漸以法制來代替禮制，制訂繁文的刑書，而據歷史記載，當時儒者便以此視為周室及諸侯衰微之驗。《左傳・昭公六年》（公元前五三六年）曰：

---

❸ Hans-Georg Gadamer, "On the Scope and Function of Hermeneutical Reflection" (1967 年; G. B. Hess, R. E. Palmer 英譯)，載於其 *Philosophical Hermeneutics* (David E. Linge 編; Berkeley: University of California Press, 1976 年)，頁二一。

❹ 同上注，頁二四。

❺ 同上注，頁二四—二五。

❻ 語出杜牧，〈阿房宮賦〉。

三月，鄭人鑄刑書。叔向使詒子產書曰：「始吾有虞於子，今則已矣。昔先王議事以制，不為刑辟，懼民之有爭心也。猶不可禁禦，是故閑之以義，糾之以政，行之以禮，守之以信，奉之以仁，制為祿位，以勸其從……民於是乎可任使也，而不生禍亂。民知有辟，則不忌於上。並有爭心，以徵於書，而徼幸以成之，弗可為矣。夏有亂政而作《禹刑》，商有亂政而作《湯刑》，周有亂政而作《九刑》：三辟之興，皆叔世也。今吾子相鄭國，作封洫，立謗政，制參辟，鑄刑書，將以靖民，不亦難乎？詩曰，『儀式刑文王之德，日靖四方』；又曰，『儀刑文王，萬邦作孚』，如是何辟之有？民知爭端矣，將棄禮而徵於書，錐刀之末，將盡爭之，亂獄滋豐，賄賂並行，終子之世，鄭其敗乎？肸聞之：『國將亡，必多制』，其此之謂乎？」❼

又《左傳·昭二十九年》（公元前五一三年）：

冬，晉趙鞅、荀寅帥師城汝濱，遂賦晉國一鼓鐵，以鑄刑鼎，著范宣子所為刑書焉。仲尼曰：「晉其亡乎！失其度矣。夫晉國將守唐叔之所受法度，以經緯其民，卿大夫以序守之，民是以能尊其貴，貴是以能守其業。貴賤不愆，所謂度也。文公是以作執秩之官，為被廬之法，以為盟主。今棄是度也，而為刑鼎，民在鼎矣，何以尊貴？貴何業之守？貴賤無序，何以為國？且夫宣子之刑，夷之蒐也，晉國之亂制也，若之何以為法？」❽

然則孔子之反對刑書，為其守舊思想對當時政治情況的消極反應，以為其「貴賤無序，何以為國？」如此便將「禮度」與「刑法」視為互不相容之範疇。

到了戰國，此種新的「法制」乃更加根深柢固，因而孔門弟子乃攻之愈勤。可以今本《禮記·緇衣》為例，其一開頭便將整篇的宗旨如此標出：

子言之曰：「為上易事也，為下易知也，則刑不煩矣。」❾

儘管此一句為較「原始」的《郭店楚墓竹簡》本所無而可能為後人所加上去的，然而〈緇衣〉篇無疑是以重新認定禮教來糾正刑罰之「煩」為目的而寫的。❿接下來的幾章將此一點說得更明白：

子曰：「好賢如〈緇衣〉，惡惡如〈巷伯〉，則爵不瀆而民作愿，刑不試而民咸服。」〈大雅〉曰：「儀刑文王，萬國作孚。」

子曰：「夫民，教之以德，齊之以禮，則民有格心；教之以政，齊之以刑，則民有遯心。」故君民者，子以愛之，則民親之；信以結之，則民不倍；恭以蒞之，則民有孫心。〈甫刑〉曰：「苗

---

❼ 楊伯峻，《春秋左傳注》（一九八一年；修訂本；北京：中華書局，一九九〇年），頁一二七四—一二七六。所引《詩》句為《詩·周頌·我將》及《詩·大雅·文王》；前者之「德」字，今本《詩》作「典」。

❽ 同上注，頁一五〇四。

❾ 孫希旦，《禮記集解》（沈嘯寰、王星賢點校；北京：中華書局，一九八九年八月），頁一三二二。

❿ 本文凡引《郭店楚墓竹簡》皆據荊門市博物館編，《郭店楚墓竹簡》，北京：文物出版社，一九九八年五月。為方便起見，盡量採用通行文字。

民匪用命，制以刑，惟作五虐之刑曰法。」是以民有惡德，而遂絕其世也。⓫

〈緇衣〉篇的作者是誰，其說法有二。其一為《隋書．音樂志上》引梁代沈約〈奏答〉所云：「〈中庸〉、〈表記〉、〈防記〉、〈緇衣〉，皆取《子思子》」，⓬則是書可能為子思（孔伋；約公元前四八三—四〇二年）⓭或其門人所作。其二則為陸德明就〈緇衣〉之《釋文》引劉瓛所云為「公孫尼子所作也」。⓮按《漢書．藝文志》儒家類載《公孫尼子》二十八篇，原注稱之為「七十子之弟子」，⓯則大概與子思為同時人物也。下葬於公元前三百年左右的《郭店楚簡》中亦出現一篇〈緇衣〉，也足以證明此篇最遲為戰國中期或更早些的著作。無論如何，應該可以說是反映一種社會秩序混亂、治安每下愈況的戰國早期到中期的情形，而〈緇衣〉則是此期儒家以其禮教的觀點來糾正此一世弊而寫的。

值得注意的是〈緇衣〉篇幾乎完全是以記言體裁而寫的，即是除了引用孔子之言與《詩》、《書》之文以外，其作者本人所下的辯論極少。對擁護傳統的、「述而不作」的儒家而言，《詩》、《書》等頌揚先王之德或記載先王之言的歌謠與檔案，早已登上「經典」之地位，而其祖師孔子本身，亦已成為一個至尊無上的權威。對此時期的儒家，此種「重言」根本即是不可懷疑的，因而光是引用之便已足夠，更無須多以任何其他道理說服人家。當然，如《左傳》等書所記載宴會中賦詩的習慣一樣，孔門儒者引《詩》、《書》有時可能也是故意斷章取義的，然而此點亦似乎尚無害乎其所引之為「重言。」⓰

其實，如本書第三篇所論，沈約將〈中庸〉、〈表記〉、〈防記〉、〈緇衣〉等相提而論，從內容與體裁兩方面而言乃頗有其理，因為於體裁方面，除了〈中庸〉「下篇」之外⓱，此數篇主要皆為記言體裁，不少章節是以「子曰」或「子云」開頭的，且除了〈大學〉一篇外，《禮記》中並沒有如此四篇之引用《詩》、《書》之多者（而〈大學〉引「子曰」則才兩見）。於內容方面，則此「《子思子》」四篇亦皆是強調君子以己身作則而為天下萬民之儀表的那種思路，因而也是特別推崇禮教、德教，而對「刑」、「政」則多有貶抑。例如〈坊記〉首章所云：

子言之：「君子之道，辟則坊與？坊民之所不足者也。大為之坊，民猶踰之。」故君子禮以坊

⓫ 孫希旦，《禮記集解》，頁一三二二—一三二三。依中華本標點，此幾章所言全是孔子之言，包括《詩》、《書》引文在內；吾則以為「子曰」與《詩》、《書》之文皆是此篇作者所引述，故標點有所改動。後一章的前一句亦見《論語·為政》：「道之以政，齊之以刑，民免而無恥；道之以德，齊之以禮，有恥且格。」此兩章於《郭店楚墓竹簡》為第一章（頁一二九，簡一、二）與第十二章（頁一三〇，簡二三—二七），文稍有不同（郭店本首章之釋讀，請參本書第五篇〈古今文獻〉一文）。今本《尚書》，〈呂刑〉（〈甫刑〉）彼句作「苗民弗用靈，制以刑，惟作五虐之刑曰法」；屈萬里，《尚書釋義》（一九八〇年；第二版，臺北：中國文化大學，一九九五年七月），頁一九一。

⓬ 《隋書·音樂志上》：〔唐〕魏徵等撰，《隋書》（北京：中華書局，一九七三年八月），頁二八八。

⓭ 子思、墨子等人之年代，皆按錢穆，《先秦諸子繫年》（初版一九三五年；增訂版一九五六年；臺北：東大圖書公司再版，一九九〇年九月）。

⓮ 見孫希旦，《禮記集解》，頁一三二二。

⓯ 《漢書·藝文志》；《漢書》，頁一七二五。

⓰ 春秋時賦詩的情形，見顧頡剛，〈《詩經》在春秋戰國間的地位〉，《古史辨·第三冊》（《民國叢書·第四編》〔北京：樸社，一九三三年〕，六六號），頁三二八—三三六。顧氏謂孔子亦「要用詩去實施典禮、諷諫、賦詩等方面的社會倫理……可見他對於詩的觀念離不掉當時的實用；只是所說興觀群怨有些涵養性情的見解似比當時人稍高超些。」（頁三四六）《左傳·襄二十八年》盧蒲癸曰：「賦詩斷章，余取所求焉」（楊伯峻，《春秋左傳注》，頁一一四五—一一四六）：Steven Van Zoeren 謂孔子與其時人用詩也就是這種用意。見其 *Poetry and Personality: Reading, Exegesis, and Hermeneutics in Traditional China* (Stanford: Stanford University Press, 1991 年)，頁四二—四四。

⓱ 〈中庸〉由上下兩篇構成之說，見徐復觀，《中國人性論史·先秦篇》（臺北：臺灣商務印書館，一九六九年），頁一〇五—一〇六。

> 德，刑以坊淫，命以坊欲。⑱

雖以「禮」、「刑」與「命」（政令）並舉，然而「君子之坊民，以禮為本，而刑與政輔之；篇中所言，皆以禮坊民之事也」，則亦實乃一種以禮教為上而以刑、政次之的說法。⑲

與子思、公孫尼子同時，而獨創孔門外之學派者，則有墨翟（約公元前四七八—三九二年）。墨翟為魯人，且據《淮南子・要略》亦原為孔門弟子：

> 墨子學儒者之業，受孔子之術，以為其禮煩擾而不說，厚葬靡財而貧民，〔久〕服傷生而害事，故背周道而用夏政。⑳

據《墨子・公孟》，墨子所不滿於儒之道者，有其「以天為不明，以鬼為不神」、「厚葬久喪」、「習為聲樂」及「以命為有」的所謂「足以喪天下」之「四政。」㉑此四者之外，儒、墨兩門相同之處固然也多，然而至於禮教與刑罰的權衡問題上，則又有較大的歧異。墨子為了實行其「一同」的理想，認為不得不借重於刑政的手段：

> 故古者聖王之為刑政賞譽也，甚明察以審信。是以舉天下之人，皆欲得上之賞譽，而畏上之毀罰。㉒

至於其相同之處，則可能莫過於皆是特別信奉「先王之書」的。墨子「明辨」之「三表」之第一者即

「上本之於古者聖王之事」，㉓而所以知聖王之事者，據「子墨子」之說乃因為：

「古之聖王，欲傳其道於後世，是故書之竹帛，鏤之金石，傳遺後世子孫，欲後世子孫法之也。今聞先王之遺而不為，是廢先王之傳也。」㉔

那麼若是墨子與孔門弟子所引用之書為同，而所欲以證明之政教理論乃異，則必然將形成一種對此經典的不同說法，這也便是詮釋上的問題。上面〈緇衣〉所引以為據的《尚書·甫刑（呂刑）》一句，恰好在《墨子·尚同中》也引以為例：

子墨子曰：「……昔者聖王制為五刑，以治天下，逮至有苗之制五刑，以亂天下。則此豈刑不善

---

⑱ 孫希旦，《禮記集解》，頁一二八〇。

⑲ 本段所言，見本書第三篇〈思孟道統〉第五節；此處引文為孫希旦之說。〈坊記〉首章是以「子言之」開頭的，而其他章則皆言「子云」，與〈緇衣〉的情況類似，似乎意味著前者此章亦可能是後人加上去的。〈坊記〉第二章的首句也是以「坊」為喻的，因而此種猜測不害於其題為「坊記」之事實。

⑳ 劉文典，《淮南鴻烈集解》（馮逸、喬華點校；北京：中華書局，一九八九年），頁七〇九。

㉑ 《墨子·公孟》；孫詒讓，《墨子閒詁》（《諸子集成》本），頁二七七。

㉒ 《墨子·尚同中》；孫詒讓，《墨子閒詁》，頁四八。

㉓ 《墨子·非命上》；孫詒讓，《墨子閒詁》，頁一六三—一六四。

㉔ 此種句於《墨子》屢見，如《墨子·非命下》亦云「書之竹帛，鏤之金石，琢之盤盂，傳遺後世子孫。」（孫詒讓，《墨子閒詁》，頁一七四）等。

哉？用刑則不善也。是以先王之書〈呂刑〉之道曰：『苗民否用練，折則刑，唯作五殺之刑，曰法。』則此言善用刑者以治民，不善用刑者以為五殺，則此豈刑不善哉？用刑則不善。故遂以為五殺。是以先王之書〈術令〉之道曰：『唯口出好興戎。』則此言善用口者出好，不善用口者以為讒賊寇戎。則此豈口不善哉？用口則不善也，故遂以為讒賊寇戎。」[25]

〈緇衣〉引〈呂刑〉彼句來證明「齊之以刑」遠遠不如「齊之以禮」的道理，而墨子則認為刑罰是為政者不可或缺的政治手段，因而便對〈緇衣〉就〈呂刑〉的此種讀法提出抗議。即是說按照〈呂刑〉篇的本義，有苗之所以「絕其世矣」，並不是因為他們制定了一套刑法，而只是因為此套刑法過於慘重，且時常因為實情未審而至於案件錯判，乃濫用此刑法於無辜之上。察今本《尚書．呂刑》，確實是該如此詮釋的才是，因為此篇本來便是周王（蓋即穆王）老年時命令呂侯「度作刑以詰四方」、勸告「官伯族姓」聽獄時要「敬之哉！」的記載，亦即是要求為民上者「善用刑以治民」的一篇「先王之傳。」[26]墨子將「上本之於古者聖王之事」定為標準的同時，亦對於先王之書的詮釋提出新的要求，即是詮釋者不再允許斷章取義或歪曲作者原意。墨子思想的出現對儒家來說無非是一種新的挑戰，而此種古書詮釋上的辯論亦乃其挑戰的手法之一。[27]

此外，墨子為了辯護其新學說還另有一些手段。《韓非子．顯學》曰：「孔子、墨子俱道堯、舜，而取舍不同，皆自謂真堯、舜。堯、舜不復生，將誰使定儒、墨之誠乎？」[28]然而墨子自己早已有答覆：

「今逮至昔者三代聖王既沒，天下失義，後世之君子，或以厚葬久喪以為仁也，義也，孝子之事也；或以厚葬久喪以為非仁義，非孝子之事也。曰二子者，言則相非，行即相反，皆曰：『吾上祖述堯舜禹湯文武之道者也。』而言即相非，行即相反，於此乎後世之君子，皆疑惑乎二子者言也。若苟疑惑乎之二子者言，然則姑嘗傳而為政乎國家萬民而觀之。計厚葬久喪，奚當此三利者？」㉙

所謂「傳而為政乎國家萬民而觀之」，亦即〈非命〉篇「三表」之三的「廢（發）以為刑政，觀其中國家百姓人民之利。」㉚依墨子的看法，「本之」於「聖王之事」、「先王之書」固然是明辯言論的重要標準，然而如何理解「先王之書」本身成為問題或爭論點的時候，則不得不更依賴於其他二「表」，即「原之」於「百姓耳目之實」，與「用之」於「刑政」而「觀」其「利」。㉛此兩種標準，亦可以視為詮釋「聖王之事」的方法。在這裡，墨子此論雖然不是針對認識論問題而言的，但還可以說已樸素的認

㉕ 孫詒讓，《墨子閒詁》，頁五一。按，「練」即「令」、「靈」之假字，「折」為「制」古字。

㉖ 見屈萬里，《尚書釋義》，頁一九一、一九九。

㉗ 上面此段亦提到「先王之書〈術令〉」中的一句話。按照孫詒讓的考察，此所云「術令」蓋即「說命」之假字。〈說命〉篇為今文《尚書》所無，然而〈傳本〉〈緇衣〉篇中亦有引之者：「子曰，『小人溺於水，君子溺於口，大人溺於民，皆在其所褻也。』夫水近於人而溺人，德易狎而難親也，易以溺人，口費而煩，易出難悔，易以溺人。夫民閉於人而有鄙心，可敬不可慢，易以溺人。故君子不可以不慎也……〈兌命〉曰，『惟口起羞，惟甲冑起兵，惟衣裳在笥，惟干戈省厥躬。』……」此與《墨子》所引「辭義相類。」見孫詒讓，《墨子閒詁》，頁五一。

㉘ 〔清〕王先慎撰，《韓非子集解》（鍾哲點校：北京：中華書局，一九九八年七月），頁四五七。

㉙ 《墨子．節葬下》：孫詒讓，《墨子閒詁》，頁一〇五。按，三利即「富」、「眾」、「治」。

㉚ 《墨子．非命上》：孫詒讓，《墨子閒詁》，頁一六四。

㉛ 同上注。

識到詮釋哲學的一個重要事實，即是理解歷史記載的過程，是無法脫離詮釋者本身的經驗與判斷標準。如海德格所講，詮釋文獻時，「欲求助於所『當前』，然而乃發現所『當前』本來即是詮釋者本身所明而未言的預想。」㉜以墨子而言，這個標準亦即是其自己「耳目」所見聞過的，以及其整套治國理論與政治經驗，而因為墨子的思想體系本來即與孔門不同，其詮釋歷史的立場亦隨之而異。

墨子如此一來便可以引用孔門所喜好的先王之書，以反過來證實其自己的學說。然而《墨子》中所講的「聖王之事」與「先王之書」，亦往往與孔門著作所引用的不同，而此乃其詮釋方面的另一個手法。《莊子·天下》謂墨家自云「非禹之道也，不足謂墨」；孔門弟子多「從周」，故墨子駁斥儒者公孟子曰：「子法周而未法夏也，子之古非古也」（《墨子·公孟》）。確如羅根澤指出：「然則墨子之所以述堯舜，道夏禹者可知矣，以其古尤古也。故愈至後世，所言益古，馴至而法黃帝，馴至而法神農，馴至而法天乙泰一，無非所以使其古尤古，以壓倒他家，謂其古非古也。」㉝羅氏亦指出《墨子》所引「書」，幾乎「與今古文《尚書》全殊」；此可能便意味著墨家於「經過儒家之修飾潤色」的後者之外，尚另有一套較利於己說的「先王之書」做為後盾。㉞詮釋歷史文獻的過程，本來亦是一個「選擇」的過程，即是讀者依著自己已有之經驗來選擇文獻中較合乎其判斷標準的意義，以便構造一種更有意義的詮釋；而詮釋歷史本身，亦無非也是取材於合乎此標準的史料，以便構造出更有意義的歷史詮釋。於詮釋文獻與選取史料兩方面，墨子可以說是為了後來的諸子開啟了一種新的道路，亦即「孔門之外」的道路也。墨家對經典的詮釋與孔門有所不同，其視為權威的歷史人物與古典書籍亦有輕重之殊，甚至將「述而不作」的詮釋家權威「孔子」及其「子曰」之玉音皆視若無睹，而以自己的祖師「子墨子」之說來代替——此皆可視做墨家所寓於詮釋傳統的新意。

參、聖人之性與萬人之心

據墨子之說，先王著書之目的，乃因為「欲傳其道於後世……欲後世子孫法之也」（見上）。孔門弟子對此點雖無異議，而其論之尚有更進一步之見者，如最近出土《郭店楚簡》中〈性自命出〉篇所云：

> 詩、書、禮、樂，其始出皆生於人。詩，有為為之也。書，有為言之也。禮、樂，有為舉之也。聖人比其類而論會之，觀其之〈先〉後而逆訓（順）之，體其義而節文之，理其情而出內（入／納）之，然後復以教。[35]

然則此作者之意乃《詩》、《書》等經典與禮、樂等制度，亦是經過聖人之手而成的，然而更重要的是，這些聖經與聖制，當其初時乃只是出於人性、人情之自然而已，是直接體現人情的一種表現與創作。然而正是為了使此種人情之表現走上一種「無過與不及」之道而行，所以聖人才在這個已有之基礎

---

32 Martin Heidegger, *Being and Time* (1927年; John Macquarrie、Edward Robinson 英譯; New York: Harper & Row, 1962年)，頁一九二。亦見 Gerald L. Bruns, *Hermeneutics Ancient and Modern* (New Haven: Yale University Press, 1992年)，頁四。

33 羅根澤，〈戰國前無私家著作說〉，《古史辨·第四冊》（《民國叢書·第四編》，六七號），頁六七—六八。

34 羅根澤，〈由《墨子》引經推測儒墨兩家與經書之關係〉，《古史辨·第四冊》，頁二七八—二八一。

35 《郭店楚墓竹簡》，頁一七九，〈性自命出〉簡一五—一八。〔其中字詞之釋讀多用寬式處理。本篇初以「逆訓（順）」為「逢（？）訓」而以「節文」為「節（？）度（？）」，今依現在的理解改變，詳情見本書第四篇〈詩歌音樂美學〉第二節同文所引。〕

之上，加以「論會」，加以「節文」，加以整理，作為《詩》、《書》、禮、樂之經典以為國家之大綱而反過來以教人民。《詩》、《書》等之所以能如此「為民坊」者，亦正是因為「論會」之之聖人亦即是人，其性情與我之性情無所不同。㊱因而人人皆有成為聖人之可能，如《郭店楚簡》〈成之〉所論：

聖人之性與中人之性，其生而未有非之節於而也……及其專長而厚大也，則聖人不可由與墠（？）之。此以民皆有性，而聖人不可慕也。㊲

因而此篇把聖人與中人之不同全都放在一種「疾之」、「深之」、「求之於己」的工夫之上。人若是欲將此「不可慕」成為「可慕」，則除了「深求之於己」以外，亦可借助於聖人所「論會」過之經典，因為聖人與我本來即是同一性的，而聖人之歷史與經驗，通過其文獻之教訓，亦有成為我之歷史與經驗之可能也。㊳美國文人愛默生曾曰：

各個人皆彼此享有一顆共同之心。每個人皆為同一體海水、所有共同之海水的一個港口。有一旦容納於理智之地者，便有權利自由享用此地所有之財產。柏拉圖所想的，他也可以想；聖人感覺的，他也能感覺；於任何時落於任何人之身上者，他也可以瞭解。得以使用此「萬人之心」者，乃是所有作為或可能之作為的參與者，因為此心是唯一的、獨立自主的行動者也。此顆心之所創作的，歷史即是其記錄……㊴

人生而「性相近」，然而經過不同之遭受、相異之努力、光陰之荏苒、時地之隔離，以至於不同人與不同時代人之「習相遠也。」但是因為聖人之性與我自己之性無異，而我同樣可為此「萬人之心」之共同參與者；聖人所想，我亦可想，我亦可以走上聖人之道。然則欲詮釋「其始初皆生於人」之《詩》、《書》等歷史文獻，目的即在於此。

戰國儒者為何要強調此種人性相同之說及其經典詮釋上之意涵，蓋一方面是為了迎應「子之古非古也」的那種挑戰，另一方面則是為了反駁逐漸形成的「古今異情」之論。本文第四節論及荀子之時，此點將可看得更清楚一些。

除了〈緇衣〉之外，《郭店楚簡》其他儒家著作也特別推崇禮教之效果。例如〈緇衣〉所曰：

子曰：「下之事上也，不從其所以命，而從其所行。上好此物也，下必有甚安（焉）者矣。」㊵

㊱ 請詳本書第三篇〈思孟道統〉第五節。

㊲ 《郭店楚簡》，頁一六八，〈成之〉簡二六—二八。「非之節於而」之「而」字，或為「天」字形近之誤。此節大義雖明，而其中多字頗為費解，今不細論。〔按，此段之釋讀筆者已有新說，請詳本書第八篇〈〈成之〉等篇雜志〉第二節第二條。今仍其舊。〕

㊳ 〈性自命出〉及〈成之〉、〈尊德義〉、〈緇衣〉、〈六德〉、〈五行〉等《郭店楚簡》中竹簡約三二．五公分長的這幾篇儒書，雖不一定是出於一人之手，然而其相同之處頗多，因而到某個程度可相提並論。請見本書第六篇〈排列調整芻議〉。

㊴ Ralph Waldo Emerson (1803—1882 年), "History," 載於其 *Essays: First and Second Series* (New York: Vintage Books/The Library of America, 1990 年), 頁七。

㊵ 《郭店楚簡》，頁一二九，〈緇衣〉簡一四—一五。此於《禮記》為第四章；見孫希旦，《禮記集解》，頁一三二三。

〈成之〉、〈尊德義〉同樣云之。㊶因而如〈緇衣〉一樣，對刑罰之繁提出異議，而以「治人之道」來相對。〈尊德義〉曰：

> 聖人之治民，民之道也。禹之行水，水之道也。戚（造）父之御馬，馬也之道也。后稷之藝地，地之道也。莫不有道安（焉），人道為近。是以君子人道之取先。㊷

聖人之治民如大禹之行水一樣：不是逆著水流而強加以塞住，而是順著水之本性而加以疏導。若是反此道而以刑罰為主，國家將不能堪：「不由其道，不行」，「教其政，不教其人，政弗行矣」㊸，因而「教以禮……教以樂……先之以德，則民進善安（焉）。」㊹〈成之〉亦謂：

> ……上不以其道，民之從之也難。是以民可敬道（導）也，而不可弇也；可御也，而不可牽也。㊺

而〈六德〉篇則曰：「君子如欲求人道，〔□而不〕由其道，雖堯求之弗得也。」㊻此皆為針對當時刑罰之煩瑣而發之論也。而且特別是〈成之〉一篇，亦處處借重於《書》篇或「昔者君子」之言以強化此論。如：

> 君子之於教也，其道民也不浸，則其淳也弗深矣。是故亡乎其身而廌（存）乎其詞，雖厚其命，民弗從之矣。是故畏（威）備（服）刑罰之屢行也，由上之弗身也。昔者君子有言曰：「戰與刑

人，君子之述（墜）德也。」是故上苟身備（服）之，則民必有甚安（焉）者。[47]即是其例。是乃先聖遺訓之可用於當今者也。

《郭店楚簡》此種議論中，似乎尚且看不出其對上述墨子之詮釋挑戰的直接反應。到了孟子（約公元前三八五—三〇五年）則不然。於禮教與刑罰之辯方面，孟子無過多之言論，而其所論基本上尚是跟孔門以往的立場一樣的，為先德而後刑之論。孟子認為君主必須先施行「仁政」，足備人民之基本生活條件，方有資格講到刑罰。其對齊宣王曰：

「無恆產而有恆心者，惟士為能。若民，則無恆產，因無恆心。苟無恆心，放辟，邪侈，無不為

---

41 〈尊德義〉亦曰：「下之事上也，不從其所命，而從其所行。上好是物也，下必有甚安（焉）者。」；〈成之〉則云：「上苟身備（服）之，則民必有甚安（焉）者。」見《郭店楚墓竹簡》，頁一七四，〈尊〉簡三六、三七；頁一六八，〈成〉簡七。

42 《郭店楚墓竹簡》，頁一七三，〈尊德義〉簡六—八。

43 同上注，簡三、一八—一九。

44 同上注，簡一三、一六。

45 《郭店楚墓竹簡》，頁一六七，〈成之〉簡一五—一六。

46 《郭店楚墓竹簡》，頁一八七，〈六德〉簡六、七（此句補法，見本書第六篇〈排列調整芻議〉第二節。筆者本來祇補「而不」二字（「不」字依裘按語），然實該補三字，今以「□」來增補一字之位）。上述《郭店楚墓竹簡》數篇所引，亦有似於〈中庸〉篇「以人治人」之思想。請參看本書第三篇〈思孟道統〉第五節。

47 《郭店楚墓竹簡》，頁一六八，〈成之〉，簡四—七。（按，「存乎其詞」末字或該讀「治」；「戰與刑人」句，或該依裘錫圭按語以「子」字為衍文，以「人君」屬下讀。）

已。及陷於罪，然後從而刑之，是罔民也。焉有仁人在位，罔民而可為也？是故明君制民之產，必使仰足以事父母，俯足以畜妻子，樂歲終身飽，凶年免於死亡。然後驅而之善，故民之從之也輕。」[48]

對梁惠王，孟子則勸他要「施仁政於民，省刑罰，薄稅斂，深耕易耨。」[49]《孟子》書中亦云：

孟子曰：「仁則榮，不仁則辱。今惡辱而居不仁，是猶惡溼而居下也。如惡之，莫如貴德而尊士，賢者在位，能者在職。國家閒暇，及是時明其政刑。雖大國，必畏之矣。詩云：『迨天之未陰雨，徹彼桑土，綢繆牖戶。今此下民，或敢侮予？』孔子曰：『為此詩者，其知道乎！能治其國家，誰敢侮之？』……」[50]

孟子引《詩・豳風・鴟鴞》此句以證成其「仁則榮，不仁則辱」之意，雖然尚未免稍有斷章取義之嫌，然而此其用《詩》（或用《書》）之方式，已與〈緇衣〉等篇之用之有所不同。即是說，〈緇衣〉等篇引用《詩》、《書》及「子曰」之言，乃是以此言為有權威性之「重言」，而以此「重言」為其論說之中心，甚至「重言」之外並未必有其他解說在。孟子則是以自己之言論為主，而以《詩》、《書》之文乃附帶於後（或他處）。其自己之言論既已完備，則所附加《詩》、《書》之文雖尚有「重言」之性質，而與其說其為「重言」，又不如說其為修辭方面之潤飾矣。既然如此，則即使其為斷章取義，是又何妨乎？此與後來荀子引《詩》、《書》之方式大致是一樣的。再說《孟子》此章所引，不光是《詩》之文與孔子之言，而是《詩》文與孔子之論此一《詩》句本身之判語，則蓋可謂為「重言」之上再加之「重言」也。

孟子此論是針對當時之苛政，而不是針對墨家而發的。然而當時「天下之言，不歸楊則歸墨」，而孟子雖未敢自稱「好辯」，其深信「能言距楊墨者，聖人之徒也」則無疑。故《孟子》書中「不得已」而攻擊墨子及其他百家者到處皆是。墨家及其他百家興起之後，古書之詮釋已非孔門儒者所能壟斷，到了孟子之時代，諸子各門早已如墨家一樣，創立其一己之經典解說，或承認其各自之古代權威。面對此種情況，有時孟子與其直接迎辯，寧可乾脆否認此種「重言」之可信，例如：

孟子曰：「盡信書，則不如無書。吾於〈武成〉，取二三策而已矣。仁人無敵於天下，以至仁伐至不仁，而何其血之流杵也？」51

蓋孟子之思想，重點皆放在「心」、「性」、「仁政」等字眼之上，因而不如孔門其他儒者之竭力尊古，更何況於難以取信之古書。儘管如此，其「二三策」尚將有所取焉，且時常引以為重。孟子亦有時會承認其對手所引古書之權威性，但因為其所持解說與己說有所牴觸，而不但會反駁其對手之說，也會直接對其整套詮釋方法提出異議。例如眾所周悉孟子於咸丘蒙之以拘泥於文字而誤解〈北山〉之詩義後

48 《孟子·梁惠王上》，第七章；亦見〈滕文公上〉，第三章。
49 《孟子·梁惠王上》，第五章。
50 《孟子·公孫丑上》，第四章。
51 《孟子·盡心下》，第三章。〈武成〉為《尚書》篇名，於傳本《尚書》此篇是偽古文；所形容蓋為周武王伐紂時之情景，而因為誇張其打仗時殺人之殘忍，而孟子便即否認此經典書篇之可「盡信」。

所發之理論：

「是詩也，非是之謂也；勞於王事，而不得養父母也。曰：『此莫非王事，我獨賢勞也。』故說詩者，不以文害辭，不以辭害志。以意逆志，是為得之。如以辭而已矣，雲漢之詩曰：『周餘黎民，靡有孑遺。』信斯言也，是周無遺民也。……」[52]

如此一來，孟子亦便可以己所已持有之「意」，來「逆」古人之「志」，而為其思想體系辯護，此乃將之視為手段也。然而其中亦有更深之意義在。因為詮釋之過程，本來即是一個「以意逆志」之過程：我們之所以能瞭解或「翻譯」過去之事、古人之志者，乃只有依靠於我們自己已有之經驗、已有之「意」以為其「港口」也。[53]我們之所以能夠通過此道而逆知聖人之志者，則更基於我與聖人皆共有一顆「萬人之心」、皆共有一個本然即善之性，因而「人皆可以為堯舜。」[54]「何以異於人哉？堯舜與人同耳」[55]，此亦「萬人之心」之謂也。前世之儒似亦有此意，然而到了孟子方能明言其理，則此亦可視為孔門後學以至於孟軻對詮釋學傳統之新意也。

肆、先王與後王

戰國時代，封建制度逐漸為君主集權所代替，而法制及其有關思想亦隨之而愈加深入。先於魏國有李克（約公元前四五五—三九五年）之《法經》，而後來於秦國則有商鞅（約公元前三九〇—三三八年）之「變法。」據《韓非子・定法》篇所載，「公孫鞅為法：……法者，憲令著於官府，刑罰必於民心，賞存乎慎法，而罰加乎姦令者也……公孫鞅之治秦也，設告相坐而責其實，連什伍而同其罪，賞厚而信，刑重而必，是以其民用力勞而不休，逐敵危而不卻，故其國富而兵強。」[56]如同兩個世紀之前的子產之於鄭國一樣，商鞅為秦國制定了一套詳細而明確的刑法，不過前者遠不如後者嚴密慘重。當時叔向提出歷史教訓及《詩》中辭句以責難子產此舉，而子產僅能以「吾以救世也」相對。然而據《史記》所載，至於商鞅獻其變法之計於秦孝公時，而甘龍、杜摯等大臣難之以「聖人不易民而教，知者不變法而治」及「法古無過，循禮無邪」之理，商鞅乃對之以一種新穎的想法：

> 衛鞅曰：「龍之所言，世俗之言也。常人安於故俗，學者溺於所聞。以此兩者居官守法可也，非所與論於法之外也。三代不同禮而王，五伯不同法而霸。智者作法，愚者制焉；賢者更禮，不肖者拘焉。」……「治世不一道，便國不法古。故湯武不循古而王，夏殷不易禮而亡。反古者不可非，而循禮者不足多。」孝公曰：「善。」以衛鞅為左庶長，卒定變法之令。[57]

---

[52]《孟子・萬章上》，第四章。此章前人已詳言之，今不贅述。英文著作中可詳 Steven Van Zoeren, *Poetry and Personality*, 頁六九—七四。

[53]對此章的此種「詮釋」，亦可見上注所引，頁七四。

[54]《孟子・告子上》，第二章。

[55]《孟子・離婁下》，第三十二章。

[56]王先慎，《韓非子集解》，頁三九七—三九八。此篇是將商鞅之「法」與申不害之「術」視為相對而相輔的政治手段。

[57]《史記・商君列傳》：〔漢〕司馬遷撰，《史記》（顧頡剛等標點；北京：中華書局，一九六三年），頁二二二九。亦見《商君書・更法》：蔣禮鴻，《商君書錐指》（北京：中華書局，一九八六年四月），頁三—四。

「治世不一道，便國不法古」，商鞅此言，為孔門弟子及墨家們所未敢或言之一句話，因為其無論是如何詮釋先王之書，或以哪些先聖、哪些古籍視為權威，亦皆是以此種古代遺訓當作其學說背後之靠山。商鞅之變法則既然於古已是根本無跡可尋的，因而其乃乾脆否定先王之禮之有必然於當今者。然而此並不是將以往的「託古」一改而為「非古」，而是「便於國」乃「不法古」而已。其實商鞅此言亦尚可謂為「法古」的一種，而所法者乃法古人之「不法古」，即是法「三代」之「不同禮而王」者也。不過無論如何，此種「法古」畢竟與以往之「法古」大有所不同，而毫無疑問是歷史詮釋方法上的又一次「變法。」[58]

當然，商鞅到最後因為秦貴族不滿於其變法而不得其死，然而此其新政策（包括刑法及經濟等方面）在其身後繼續為秦所採用，以致「其國富而兵強」，則是不容置疑的。後來之大儒荀子（約公元前三四〇?—二四五年）往至秦國而親目睹之，而應侯范雎問其「入秦何見」時，荀子不得不承認其百性「甚畏有司而順」，其百吏「莫不恭儉、敦敬、忠信而不楛」，其士大夫「不比周，不朋黨，倜然莫不明通而公」，而其朝廷「聽決百事不留，恬然如無治者。」[59]然而荀子終不敢讚許秦政之重法術而輕禮教，因而最後乃曰：

「雖然，則有其諰矣。兼是數具者而盡有之，然而縣之以王者之功名，則倜倜然其不及遠矣！是何也？則其殆無儒邪！故曰粹而王，駁而霸，無一焉而亡。此亦秦之所短也。」[60]

原來荀子為孔門後學之衣缽傳人，無論如何還是要維持儒者傳統的重禮輕刑之說，將禮義視為王者之道，而以刑罰貶成霸者之術：

> 人君者，隆禮尊賢而王，重法愛民而霸，好利多詐而危，權謀傾覆幽險而亡。……故賞不用而民勸，罰不用而威行，夫是之謂道德之威。……其禁暴也察，其誅不服也審，其刑罰重而信，其誅殺猛而必……夫是之謂暴察之威。……道德之威成乎安彊，暴察之威成乎危弱，狂妄之威成乎滅亡也。[61]

依荀子之說，只有「道德之威」才是強國之本，「隆禮尊賢」方是持久之策，而任兵、重刑則根本即非治民之道，而只能為王者之輔佐。〈議兵〉篇荀子答李斯語將此一點講得更明白：

> 「禮者，治辨之極也，強固之本也，威行之道也，功名之總也，王公由之所以得天下也，不由所以隕社稷也。故堅甲利兵不足以為勝，高城深池不足以為固，嚴令繁刑不足以為威。由其道則行，不由其道則廢。……下之和上也如影響，有不由令者，然後俟之以刑。……是故刑罰省而威流，無它故焉，由其道故也。……傳曰：『威厲而不試，刑錯而不用。』此之謂也。

---

58 通過此種「三代不同禮而王，五伯不同法而霸」的說法，商鞅便有其不法古而變法之理由，然而此其理由本身亦正因為古代先王亦是如此「不同禮」、「不同法」，因而其「不法古」者中亦尚有其「法古」之意焉。此種說法亦時常為後來論說者所引以為重，如西漢編纂的、亟稱「先王」的《樂記》亦云：「五帝殊時，不相須樂，三王異世，不相襲禮」等，即是一例。見孫希旦，《禮記集解》，頁九九一。

59 《荀子・彊國》；見〔清〕王先謙撰，《荀子集解》（沈嘯寰、王星賢點校；北京：中華書局，一九八八年九月），頁三〇二—三〇三。

60 同上注，頁三〇三—三〇四。

61 同上注，頁二九一—二九三。

「……凡人之動也，為賞慶為之，則見害傷焉止矣。故賞慶、刑罰、埶詐，不足以盡人之力，致人之死……不足以合大眾，美國家，故古之人羞而不道也。故厚德音以先之，明禮義以道之，致忠信以愛之，尚賢使能以次之，爵服慶賞以申之，時其事，輕其任，以調齊之，長養之，如保赤子。政令以定，風俗以一……夫是之謂大化至一。詩曰：『王猶允塞，徐方既來。』此之謂也。」62

此所謂「由其道則行，不由其道則廢」，亦正好與上述《郭店楚簡》儒書之「不由其道，不行」、「上不以其道，民之從之也難」等語是如出一轍的。63是所謂「下之和上也如影響」，亦即〈彊國〉篇所云「且上者下之師也，夫下之和上，譬之猶響之應聲，影之像形也。故為人上者，不可不順也」，而兩者亦乃可視為郭店簡儒書之「上好是物，下必有甚焉者」等說之響應也。以禮、德為上，而只有「不由令者，然後俟之以刑」；要不如此，而以賞慶、刑罰為主，則人民「見害傷焉止矣」，此亦即孔子之「道之以政，齊之以刑，民免而無恥」之謂也。荀子此套道理，顯然是由孔子及孔門後學一脈相承的，而同樣可視為一種守護傳統之思想所致，因而其在茲引用古傳與古詩以為重，一點也不足怪。

荀子雖有此守舊之一面，然而為了迎應當時諸子對孔門所下的各種挑戰，他同時又是大量吸收百家之長以便將孔子之道加以改進。據〈解蔽〉篇所論，諸子雖為「曲士之人，觀於道之一隅而未之能識也，故以為足而飾之」，然而此「一隅」畢竟尚是「道」之一隅，因而本來即「一家得於周道」的孔門，便可以「兼陳萬物而中縣衡焉。」64刑法雖只是「一隅」而商鞅、慎到等人皆蔽塞焉，但此並不意味刑法便是一無是處，而只是為禮教之次，於孔門「周道」之中必有其適當切合之處焉。因而〈正論〉篇乃謂：

> 世俗之為說者曰：「治古無肉刑，而有象刑：墨黥，慅嬰，共、艾畢，菲、對屨，殺、赭衣而不純。治古如是。」
>
> 是不然。以為治邪？則人固莫觸罪，非獨不用肉刑，亦不用象刑矣。以為人或觸罪矣，而直輕其刑，然則是殺人者不死，傷人者不刑也。罪至重而刑至輕，庸人不知惡矣，亂莫大焉。凡刑人之本，禁暴惡惡，且徵（懲）其未也。殺人者不死，而傷人者不刑，是謂惠暴而寬賊也，非惡惡也。故象刑殆非生於治古，並起於亂今也。
>
> 治古不然。凡爵列、官職、賞慶、刑罰，皆報也，以類相從者也。一物失稱，亂之端也。夫德不稱位，能不稱官，賞不當功，罰不當罪，不祥莫大焉。昔者武王伐有商，誅紂，斷其首，縣之赤旆。夫征暴誅悍，治之盛也。殺人者死，傷人者刑，是百王之所同也，未有知其所由來者也。刑稱罪，則治；不稱罪，則亂。故治則刑重，亂則刑輕，犯治之罪固重，犯亂之罪固輕也。書曰：「刑罰世輕世重。」此之謂也。[65]

此所引《書》之「刑罰世輕世重」，亦正是來自〈呂刑〉篇之一句，原文為「上刑適輕，下服；下刑適重，上服。輕重諸罰有權，刑罰世輕世重，惟齊非齊，有倫有要。」[66]意謂刑罰之輕重沒甚麼絕對的，

---

[62] 王先謙，《荀子集解》，頁二八一—二八九。

[63] 此種字眼之涵義及其在諸子之間的用法，請看本書第二篇〈戰國「民道」思想〉。

[64] 王先謙，《荀子集解》，頁三九三—三九四。

[65] 王先謙，《荀子集解》，頁三二六—三二八。

[66] 屈萬里，《尚書釋義》，頁一九八。

該重則加重，該輕則減輕，治世與亂世則輕重相反。荀子此論，既非〈緇衣〉之「刑不試而民咸服」之說，又非乃《墨子》所言古者聖王之刑政「甚明察以審信」之義，而恰在此二者之中，為「兼陳」其長而「中縣衡焉」者也。因而其引自〈呂刑〉篇以加重己說者，亦與彼二者有異。〈君子〉篇論刑罰亦是如此：

聖王在上，分義行乎下，則士大夫無流淫之行，百吏官人無怠慢之事，眾庶百姓無姦怪之俗，無盜賊之罪，莫敢犯上之大禁。天下曉然皆知夫盜竊之不可以為富也，皆知夫賊害之不可以為壽也，皆知夫犯上之禁不可以為安也。由其道則人得其所好焉，不由其道則必遇其所惡焉。是故刑罰綦省而威行如流，世曉然皆知夫為姦則雖隱竄逃亡之由不足以免也，故莫不服罪而請。書云：「凡人自得罪。」此之謂也。

故刑當罪則威，不當罪則侮；爵當賢則貴，不當賢則賤。古者刑不過罪，爵不踰德。故殺其父而臣其子，殺其兄而臣其弟。刑罰不怒罪，爵賞不踰德，分然各以其誠通。是以為善者勸，為不善者沮；刑罰綦省，而威行如流，政令致明，而化易如神。傳曰：「一人有慶，兆民賴之。」此之謂也。

亂世則不然……67

此一方面申論道德之威與刑罰之省的理想，一方面又強調所以達到此境地，亦乃「刑當罪」、「刑不過罪」、「分然各以其誠通」而「為不善者沮」之所致。按〈呂刑〉曰：「惟敬五刑，以成三德。一人有慶，兆民賴之，其寧惟永。」68荀子引其中之八字，即是為了暗示此「五刑」之用乃是以「成三德」之義，然而無此「五刑」，亦無以「成德。」

然則荀子究竟是何以瞭解古今？其如此詮釋古人之言及聖王之事是憑甚麼理論而發的？值得注意的是，〈正論〉篇引「刑罰世輕世重」之義，並非「古今異世」之謂，因為刑罰之「當罪」反而是「百王之所同也，未有知其所由來者也」。上面已經講過，孟子詮釋歷史的依據，即是人人同樣都有本然善之性，「人皆可以為堯舜」，因而聖王所作所為，我亦可以瞭解，我亦可以通過其歷史遺訓而實現之於己身。荀子雖然持有性惡之論，然而聖人既能「化性」、「起偽」、「生禮義」、「制法度」69而垂之為示範，則人人同樣也可以治學於此禮義、法度，以便達到此「化性」之境。此即是人類之特性，如〈非相〉篇所云：

> 人之所以為人者何已也？曰：以其有辨也。飢而欲食，寒而欲煖，勞而欲息，好利而惡害，是人之所生而有也，是無待而然者也，是禹桀之所同也。然則人之所以為人者，非特以二足而無毛也，以其有辨也。……夫禽獸有父子而無父子之親，有牝牡而無男女之別，故人道莫不有辨。70

飲食煖息之欲，非唯禹桀之所同，亦且人與禽獸之同性也。人類獨特之處，則在於其有分辨之能，有瞭

67 王先謙，《荀子集解》，頁四五〇—四五二。

68 屈萬里，《尚書釋義》，頁一九五。「凡人自得罪」語則出〈康誥〉，見《尚書釋義》，頁一一八。

69 《荀子．性惡》；王先謙，《荀子集解》，頁四三八。

70 王先謙，《荀子集解》，頁七八—七九。

解禮義之智，且不獨聖人如此，人人皆有之。人之化為賢聖之尊，抑是滯留於禽獸之類者，則完全依靠於其所修、所學、所習，如〈榮辱〉所言：

> 凡人有所一同：飢而欲食，寒而欲煖，勞而欲息，好利而惡害，是人之所生而有也，是無待而然者也，是禹桀之所同也。……可以為堯禹，可以為桀跖，可以為工匠，可以為農賈，在〔埶〕注錯習俗之所積耳。……為堯禹則常安榮，為桀跖則常危辱；為堯禹則常愉佚，為工匠農賈則常煩勞；然而人力為此，而寡為彼，何也？曰：陋也。堯禹者，非生而具者也，夫起於變故，成乎修為，待盡而後備者也。[71]

我們如何瞭解、如何模仿先聖的修為，則除了依賴於老師的輔導之外，只有通過歷史的記載。問題是，如上面所論過的，當時百家已有各自尊崇不同先聖的傾向，如墨者祖述夏禹，道者推崇黃帝，而同時又開始批評儒者之「任意」效法周朝之治，即墨子所謂「子法周而未法夏也，子之古非古也。」[72]幸虧荀子深知歷史記載的可靠性有限，而恰能利用這一點來加以反攻，如〈非相〉所云：

> 辨莫大於分，分莫大於禮，禮莫大於聖王；聖王有百，吾孰法焉？曰：文久而滅，節族久而絕，守法數之有司，極禮而褫。故曰：欲觀聖王之跡，則於其粲然者矣，後王是也。彼後王者，天下之君也；舍後王而道上古，譬之是猶舍己之君，而事人之君也。故曰：欲觀千歲，則數今日；欲知億萬，則審一二；欲知上世，則審周道；欲審周道，則審其人所貴君子。故曰：以近知遠，以一知萬，以微知明，此之謂也。[73]

所謂「後王」指的即是周代之文王、武王之類，亦即其於他處所謂的「先王」而已。[74]法「後王」之義，並不是說比之更早的上古聖王所做的榜樣本身不如周代的文、武好，而是說周王之遺跡、文獻尚是粲然俱全，因而「審周道」，亦乃所以「知上世」，此即「以近知遠」之理也。人類本然的潛能既然是一致的，那麼上古與近古的先王之法也應該是相同的，而先王的作為亦可以實現於當今。然則此所謂「後王」之可法，與上述商鞅之「治世不一道，便國不法古」，其義乃正好相反。對於後者，荀子亦痛斥其論：

> 夫妄人曰：「古今異情，其以治亂者異道。」而眾人惑焉。彼眾人者，愚而無說，陋而無度者也。其所見焉，猶可欺也，而況於千世之傳也？妄人者，門庭之間，猶可誣欺也，而況於千世之上乎？聖人何以不可欺？曰：聖人者，以己度者也。故以人度人，以情度情，以類度類，以說度功，以道觀盡。古今一度也，類不悖，雖久同理。[75]

---

71. 王先謙，《荀子集解》，頁六三—六五。
72. 見以上第三節末段。
73. 王先謙，《荀子集解》，頁七九—八〇。
74. 唐代楊倞注云：「後王，近時之王也……司馬遷曰：『法後王者，以其近己而俗相，議卑而易行也。』」清代學者則多非之，如劉台拱曰：「『後王』，謂文、武也。楊注非」；汪中曰：「《史記》引『法後王』，蓋如賦詩之斷章耳。此注承其誤，名為解《荀子》而實汩之」；及王念孫曰：「『後王』二字……皆指文、武而言，楊注皆誤」，是也。因而荀子於他處所講的「先王」，與其此處所講的「後王」，基本上是一樣的。
75. 《荀子．非相》；王先謙，《荀子集解》，頁八一—八二。

歷史記載既然不完全可靠，那麼我們便如何能夠正確的詮釋之、真正的瞭解過去？據荀子此論，關鍵則在於此「古今一度」之理：無論是古代或今世，人類的潛能都是一樣的，因而古代的經驗、得失，必得於我們當今有相當的意義才是。我之所以能夠詮釋過去、瞭解過去，亦正是因為我能夠鑑之於自己的經驗、自己所已明白的道理。我們通過歷史遺訓而向先王學習，完全為一種可能之事，然而只有悟出聖王之歷史亦即「我」之歷史、先王之書所寫無非即「我」之內在潛能這個道理，方可正確的解讀歷史之記載。此乃是荀子所謂「以己度」、「以人度人，以情度情」之道，而亦無異於孟子之「以意逆志」，或愛默生之「萬人之心」之理也。只有以己度人、借光於自己的「意識之照亮之下」，歷史方得以看清、方能夠加以批判而瞭解其中的真理。愛默生又曰：

> 所敘述之事，必於我己身之內有所對應，方為可信、可理解。我們讀書時，必得自己變成古希臘人、羅馬人、土耳其人，或神父與國王、殉道者及誅戮者；必須將此種種想像繫之於我們隱密經驗中的某一個事實之上，要不然甚麼都學不好……若是有人以為古代的遠近馳名之人物所作所為，比他自己於今世所作所為有甚麼更深的意義，吾謂此種人無望於能夠正確的讀歷史也。[76]

即此之謂也。英國哲學家柯林伍亦有類似的說法：

> 然而歷史家如何辨識其所欲發現之思想？只有一個辦法，即是重新思考之於其自己之心裏……歷史家不但會「再扮演」過去的思想，而且是於他自己之知識範圍之內「再扮演」之的，因而同時亦將批評之，對其價值形成他一己之判斷，將其中所能發現之錯誤加以改正。[77]

是亦相當接近於荀子的說法。

然而話又說回來，荀子所批評的歷史觀，亦有其不可否認之道理。從商鞅的「便國，不必法古」到了此「古今異情」之說，「法家者流」一直持有此種論點。縱使人性都是一致的，然而古今究竟是「一度」的嗎？法家的綜合大師韓非子（約公元前二八〇—二三三年），雖然據說曾受業於荀子，而對其師此種「古今一度」之說很不以為然。如〈五蠹〉篇所言：

> 今有搆木鑽燧於夏后氏之世者，必為鯀、禹笑矣。有決瀆於殷、周之世者，必為湯、武笑矣。然則今有美堯、舜、湯、武、禹之道於當今之世者，必為新聖笑矣。是以聖人不期脩古，不法常可，論世之事，因為之備。宋人有耕田者，田中有株，兔走，觸株折頸而死，因釋其耒而守株，冀復得兔，兔不可復得，而身為宋國笑。今欲以先王之政，治當世之民，皆守株之類也。[78]

韓非自己在其書中亦時常利用前世之例來寓以一種教訓，然而此種教訓本身乃往往即是說明「古今異俗，新故異備」之義。[79]商鞅、韓非等人的此種歷史觀，雖然是為了因應其變法思想而起的，然而此並無害乎其為一種對歷史之情的新穎且重大之見識。可以說是予「以己度」的歷史觀以一種新意：與其注

---

76 Ralph Waldo Emerson, "History," *Essays: First and Second Series*, pp.8-9.

77 R. G. Collingwood, "Human Nature and Human History," 載於其 *The Idea of History* (1946 年; Oxford University Press 平裝本, 1956 年)，頁二一五。

78 王先慎，《韓非子集解》，頁四四二—四四三。

79 同上注，頁四四五。

重自己與古代賢聖所共有的「萬人之心」，不如注意自己之歷史處境的獨特之處，以便發現古道與古治基本上是無法再現或無利於當今的。

從孟、荀的「以己度人」之歷史觀，到商、韓的「古今異情」之歷史觀，亦頗接近於德國大哲人尼采所形容的一種對比：

> 然則「紀念碑式」的歷史觀點——即對昔日之古典與珍貴者的關懷——對今世之各人究竟利益何在？在於他藉此方能瞭解曾經有過之偉績至少曾有一時是辦得到的，因而將來亦頗有再辦一次之可能。他因此便將更勇敢的進行下去，因為到了此時刻他已經克服了在他以往懦弱時刻纏繞他的一種懷疑，即是他所欲辦的可能便是辦不到的那種懷疑。……
>
> 然而，從這個例子同時又可以有另一種心得，即是瞭解這種比較是多麼的漂浮、難捉的，多麼的模糊！須要忽略之不同點如何之多！必須如何之殘忍地將過去時代的獨特之處強制成一種新的形狀，將其銳利的稜角與線條一一折斷，以便達到〔古今之〕一致！如此方能使此種比較有那麼大的影響力！全面的真實性對「紀念碑式」的歷史根本無利，因為後者總會估計、概括以及將所有異點同等看待……[80]

此「真實性」似乎是更不利於孔門的守護傳統的思想，因為欲「把握住已開始消失」的過去，只好借助於「以己度人」的思想來詮釋此過去而使之為己所有，然而同時又不覺「將過去時代的獨特之處強制成一種新的形狀」，而忽略古今之異同。據韓非之意，當世之實況與古書所頌揚的理想之治，是根本即無法相提並論的，而他亦用這個道理來批評「輕刑」之說，如〈六反〉篇所云：

今學者皆道書筴之頌語，不察當世之實事，曰：「上不愛民，賦斂常重，則用不足而下恐上，故天下大亂。」此以為足其財用以加愛焉，雖輕刑罰可以治也。此言不然矣。凡人之取重賞罰，固已足之之後也。雖財用足而厚愛之，然而輕刑猶之亂也。夫當家之愛子，財貨足用，財貨足用則輕用，輕用則侈泰；親愛之則不忍，不忍則驕恣。侈泰則家貧，驕恣則行暴，此雖財用足而愛厚，輕利之患也。凡人之生也，財用足則隳於用力，上治懦則肆於為非。財用足而力作者神農也，上治懦而行修者曾、史也；夫民之不及神農、曾、史亦已明矣。

老聃有言曰：「知足不辱，知止不殆。」夫以殆辱之故而不求於足之外者，老聃也。今以為足民而可以治，是以民為皆如老聃也。故桀貴在天子而不足於尊，富有四海之內而不足於寶。君人者雖足民，不能足使為天子，而桀未必為天子為足也，則雖足民，何可以為治也！故明主之治國也，適其時事以致財物，論其稅賦以均貧富，厚其爵祿以盡賢能，重其刑罰以禁姦邪；使民以力得富，以事致貴，以過受罪，以功致賞而不念慈惠之賜，此帝王之政也。[81]

欲「道書筴之頌語」，必先「察當世之實事」，而事實究竟如何？察今之現況，則絕大多數的人不免有貪婪、偷懶之傾向，於神農、曾參、史魚之用力、修行，或老聃之知足、知止之德，是可望而不可及的，因而不加重刑罰以禁惡，則無法治之。即使人性之初是一致的，然而欲以當今卑鄙之大眾，比德於歷代頌揚之賢聖，則談何容易！因此，欲詮釋過去之遺言，還是要通過「以己度」之工夫，但是所欲憑

---

80 Friedrich Nietzsche (1844—1900年), *On the Advantage and Disadvantage of History for Life* (約 1875 年; Peter Preuss 英譯, Indianapolis: Hackett, 1980 年)，頁一六—一七。

81 王先慎，《韓非子集解》，頁四二一—四二二。

藉的則是自己對當今事實之理解，以便判斷書籍所傳之古代之治為可行與否。其實僅僅此一點，為荀子、韓非之所同也。然而謂今之事無似於古之治、今之百性不類於古之賢聖，因而不能將歷史之異狀同等看待，是則韓非對古書詮釋傳統所予以之新意。

禮教、刑罰之辯，與古今異同之辯，於此已為息息相關的，均為所謂「儒、法」學派的基本分野所在。到了秦、漢以後，雖有人圖將法家思想強套進儒家道統之內，然而此種相關的辯論並未因此而息。例如西漢編纂的《大戴禮記》之〈禮察〉篇曰：

> 孔子曰：「君子之道譬猶防與？夫禮之塞亂之所從生也；猶防之塞水之所從來也。」……凡人之知，能見已然，不能見將然。禮者，禁於將然之前；而法者，禁於已然之後。是故法之用易見，而禮之所為生難知也。若夫慶賞以勸善，刑罰以懲惡，先王執此之正，堅如金石；行此之信，順如四時；處此之功，無私如天地爾，豈顧不用哉？然如曰禮云禮云，貴絕惡於未萌，而起信於微眇，使民日從善遠罪而不自知也。孔子曰：「聽訟，吾猶人也，必也使無訟乎。」此之謂也。……故世主欲民之善同，而所以使民之善者異。或導之以德教，或歐之以法令。導之以德教者，德教行而民康樂；歐之以法令者，法令極而民哀戚。哀樂之感，禍福之應也。……夫用仁義禮樂為天下者，行五六百歲猶存；用法令為天下者，十餘年即亡；是非明效大驗乎？人言曰：「聽言之道，必以其事觀之，則言者莫妄言。」今子或言禮義之不如法令，教化之不如刑罰。人主胡不承殷周秦事以觀之乎？[82]

秦後對所謂苛政之歷史教訓遠比戰國時代為深刻，因而此篇作者如此用眼見之「近代」史來考驗其當今之需，亦是很自然的。然而有趣的是，所謂「聽言之道，必以其事觀之，則言者莫妄言」，無乃韓非所謂「道書筴之頌語」必「察當世之實事」之義乎？然則初「言」此道理之「人」，亦乃與「言禮義之不如法令」者無異，而韓非之用「察事」以非禮教，於此乃適得其反矣。禮、刑之辯及古今異同之辯，二者均於《鹽鐵論》等漢代文獻之中到處可見；因為不在本文範圍之內，故不在茲贅述。

伍、結語

韓非子嘲笑戰國末年學士之讀書習慣，曰：

> 郢人有遺燕相國書者，夜書，火不明，因謂持燭者曰：「舉燭」云，而過書「舉燭。」「舉燭」，非書意也。燕相受書而說之，曰：「『舉燭』者，尚明也；尚明也者，舉賢而任之。」燕相白王，王大說，國以治。治則治矣，非書意也。今世舉學者多似此類。[83]

吾今亦若讀郢人之書而曰：「竊謂『舉燭』者，亦非是之謂也。『舉燭』云者，乃謂燕相讀其所書時，欲『舉』之於己心所發之『燭光』照亮下，方能『明瞭』其中之奧澀深意」，則必謂我非愚則狂矣。是則斷章取義之為害也。

---

82 〔清〕王聘珍撰，《大戴禮記解詁》（王文錦點校：北京：中華書局，一九八三年三月），頁二一一—二一四。

83 《韓非子．外儲說左上》；王先慎，《韓非子集解》，頁二七九。

蓋春秋末年人士之賦詩，自已明知其為「斷章而取義焉」，為一種技藝、遊戲，然而「不學詩，無以言」，則賦詩亦為當時人士相互溝通、雙方討論、表達意義時所不可缺少的一種修辭過程。到了戰國以後，經過了墨子之提出「三表」為詮釋的新標準、孟子之以「不以辭害志」舉為讀書的基本要求、甚至於韓非之以郢人燕書之喻嘲笑望文生義之荒謬，有識之士便更加知道此種學術習俗的不足之處。然而孟子尚認為可「以意逆志」，荀子則推崇「以己度人」，皆謂我可以為堯舜，而又一心欲把握先王之智以光復昔代的理想之治，則當世儒者仍是非常注重經典的詮釋，而經常不惜摘取《詩》、《書》之片言隻語而引以為重。因而到了西漢，此種詮釋方面的矛盾依然是很明顯的，如《鹽鐵論》所載文學與大夫的農商之辯論當中，文學謂：

> 「……衣食者民之本，稼穡者民之務也。二者修，則國富而民安也。《詩》云：『百室盈止，婦子寧止』也。」

如此便以《詩》句為修辭潤飾而借重焉，以結束其論點。然而認為「賢聖治家非一寶，富國非一道」的大夫，反而覺得好玩，因為恰好也能用同一句來表揚其自己的外貿政策：

> 「……是則外國之物內流，而利不外泄也。異物內流則國用饒，利不外泄則民用給矣。詩曰：『百室盈止，婦子寧止。』」[84]

是其仿佛謂文學曰：「書呆子能斷章取義，大夫亦有能焉。汝所引者，吾亦可以引之；其本義既已斷焉，乃為一種虛位而無定義，可以謂汝之所是，則照樣可以謂汝之所非，奈何！」如此戲弄之。

大概正是隨著戰國諸子對先王之書的詮釋方面之各種要求與質疑，再加上秦代燔滅書籍所造成的重大損失，漢代儒者才接於春秋三傳之後而開始注重以整套經典為對象而以注解之形式加以詮釋。蓋如此處理乃可免於斷章取義之嫌，然而儘管此種詮釋如何有條有理而沒有矛盾，亦總是將有「斷『經』取義」之患。實際上，任何人於任何時欲詮釋過去之事、前人之言、先代之書，則不得不依靠其已有之「先知」而「取義」焉，而此其「先知」亦同時為此言、此書所化。其最後所「取」者雖有時確實可謂為「非書意」者，而此種邊取邊造之新意，於中國歷史上亦往往是較書中之「原意」為更高一層的。《詩》曰：「倬彼甫田，歲取十千，我取其陳，食我農人，自古有年」，其此之謂歟？

---

84 《鹽鐵論．力耕》：見王利器校注，《鹽鐵論校注》（定本；北京：中華書局，一九九二年七月），頁二八。

二、從楚國竹簡論戰國「民道」思想（註）

壹、前　言

西漢文獻《鹽鐵論》，記載著「賢良、文學」與「丞相、御史」有關治國之道的辯論，從其表面上的形式來看，亦可稱為「純儒」與「雜儒」之辯，或者「王霸之爭」。❶於此，所謂「純儒」者多處用到如「理民之道」、「子民之道」、「牧民之道」、「治民之道」等字眼，分別用來主張「節用尚本」而指責未法古的「當時之權」，勸告為民上者要「除其所疾，適其所安」，且都以「禮義廢而刑罰任」為莫大遺憾。❷其中皆以君上為萬民之模範，如〈力耕〉篇文學所言：「夫上好珍怪，則淫服下流，貴

（註）本篇原發表於北京清華大學思想文化研究所與臺灣輔仁大學文學院聯合主辦的「新出楚簡與儒學思想國際學術研討會」（二〇〇二年三月三十一日—四月二日於北京清華大學舉辦），收入該會論文集（廖名春編），頁一八七—二〇〇。後來又收入謝維揚、朱淵清主編，《新出土文獻與古代文明研究》（上海：上海大學出版社，二〇〇四年四月），頁二四八—二五八。

❶ 王利器校注，《鹽鐵論校注》（定本：北京：中華書局，一九九二年七月），頁一—三。

❷ 分別見〈力耕〉第二、〈復古〉第六、〈未通〉第十五、〈刑德〉第五十五；王利器，《鹽鐵論校注》，頁二九、七九、一九二、五六六。

遠方之物，則貨財外充。是以王者不珍無用以節其民，不愛奇貨以富其國。故理民之道，在於節用尚本，分土井田而已。」然則其所謂「民之道」，實為一種中庸而不奢侈、師古而法先王、寬刑罰而尚禮教、君子德風而小人必偃的典型儒家式之「仁政」。

到了西漢，此種論說也許早已成為書生所悉知的陳腔濫調，並不足為奇。然而「其所由來者遠矣」，此種「民之道」的思路，並非一時所形成的。於稍早之文獻中，亦可處處見到相關的論調，如《管子・牧民》所云：「政之所（興）（行），在順民心；政之所廢，在逆民心」；《荀子・議兵》所言：「由其道則行，不由其道則廢」；《呂氏春秋・貴當》所云：「名號大顯，不可彊求，必繇其道」；多少都是從相同的關點出發的。在我們看來，要「順民心」、「由其道」，也許便是理所當然，然而在古代社會裡，此種觀念畢竟乃是逐漸形成的。

於此形成過程中，最近出土的戰國中期楚國竹簡中的儒家著作——如郭店楚墓竹簡❸及上海博物館藏楚國竹書❹所涵者——實堪稱為占有最為關鍵的一環之地。基於前一篇所論禮教與刑罰之辯，本文將進一步分析這批竹書裡所言之「民道」思想，以及討論戰國時期傳世文獻中與此相關的章節，乃試圖將其中的義理脈絡予以釐清，就其歷史淵源及其發展過程加以更深入的探討。

貳、楚國竹書中的民道思想

《郭店楚簡》諸篇儒書中，多處出現「民之道」、「由其道」、「人道」等說法，而其內涵都是指著一種根源於民性、民倫而造極於禮樂、德義的治民之道，且與刑罰等強制性的治法則嚴加以對比。❺其中〈尊德義〉篇講得最明白：

聖人之治民，民之道也。禹之行水，水之道也。戚（造）父之御馬，馬也之道也。后稷之藝地，地之道也。莫不有道安（焉），人道為近。是以君子，人道之取先。❻

所謂「民之道」，則在於「尊德義，明乎民倫」，由此則「可以為君」矣；❼而傳達君上之德業的主要管道乃是禮、樂：

為故率民向方者，唯德可。德之流，速乎置郵而傳命。其載也亡厚安（焉）。交矣而弗智（知）也，亡。德者，且莫大乎禮樂。❽

因而政治之要務在於「教導」，而教導之道則以禮樂為尚：

---

❸ 荊門市博物館編，《郭店楚墓竹簡》（北京，文物，一九九八年五月）；以下簡稱為《郭店楚簡》。下面釋文以此為底本，以下所引頁數均指該書釋文部分；為方便起見，盡量採用通行文字（下同）。

❹ 馬承源主編，《上海博物館藏戰國楚竹書》（見〈自序〉注❾）。本文所引均指第一冊，以下簡稱《上博楚簡》。

❺ 此節內容，部分已見本書第一篇〈禮教與刑罰之辯〉及第三篇〈思孟道統〉。相關內容，亦可參看錢遜，〈「使由使知」和「可道不可強」〉，收入廖名春編，《清華簡帛研究》（北京：清華大學思想文化研究所，二〇〇〇年八月），頁一四二—一四六。

❻ 《郭店楚簡》，頁一七三，〈尊德義〉簡六—八。

❼ 《郭店楚簡》，頁一七三，〈尊德義〉簡一。

❽ 《郭店楚簡》，頁一七四，〈尊德義〉簡二六—二七；此釋文採用裘錫圭按語。

> 是以為政者教道（導）之取先。教以禮，則民果以勁。教以樂，則民□德清壯……先之以德，則民進善安（焉）。❾

與此「教導」相反的為一切強迫性的治法：「民可道（導）也，而不可強。」❿因此，刑罰等強迫性或威脅性的政治方術，必須先奠定於禮樂教導的基礎之上，要不然則行不通：

> 賞與刑，禍福之基也，或前之者矣。爵位，所以信其然也。征侵，所以攻□（也）。刑（罰），所以□舉也。殺戮，所以敘（除）害也。不由其道，不行。⓫

亦即所謂「教其政，不教其人，政弗行矣。」⓬禮樂之於刑罰的不同，在於前者是順著人民性命之自然感情及其本有之倫理關係而加以疏導，如大禹治水是順著江河之自然流動一樣，因而「教非改其道，教之也；學非改倫也，學己也。」⓭刑罰等則是逆著人性之自然趨向，強迫人民違背其情慾而接受抑制；然而以逆流的「水壩」來控制不可不發洩之情感，勢必將崩潰。因此，「凡動民必順民心。」⓮〈成之〉篇亦言欲治民則必「以其道」：

> 上不以其道，民之從之也難。是以民可敬道（導）也，而不可弇也；可御也，而不可牽也。故君子不貴庶物，而貴與民有同也。⓯

此則以「導」、「御」言「民道」，而以「弇」、「牽」喻強制。〈成之〉所強調的，則是君上要「成之」於己方能為人民之模範：「君子之求者（諸）己也深」⑯，「察反者（諸）己而可以智（知）人」⑰，「是以君子貴成之。聞之曰：古之用民者，求之於己為亙（恆）。」⑱此種以身作則的道理，則又是以刑罰相對的：

---

⑨《郭店楚簡》，頁一七三，〈尊德義〉簡一二—一六。「勁」字依李零，〈郭店楚簡校讀記〉（收入陳鼓應主編，《道家文化研究》，第十七輯（北京：三聯書店，一九九九年八月），頁四五五—五四二），頁五二三；「壯」字則從陳偉，〈關於郭店楚簡《六德》諸篇編連的調整〉（收入武漢大學中國文化研究院編，《郭店楚簡國際學術研討會論文集》（武漢：湖北人民出版社，二〇〇〇年五月），頁六四—七四），頁七〇。〔按，筆者對「教以樂」句已有新說，見本書第七篇〈讀〈尊德義〉札記〉第二節第四條，今仍其舊。〕

⑩《郭店楚簡》，頁一七四，〈尊德義〉簡二二。

⑪《郭店楚簡》，頁一七三，〈尊德義〉簡二—三。「基」、「害」二字依裘錫圭之說；「征侵」二字依李零，〈郭店楚簡校讀記〉，頁五二一。〔按，「正欽」二字，或該從陳偉讀「政禁」，而裘先生釋為「害」之字，筆者亦提出其釋為「辟」的可能；參本書第七篇〈讀〈尊德義〉札記〉第二節第二條。〕

⑫《郭店楚簡》，頁一七三，〈尊德義〉簡一八—一九。

⑬《郭店楚簡》，頁一七三，〈尊德義〉簡四—五。

⑭《郭店楚簡》，頁一七四，〈尊德義〉簡三九。

⑮《郭店楚簡》，頁一六七，〈成之〉簡一五—一七。「牽」字依裘錫圭按語。

⑯《郭店楚簡》，頁一六七，〈成之〉簡一〇。

⑰《郭店楚簡》，頁一六七，〈成之〉簡一九—二〇。

⑱《郭店楚簡》，頁一六八、一六七，〈成之〉簡三〇、一。此二簡的排列依周鳳五，〈郭店楚簡《成之聞之》竹簡編序復原研究〉（未刊，然此文調整意見亦見周鳳五、林素清，〈郭店竹簡編序復原研究〉，收入周鳳五編，《古文字與古文獻》試刊號（臺北：楚文化研究會，一九九九年十月））；郭沂，〈郭店楚簡《成之聞之》篇疏證〉（《郭店楚簡研究》，《中國哲學》第二十輯（瀋陽：遼寧教育出版社，一九九九年第一期），頁二七八—二九二〔原題為〈郭店楚簡《天降大常》（成之聞之）篇疏證〉，載於《孔子研究》一九九八年第三期，頁六一—六八〕），頁二八一。

君子之於教也，其道（導）民也不浸，則其淳也弗深矣。是故亡乎其身而廌（存）乎其治，唯（雖）厚其命，民弗從之矣。是故畏備（服）刑罰之屢行也，由上之弗身也。昔者君子有言曰：「戰與刑，人君（子）之述（墜）德也。」⑲

若君上能夠「以其道」，刑罰便可以措而不用。然而此種治民之道，同時又是本於人民天然之倫理關係：

天降大常，以理人倫。制為君臣之義，著為父子之新（親），分為夫婦之辨。是故小人亂天常以逆大道，君子治人倫以川（順）天德。⑳

是故「君子慎六立（位）以巳（祀）天常。」㉑

〈六德〉篇則是更加強調這種「六位」倫理關係及其所屬之「六德」為治理人民者所必順著而走之途徑：

君子如欲求人道，〔……而不〕由其道，雖堯求之弗得也。生民〔斯必有夫婦、父子、君臣；此〕六位也。有率人者，有從人者；有使人者，有事人〔者；有□〕者，有□者；此六職也。既有夫六位也，以任此〔六職〕也，六職既分，以別六德。六德者，〔其為道也（？）〕，大者以教〕人民，小者以修其身，為道者必由此。何謂六德？聖、智也，仁、義也，忠、信也。……㉒

「由其道」所指即是順著人倫之自然所不可不走之道。「六德」是從「六位」關係而生的，而凡是用來教導人民或維持社稷的，不管是禮樂抑是刑法，不得不以此「六德」為本。

這幾篇論治民之道，皆以人君自身及人民之倫理關係為要，認為人君若能體現此種基本的德行於己身，且著之乎其禮樂，人民便將自然而然地簞食壺漿以迎之，而治國將要易如反掌。且各篇或多或少皆以刑罰視作德育之失、禮教之反。這一點，於〈緇衣〉篇最為突出；其首章便云：

〔夫〕子曰：「好美如好緇衣，惡惡如惡巷伯，則民咸服（？）而型（刑）不試（？）。」詩云：

---

⑲《郭店楚簡》，頁一六七，〈成之〉簡四—六。「浸」、「淳」、「鷹」（存）、「墜」等字採裘錫圭按語。「治」字從言字旁，《郭店楚簡》隸定為「詞」；此字可讀為「詞」，亦可讀為「治」，如〈成之〉簡三二：「君子治人倫以順天德」，亦為此字。本句「治」、「詞」皆可通，姑從前者。廖名春〈郭店楚簡《成之聞之》篇校釋〉（頁九〇）亦讀為「治」；收入廖名春編，《清華簡帛研究》，頁八九—一一一。〔周鳳五亦讀「治」，見其〈讀郭店竹簡《成之聞之》札記〉，收入氏編《古文字與古文獻》試刊號。〕

⑳《郭店楚簡》，頁一六八，〈成之〉簡三一—三三。此隸定為「降」之字，李學勤釋為「徵」字省體；見其〈試說郭店楚簡《成之聞之》兩章〉（收入《清華簡帛研究》，頁二三—二七），頁二五。

㉑《郭店楚簡》，頁一六八，〈成之〉簡四〇。李學勤〈試說郭店楚簡《成之聞之》兩章〉釋「巳」為「似」（頁二六）。

㉒《郭店楚簡》，頁一八七，〈六德〉簡六、七—一〇、四七、一一—一二。此段的排列依筆者於本書第六篇〈排列調整芻議〉所論。彼文將此段視作〈六德〉的開端。本段「而不」的「不」字，與簡八上半本來所缺的十字，均是依裘錫圭所補：「別六德」之「別」字依李學勤說。

「儀型文王，萬邦作孚（？）。」㉓

即是說君上若能如文王一樣，將所好所惡彰顯出來而作為萬民之模範，則人民均將效力服從而刑罰便用不著了。其實〈緇衣〉與〈尊德義〉及〈成之〉都引用相同（或接近）的一句話來表示這一點：

子曰：「下之事上也，不從其所以命，而從其所行。上好此物也，下必有甚安（焉）者矣。」㉔

治民之道在於章好章惡，即是以德育、禮教來使人民甘心馴服，而所有強迫性的政道，皆是南轅北轍的方法；因而〈緇衣〉又借用孔子之口來說明：

子曰：「長民者，教之以德，齊之以禮，則民有勸（？）心；教之以正（政），齊之以型（刑），則民有免心。」故慈以愛之，則民有親；信以結之，則民不伓（倍）；龍（恭）以立（涖）之，則民有愻（遜）心……〈呂刑〉云：「苗民非甬霝（令），制以型（刑），惟作五虐之型（刑）曰法。」㉕

接著的下一章又云：

子曰：「正（政）之不行，教之不成也，則型（刑）罰不足恥，而爵不足懽（勸）也。」故上不可以埶（褻）刑而輕爵。〈康誥〉云：「敬明乃罰。」〈呂刑〉云：「播型（刑）之迪。」㉖

二者均言「長民」之道在於德教而不在於刑罰、賞慶等。後一章與〈六德〉之云「賞與刑……或前之者」一樣，言所有「刑」、「爵」衹有服從於教導的輔佐作用，若是不以德教為基礎，則是根本便沒有勸阻之力量的。前一章則更加強調德教（德、禮）與刑罰（政、刑）之相對性，將此二種治道視作相反概念，認為後者的效果之於治民和群之道乃是適得其反。《禮記》中的傳本〈緇衣〉篇比起楚簡兩本則益加強調刑罰之違於治民之正道，而於全篇之前特加一句：「子言之曰：『為上易事也，為下易知也，則

㉓《上博楚簡》，頁一七四，〈緇衣〉簡一；《郭店楚簡》，頁一二九，簡一—二。此於《禮記・緇衣》屬第二章，文與楚簡兩本有所出入：見孫希旦，《禮記集解》（沈嘯寰、王星賢點校；北京：中華書局，一九八九年八月），頁一三二二。此隸定為「服」之字，郭店、上海兩本字皆從「力」，均不可確釋，但其義該與傳本「服」字相近（李零〈校讀記〉頁四八五解成「盡力」的意思）。「試」字郭店本作「屯」，蓋是與「試」字之聲符「弋」形近而誤；上海本則在「屯」右又加「刀」字旁。李零讀為「頓」，而將此「型」字讀為「儀型」的「型」，今不從。〔此章之釋讀，本書第五篇〈古今文獻〉第三節有詳說，請參。此從「力」之字，依徐在國、黃德寬或可直接讀「服」。〕

㉔《郭店楚簡》，頁一二九，〈緇衣〉簡一四—一五（第八章）；《上博楚簡》，頁一八二，簡八（第八章：最後十字缺損）；於《禮記》屬第四章：見孫希旦，《禮記集解》，頁一三二三。〈尊德義〉亦有此句（「所」後無「以」字）；〈成之〉亦有相近之語：「上苟身備（服）之，則民必有甚安（焉）者。」見《郭店楚簡》，頁一七四，〈尊〉簡三六、三七；頁一六八，〈成〉簡七。

㉕《上博楚簡》，頁一八七—一九〇，〈緇衣〉簡一二—一四（第十二章）；《郭店楚簡》，頁一三〇，簡二三—二七（第十二章）；於《禮記》屬第三章，文有所不同，見孫希旦，《禮記集解》，頁一三二三。今本《尚書》，〈呂刑〉彼句作「苗民弗用靈，制以刑，惟作五虐之刑曰法」；郭店本〈呂刑〉作〈甫刑〉。釋為「勸」之字從郭店本（作「懽」），上海本此字從口從立，不可確釋；「愻」字亦從郭店本。

㉖《郭店楚簡》，頁一三〇，〈緇衣〉簡二七—二九；《上博楚簡》，頁一八九—一九一，簡一四—一五（「不成也」後十一字缺損）；孫希旦，《禮記集解》，頁一三二三（文稍有不同）。於傳本、竹簡本均為第十三章。傳本「迪」前衍「不」字，《尚書》及竹簡本均無。

刑不煩矣。』」㉗

至於〈性自命出〉篇，其言「道四述（術），唯人道為可道（導）也」，以「詩、書、禮、樂」等四術視為「人道」之具體管道。此乃因為「詩、書、禮、樂，其始出也皆生於人」，亦即「道始於情，情生於性」之義。㉘詩、書等本來即為人民性情之自然表現所造出來的，後來聖人將此種種創作加以「比類」、「論會」等，「然後復以教」，反過來而用以教導人民。㉙「教，所以生德於中者也」，其既本於人，因而乃特別適合於教導人民、治理人民，如音樂之效果那樣：「凡聲，其出於情也信，然後其入拔人之心也厚。」㉚〈性自命出〉雖未提及刑罰，並非如其他諸篇將刑罰舉出來為德教、禮樂之對比，然而將此德教視作「人道」之正，而特別予之以天命、人性之理論基礎，則可以說是與他篇一致，且從更深一層來討論此德教究竟之所以為「人道」之必然。〈五行〉篇言「天道」、「人道」，亦未曾不是如此。㉛

郭店楚簡及上博楚簡儒家竹書各篇，雖或是同一墓或是同一時期同一地帶所出，但並不一定是一人一時所寫，或許僅是從不同角度來討論孔門儒者所關懷的一些基本政治問題。然而各篇重點儘管有所不同，而其中有些思路乃是相當一致的，且比起一般傳世儒家文獻則是格外突出的，似乎可以反應公元前第四世紀儒學中的一種思潮。這種思潮，也許是跟當時儒家某一個學派（如思孟學派）的關係比較密切，但更肯定的則可以說是這批儒書是代表某些儒者針對其當時的政治事實所給予的學術反應，或者是應對當時孔門以外諸子所提出的難題而制定出來的因應答案。筆者於前一篇講過，據《左傳》等文獻，孔子及其同時的一些偏向傳統的政治人物，對於當時法律之彰顯化的傾向極力反對，認為其於先王的德治教化帶來極大的威脅，如昭二十九年（公元前五一三年）晉國「鑄刑鼎，著范宣子所為刑書焉」時孔子所言：「……貴賤不愆，所謂度也……今棄是度也，而為刑鼎，民在鼎矣，何以尊貴？貴何業之守？貴賤無序，何以為國？……」㉜其實孔子所反對的，並不是法律或者刑罰本身，而是將此法律明顯化，讓人民可以直接去檢查刑鼎所著，如此便將使上級人物便不能按己意來判決案例，以便失去其大部分權威，因而對傳統的禮治大大不利。後來經過戰國時期魏文侯（公元前四四六—三九七年在位）的政治改革，及稍後在秦國的商鞅（公元前三九〇—三三八年）變法等，對傳統禮制的威脅乃愈來愈大，因而禮治與法治的辯論就開始有著絕對化的趨勢，而當時儒者將禮教樂教等以德育身教為主的治民之道，與刑罰賞慶等強制性的政民之術，視作兩種絕對相反的範疇。於此乃利用「人道」或「民道」這個概念來說明前者乃是本於人性民情之自然，而後者則是逆著人性之自然流向而走的一種日趨失敗的歪門斜道，或至少是祇能服從於前者的一種末流之術而已，絕不能當作治民之要務所在。

參、試論戰國時代民道思想的演變

這種辯論，於戰國時期諸子百家的各類文獻當中，亦可處處見到，且其用詞有不少是與楚簡儒書相

㉗ 孫希旦，《禮記集解》，頁一三二二。

㉘ 《上博楚簡》，頁二三〇—二三二、二二二，〈性自命出〉簡八—九、二；《郭店楚簡》，頁一七九，簡一四—一六、三。

㉙ 《上博楚簡》，頁二三二—二三五，〈性自命出〉簡九—一〇；《郭店楚簡》，頁一七九，簡一六—一八。

㉚ 《上博楚簡》，頁二三九，〈性自命出〉簡一四；《郭店楚簡》，頁一八〇，簡二三。

㉛ 《郭店楚簡》，頁一四九，〈五行〉簡四—五。

㉜ 楊伯峻，《春秋左傳注》（一九八一年；修訂本，北京：中華書局，一九九〇年），頁一五〇四。參看本書第一篇〈禮教與刑罰之辯〉第二節。

同的，可以從其中看到孔孟之間儒者此種論說所留下之影響及其後來之發展的一些蛛絲馬跡。

先從《管子》說起。《管子》此書非常龐雜，絕非一時一人所撰。其中部分篇也許與管仲本人的思想有間接關係，或者可能為戰國中後期齊國稷下學者所作，並無法確知。有的篇章如〈形勢〉等，文字較古樸，蓋為戰國早期所作；有的如〈形勢解〉，則文字簡明，且或為解說體，似乎為西漢時代的作品；因此並不能平等看待。《管子》首篇〈牧民〉，本來亦有為之作注的〈牧民解〉，後者今已失傳，但有可能已部分混入〈牧民〉篇本身，因此〈牧民〉的寫作年代特別難定。大概一部分較早，或者甚至與管仲的思想接近，但其中亦不免也有後起的成份。

《管子．牧民》篇講「御民」、「道民」、「順民心」，頗可與郭店楚簡儒家竹書互相輝映。管仲之為人，既以協助桓公之霸業而維護周朝之禮制為己任，其思想自然該有守舊與創新兩面。〈牧民〉篇雖該是後人所寫，但其作者的思路也許跟管仲的思想還是比較接近的。此篇與儒家思想亦頗有相同之處，但亦可說是兼諸家所長，而其對於刑罰的表態則有兩種。據〈牧民〉篇，牧民之要在於「務四時」、「守倉廩」、「務五穀」、「養桑麻」、「育六畜」等農事，使民「衣食足」而「國多財」，乃能「知禮節」而安居樂業。㉝務農之外，君上亦必須以身作則，為萬民之模範，方能始人民的倫理關係穩定：「上服度則六親固」；而如〈緇衣〉等儒書一樣，「御民」、「道民」、「召民」之要，亦在於君上之「所貴」、「所先」、「所好惡」：「御民之轡，在上之所貴；道民之門，在上之所先；召民之路，在上之所好惡。」㉞足以維持國家的「四維」，乃「禮、義、廉、恥」也，而「四維張則君令行」。㉟此外，「順民之經」亦在於「明鬼神、祇山川、敬宗廟、恭祖舊」；且要「授有德」而「使各為其所長也。」㊱因而總的來說，「政之所（興）〔行〕，在順民心；政之所廢，在逆民心」，即是「佚樂之」、「富貴之」、「存安之」、「生育之」。㊲然而君上如此「順民心」，反而恰為所以使人民順著君上的要求，因為能如此則人民乃願意「為之憂勞」、「為之貧賤」、「為之危墜」、「為之滅絕」，因而最後乃冠以一種老子式的政治常理：「故知予之為取者，政之寶也。」㊳要如此「順民心」，自然便要「省刑罰」：

> 故刑罰不足以畏其意，殺戮不足以服其心。故刑罰繁而意不恐，則令不行矣；殺戮眾而心不服，則上位危矣。㊴

不過要使國家穩定，同時必須「明必死之路」，即「嚴刑罰也」；「開必得之門」，即「信慶賞也。」㊵那麼刑罰既不能「繁」多，卻又不可不「嚴」明，因而刑罰的威力還是不可缺少的，祇不過要簡略而嚴明，使人民易曉之而知道利害所在，方能順民心而使國家富強。

《管子》此篇的作者，已承認治理人民之道，是絕不能強加以莫名的刑罪，因為是非標準必須按照人民性情之常理，乃能「順民心」也。然而所以使刑罰不繁多紊亂者，恰是要通過教育；而其刑罰威

㉝《管子・牧民》「國頌」章；〔清〕戴望校正，《管子校正》，《諸子集成》本，頁一。

㉞《管子・牧民》「六親五法」章；《管子校正》，頁三。

㉟《管子・牧民》「四維」、「國頌」兩章；《管子校正》，頁一。

㊱《管子・牧民》「國頌」、「十一經」兩章；《管子校正》，頁一—二。

㊲《管子・牧民》「四順」章；《管子校正》，頁二。

㊳同上注。

㊴同上注。

㊵《管子・牧民》「十一經」章；《管子校正》，頁二。

嚴、法律明略，亦恰是所以使「刑省罰寡」之要務所在。〈八觀〉篇講得更明白：

> 故形勢不得為非，則姦邪之人慤愿。禁罰威嚴，則簡慢之人整齊。憲令著明，則蠻夷之人不敢犯。賞慶信必，則有功者勸。教訓習俗者眾，則君民化變而不自知也。是故明君在上位，刑省罰寡，非可刑而不刑，非可罪而不罪也。明君者，閉其門，塞其塗，弇其跡，使民毋由接於淫非之地。是以民之道正行善也若性然。故罪罰寡而民以治矣。[41]

此種「武以止戈」的說法，似乎可以當作對「民可導而不可強」的答案。〈牧民〉篇雖以身教為尚，〈八觀〉篇亦注重「教訓」、「化變」，但二者亦均強調要「禁罰威嚴」、「憲令著明」等，並非「可刑而不刑」。然則刑罰之「不煩」，不僅在於「為上易事」，而更在於刑罰之威嚴本身。如此一來便是給刑罰之用爭取了一點餘地回來了。然而其對刑罰的態度與郭店楚簡儒書儘管有如此之不同，而其論點還是有相同之處。那即是說，此威嚴可以使人民之「道正行善也若性然」，如此而後乃能「罪罰寡而民以治矣」，然則此也便是另一種「民之道」的說法。《管子》其他篇如〈小匡〉引管仲之言「愛民之道」云「省刑罰，薄賦斂」，言「使民之道」亦云「加刑無苛，以濟百姓，行之無私」[42]；〈君臣下〉言「存國定民之道也」云「貴賤有義，倫等不踰」，言「禮正民之道」云「厚民生」等[43]，亦不違於〈八觀〉的立場。

《管子》之〈八觀〉等篇，具備著一種較為完整的思想體系，採取著較為發達的論述體式，顯然已是比〈緇衣〉等郭店儒書要晚一些，且似乎亦受過後者所反映之思想的影響。然則這些論文也許即是齊國稷下學者對刑罰與人道此一老問題的一種新反應與發展，也未可知。

戰國後期的大儒荀況也長期住過稷下，時常有機會與許多孔門以外的學者辯論，而為了衛護儒家以往在思想界的尊位寶座，乃一方面批評諸子之短，但同時又吸收百家之長以為己有。荀子親眼見過秦國在商鞅變法之後的情形，已確知威法嚴刑之可以使國富強，因而如〈八觀〉等篇的說法一樣，他已部分肯定刑罰之用，認為「刑當罪」則「為善者勸，為不善者沮；刑罰綦省，而威行如流，政令致明，而化易如神。」[44]然而以孔子後代的衣缽傳人自居的荀子，當然祇會將刑罰視作禮教之佐，因而以「隆禮」視作王者之業，而以「重法」則貶為霸者之術：「故賞不用而民勸，罰不用而威行，夫是之謂道德之威。」[45]因此荀子還是接承前儒「民之道」的說法，以德育禮教為尚而以刑罰為次。前篇所引《荀子・議兵》篇載荀子答李斯之言曰：

「禮者，治辨之極也，強固之本也，威行之道也，功名之總也，王公由之所以得天下也，不由所

41 《管子・八觀》；《管子校正》，頁七三。

42 《管子・小匡》；《管子校正》，頁一二二—一二三。

43 《管子・君臣下》；《管子校正》，頁一七五—一七六。

44 《荀子・君子》；王先謙，《荀子集解》（沈嘯寰、王星賢點校；北京：中華書局，一九八八年九月），頁四五一。全文詳前篇〈禮教與刑罰之辯〉第四節。

45 《荀子・彊國》；王先謙，《荀子集解》，頁二九一—二九三。亦見前篇〈禮教與刑罰之辯〉第四節。荀子貶抑刑罰之用，一方面也是針對其大敵墨家的學說，如《墨子・尚同上》所云：「是故子墨子言曰：『古者聖王為五刑，請以治其民。譬若絲縷之有紀，罔罟之有綱，所連收天下之百姓不尚同其上者也。』」（〔清〕孫詒讓撰，《墨子閒詁》〔孫啟治點校；北京：中華書局，二〇〇一年四月〕，頁七七—七八）。墨家對刑罰的表態，亦參前篇〈禮敎與刑罰之辯〉第二節。

> 以隕社稷也。故堅甲利兵不足以為勝，高城深池不足以為固，嚴令繁刑不足以為威。由其道則行，不由其道則廢。……下之和上也如影響，有不由令者，然後俟之以刑。故刑一人而天下服，罪人不郵其上，知罪之在己也。是故刑罰省而威流，無它故焉，由其道故也。古者帝堯之治天下也，蓋殺一人，刑二人，而天下治。傳曰：『威厲而不試，刑錯而不用。』此之謂也。」[46]

此隱約已傳承前儒的「民之道」、「由其道」之說，而同樣以禮教與刑罰作對比，且以前者當作後者之所以可省略的必然條件。禮教行則「下之和上也如影響」，與郭店儒書之「德之流，速乎置郵而傳命」、「上好此物也，下必有甚焉者」等如出一轍。然則此篇之「由其道則行，不由其道則廢」，蓋亦與郭店儒書的「不由其道，不行」、「上不以其道，民之從之也難」相去未遠。[47]

約與荀子末年同時，秦國相國呂不韋與其門客便企圖綜合百家所長，以便為秦國之統一天下作藍圖，名之曰《呂氏春秋》。《呂氏春秋》以黃老為經，以儒學作緯，而以諸子百家的各種學說亦充實其中。呂不韋雖為秦國之大臣，然而其作風與後來之李斯則完全不一樣，因而其門客所著之《呂氏春秋》，所推崇的是一種寬容愛民的政治，而對於刑罰則採取一種儒家式的說法，以德為本而以刑為末。《呂氏春秋．功名》曰：

> 由其道，功名之不可得逃，猶表之與影，若呼之與響……善為君者，蠻夷反舌殊俗異習皆服之，德厚也。水泉深則魚鱉歸之……人主賢則豪桀歸之。故聖王不務歸之者，而務其所以歸。彊令之笑不樂，彊令之哭不悲。彊令之為道也，可以成小，而不可以成大。……桀、紂以去之之道致之也，罰雖重，刑雖嚴，何益？……[48]

所謂「彊令」之道，即是「罰重」、「刑嚴」，乃「可以成小而不可以成大」者也。蓋可以輔佐正道，然而無「由」此「其道」則無以成，因而專任刑罰而不務「德厚」，無非是「以去之之道致之也。」此「由其道」與「彊令」等相對，與郭店儒書「由其道」的說法一致。〈貴當〉篇亦有類似之言：

> 名號大顯，不可彊求，必繇其道。治物者不於物於人，治人者不於事於君，治君者不於君於天子，治天子者不於天子於欲，治欲者不於欲於性。性者萬物之本也，不可長，不可短，因其固然而然之，此天地之數也。窺赤肉而烏鵲聚，貍處堂而眾鼠散，衰經陳而民知喪，竽瑟陳而民知樂，湯、武修其行而天下從，桀、紂慢其行而天下畔，豈待其言哉？君子審在己者而已矣。[49]

人主治國成名之道，歸根究底在於治性、審己。審己治性則可以治人，此乃是「繇其道」，亦是以禮樂來節制人民哀樂之情，是湯、武所修者，而桀、紂所走的則是「彊求」之道而已。此篇又顯然是受到儒家禮教的影響，而與郭店儒書在用詞上也互相輝映。〈用民〉篇言用民之要亦在「得其道」，而此道又是與「威」相對：

> 凡用民，太上以義，其次以賞罰。其義則不足死，賞罰則不足去就，若是而能用其民者，古今無

---

46 《荀子·議兵》：王先謙，《荀子集解》，頁二八一、二八四。

47 亦參本書第一篇〈禮教與刑罰之辯〉第四節。

48 《呂氏春秋·仲春紀·功名》：〔清〕畢沅撰，《呂氏春秋新校正》，《諸子集成》本，頁二一—二二。

49 《呂氏春秋·不苟論·貴當》：《呂氏春秋新校正》，頁三一五。

> 有。民無常用也，無常不用也，唯得其道為可。……不得造父之道，而徒得其威，無益於御。人主之不肖者，有似於此。不得其道，而徒多其威。威愈多，民愈不用。亡國之主，多以多威使其民矣。故威不可無有，而不足專恃。譬之若鹽之於味，凡鹽之用，有所託也，不適則敗託而不可食。威亦然，必有所託，然後可行。惡乎託？託於愛利。愛利之心諭，威乃可行。㊿

威力並不是沒有用，然而必託於「愛利」，必以「義」用民，才算是「得其道」。其實此篇單言「義」、言「愛利」，該也是受到墨家的部分影響，然而其基本關懷與思路則更接近於儒家者流；此種儒墨相雜的言論於《呂氏春秋》處處可見，並不足以為奇。然而最有趣的是此篇以「造父之道」喻人主之道，以造父之「威」喻亡主之威，則更與郭店儒書相映。

說到此，我們不妨先回首再看〈尊德義〉篇所言：即是以「禹之行水」、「造父之御馬」及「后稷之藝地」喻「聖人之治民」，而以「水之道」、「馬之道」及「地之道」喻「民之道」也。大禹、后稷等古代文化英雄於儒家著作中時常見到，而這些人的成績與作風則是引以為後世賢主之所可效法以治國的典型模範。比如《孟子．滕文公上》第四章云「堯之時」則曾「舉舜而敷治焉」，於是「舜使益掌火」、「禹疏九河」、而「后稷教民稼穡」，以便使人民「有道」而遠離「禽獸」之行。最後又云「使契為司徒，教以人倫：父子有親，君臣有義，夫婦有別，長幼有序，朋友有信」，則是以治水、稼穡與人倫教育相提並論。孟子多處言及大禹治水，如〈告子下〉第十一章載孟子言「禹之治水，水之道也」而謂「洪水」為「仁人之所惡也。」然而更似〈尊德義〉之用法者則有東漢末年人徐幹之著作《中論》所云：「故大禹善治水，而君子善導人。導人必因其性，治水必因其勢，是以功無敗而言無棄也」

（〈貴言〉篇）。后稷亦偶而被引以為喻，如《呂氏春秋．首時》以后稷之「待春」喻聖人之「遇時」：「故聖人之所貴唯時也。水凍方固，后稷不種，后稷之種必待春，故人雖智而不遇時無功。」[51]

然而最堪尋味的乃是造父御馬之喻。先秦儒者常以「御民」二字為詞，如郭店楚簡〈成之〉所云，民「可御也而不可牽也。」「御」與「牽」之不同，可以《禮記．學記》為例：「君子之教喻也，道而弗牽」，以「導」與「牽」相對，恰與〈成之〉民「可敬導」（可御）而「不可弇」（不可牽）的說法相符。[52]又如韓非子所言：「……故所遇術者，如造父之遇惊馬，牽馬推車則不能進，代御執轡持策則馬咸騖矣。」[53]雖此造父之御馬的涵義不同，所喻為「術」而不為「德」，而其以「御」（「執轡持策」）為優於「牽」則一也。然而造父御馬既已成為治民之道的善喻，則此造父之道術究竟何在便成為爭論點。

上面所引《呂氏春秋．用民》是以造父御馬之術喻賢主用民之道。〈適威〉篇亦有御馬之喻：有一位東野稷者，似乎善於御馬，表演時「進退中繩，左右旋中規」，甚至「造父之御，無以過焉。」然而因為對其馬的要求過份，而最後乃「敗其馬」：

---

[50] 《呂氏春秋．離俗覽．用民》：《呂氏春秋新校正》，頁二四四─二四五。

[51] 《呂氏春秋．孝行覽．首時》：《呂氏春秋新校正》，頁一四五。

[52] 《禮記．學記》：孫希旦，《禮記集解》，頁九六六。關於「御」與「牽」之義，亦見錢遜，〈「使由使知」和「可道不可強」〉，頁一四二─一四三。

[53] 《韓非子．外儲說右下．經四》：〔清〕王先慎，《韓非子集解》（鍾哲點校；北京，中華書局，一九九八年七月），頁三三二。

故亂國之使其民，不論人之性，不反人之情，煩為教而過不識，數為令而非不從，巨為危而罪不敢，重為任而罰不勝。民進則欲其賞，退則畏其罪。……故禮煩則不莊，業煩則無功，令苛則不聽，禁多則不行。桀、紂之禁，不可勝數，故民（因）〔困〕而身為戮，極也，不能用威適。54

東野稷之所以終不如造父者，乃因為他不論馬之性情，不管其是否禁得起如此嚴厲煩瑣的苛求，因而勢必將敗之。教導人民亦未嘗不如此。雖然「禮」、「教」亦已進入不可「煩」者之列，但是其言明主必須順民心，即「論人之性」、「反人之情」，則與郭店儒書的精神相同。《管子．形勢解》解〈形勢〉篇所云「造父之術，非馭也」時亦言：

造父，善馭馬者也，善視其馬，節其飲食，度量馬力，審其足走，故能取遠道而馬不罷。明主猶造父也，善治其民，度量其力，審其技能，故立功而民不困傷；故術者，造父之所以取遠道也，主之所以立功名也。「馭」者，操轡也，故曰：「造父之術非馭也。」55

亦講善治民則不可不量力、審能。然而《呂氏春秋．適威》以「敗馬」喻「敗民」，主要是講苛政嚴刑等事，而《呂氏春秋》其他篇章亦以教導與威嚴相對，如〈義賞〉篇言「……忠信親愛之道彰，久彰而愈長，民之安之若性，此之謂教成。教成則雖有厚賞嚴威弗能禁。」56

然則《呂氏秋春》之〈用民〉等篇以為造父之術在於威嚴之外，而治民之道則在於順著其性情來加以導御，而不是以嚴刑苛政來牽著其鼻子而走。然而約與呂不韋同時的韓非子則不然。韓非竭力以譴責儒家此種「順民心」之說，如《韓非子．顯學》篇所言：

> 今不知治者必曰：「得民之心。」欲得民之心而可以為治，則是伊尹、管仲無所用也，將聽民而已矣。民智之不可用，猶嬰兒之心也……嬰兒子不知犯其所小苦致其所大利也。今上……修刑重罰以為禁邪也，而以上為嚴……此四者所以治安也，而民不知悅也。……夫民智之不足用亦明矣。[57]

然韓非既以其治民之道為非，便又以其御馬之術相謗，如〈姦劫弒臣〉所言：

> 世之學術者說人主，不曰「乘威嚴之勢以困姦邪之臣」，而皆曰「仁義惠愛而已矣」。……夫嚴刑者，民之所畏也；重罰者，民之所惡也。故聖人陳其所畏以禁其邪，設其所惡以防其姦，是以國安而暴亂不起。吾以是明仁義愛惠之不足用，而嚴刑重罰之可以治國也。無捶策之威，銜橛之備，雖造父不能以服馬。無規矩之法，繩墨之端，雖王爾不能以成方圓。無威嚴之勢，賞罰之法，雖堯、舜不能以為治。今世主皆輕釋重罰、嚴誅，行愛惠，而欲霸王之功，亦不可幾也。[58]

---

54 《呂氏春秋・離俗覽・適威》；《呂氏春秋新校正》，頁二四六—二四八。

55 《管子・形勢解》；戴望，《管子校正》，頁三二七。

56 《呂氏春秋・孝行覽・義賞》；《呂氏春秋新校正》，頁一四六。「民之安之若性」正可與上引〈八觀〉篇之「民之道正行善也若性然」參照。

57 《韓非子・顯學》；王先慎，《韓非子集解》，頁四六三—四六四。

58 《韓非子・姦劫弒臣》；王先慎，《韓非子集解》，頁一〇四—一〇五。

《呂氏春秋》於造父之御馬言「徒得其威，無益於御」來解釋桀、紂之所以亂其民，《韓非子》則以「無捶策之威……不能以服馬」來說明堯、舜之所不可不用以治民，戰國末年剛好同時有此兩種相反而又相成的說法。其實兩者俱已隱約承認「威嚴」與「德教」、「捶策」與「御導」皆是治民之道所必有的成分，但至於孰為本、孰為末則成為其主要的爭論點所在。呂氏門客等雜儒與韓非等法家者流相與辯論治道，遙遙傳承前儒以「御馬」論「人道」之喻，而所強調則不同，各歸其類也。

源於此種辯論，《大戴禮記．盛德》篇就「刑罰之源」作了一個較為詳細的說明，以「善御馬者」與「善御民者」仔細地加以解說，以便將「德法」之終勝於「刑法」給予強而有力的論據：

> 故曰：刑罰之所從生有源，不務塞其源而務刑殺之，是為民設陷以賊之也。刑罰之源，生於嗜慾好惡不節。故明堂，天法也；禮度，德法也；所以御民之嗜慾好惡，以慎天法，以成德法也。刑法者，所以威不行德法者也。……
>
> 德法者，御民之銜也；史者，轡也；刑者，筴也；天子，御者；內史、太史，左右手也。古者以法為銜勒，以官為轡，以刑為筴，以人為手，故御天下數百年而不懈墮。善御馬者，正銜勒，齊轡筴，均馬力，和馬心，故口無聲，手不搖，筴不用，而馬為行也。善御民者，正其德法，飭其官，而均民力，和民心，敬聽言不出於口，刑不用而民治，是以民德美之。
>
> ……不能御民者，棄其德法。譬猶御馬，棄銜勒，而專以筴御馬，馬必傷，車必敗；無德法而專以刑法御民，民心走，國必亡。亡德法，民心無所法循，迷惑失道，上必以為亂無道；苟以為亂無道，刑罰必不克，成其無道，上下俱無道。……故曰：德法者，御民之本也。[59]

蓋〈盛德〉篇年代較晚，可能為西漢時代的作品，而也許是以漢人的觀點用「御馬」之喻而進一步論述儒家以往對刑罰的立場。〈盛德〉以刑罰當作「為民設陷以賊之」，是遙承孟子「及陷於罪，然後從而刑之，是罔民也」之說（〈梁惠王上〉第七章）；而以「德法」為「御民」之本，則又是申述了前儒之說，而斥責韓非式的「刑法」為末流。

最後來看西漢的綜合大作《淮南子》中所反映的民道思想。劉樂賢已指出〈性自命出〉與〈繆稱〉篇的深切關係[60]，今則引〈泰族〉篇來看其與郭店等楚簡其他儒書的關聯。《淮南子》與《呂氏春秋》一樣，以道、儒兩家相雜，而尤以黃老為主，因而其言治民之道，不言「治」而言「因」也。比如〈詮言〉篇所云：「三代之所道者，因也。故禹決江河，因水也；后稷播種樹穀，因地也；湯、武平暴亂，因時也。」[61]〈泰族〉亦言「因」循之道，但與儒家之「治」道、「由其道」的說法基本相同：

> 聖人之治天下，非易民性也，拊循其所有而滌蕩之，故因則大，化則細矣。禹鑿龍門，闢伊闕，決江濬河，東注之海，因水之流也。后稷墾草發菑，糞土樹穀，使五種各得其宜，因地之勢也。湯、武革車三百乘，甲卒三千人，討暴亂，制夏、商，因民之欲也。故能因，則無敵於天下矣。

---

[59] 《大戴禮記·盛德》；（清）王聘珍，《大戴禮記解詁》（王文錦點校；北京：中華書局，一九八三年三月），頁一四四—一四六。此文部分亦見於《孔子家語·五刑解》；彼文於禮教與刑罰之辯亦頗有參考之資，今因篇幅所限而不贅述。

[60] 劉樂賢，〈《性自命出》與《淮南子·繆稱》論「情」〉，收入廖名春編，《清華簡帛研究》第一輯（北京：清華大學思想文化研究所，二〇〇〇年八月），頁一六二—一七二。

[61] 《淮南子·詮言》；劉文典，《淮南鴻烈集解》（馮逸、喬華點校；北京：中華書局，一九八九年五月），頁四七七。

> 夫物有以自然，而後人事有治也。……民有好色之性，故有大婚之禮；有飲食之性，故有大饗之誼；有喜樂之性，故有鐘鼓筦絃之音；有悲哀之性，故有衰經哭踊之節。故先王之制法也，因民之所好，而為之節文者也。因其好色而制婚姻之禮，故男女有別；因其喜音而正雅、頌之聲，故風俗不流；因其寧家室、樂妻子，教之以順，故父子有親；因其喜朋友而教之以悌，故長幼有序。然後修朝聘以明貴賤，饗飲習射以明長幼，時搜振旅以習用兵也，入學庠序以修人倫。此皆人之所有於性，而聖人之所匠成也。故無其性，不可教訓；有其性，無其養，不能遵道。……人之性有仁義之資，非聖人為之法度而教導之，則不可使鄉方。故先王之教也，因其所喜以勸善，因其所惡以禁姦，故刑罰不用而威行如流，政令約省而化燿如神。故因其性，則天下聽從；拂其性，則法縣而不用。[62]

此言「聖人之治天下，非易民性也」，亦與郭店楚簡〈尊德義〉篇之「教非改其道，教之也」義近。以大禹、后稷等古代文化英雄喻治民之道，則又與〈尊德義〉相同。以禮、樂來「因」循人民之喜、怒、哀、樂、好、惡等情而「為之節文」者，與《禮記・坊記》所謂「禮者，因人之情而為之節文」[63]完全相符，且與楚簡〈性自命出〉之「道始於情，情生於性」之說相同。〈性自命出〉強調要通過聖人之「比類」、「論會」、「節文」等「教」以便「生德於中」，而〈泰族〉篇則言「此皆人之所有於性，而聖人之所匠成也」，言「人之性有仁義之資，非聖人為之法度而教導之，則不可使鄉方」，亦是申述〈性自命出〉之論。誠能如此因循人民之好惡以施教，則「刑罰不用而威行如流」，乃與郭店等楚簡儒書的「民道」思想並無二致，兩者之論點與詞語如出一轍。[64]然則《淮南子・泰族》篇與郭店儒書的關係確實非同小可。

總而言之，郭店儒書論「人道」、「民道」等思想，所反映的蓋為戰國初中期儒者對當時已開始形成的法治社會與法治思想的初步反應，即是其為了維護傳統的禮治社會所切磋出來的心得與胚芽性的結論。那即是以禮樂與倫理之教導追溯到人民性情之必然，以人主之德育、身教為尚，而將德教與刑罰等強制性的政治道術視作相逆而行的軌道，如此便將問題絕對化了。然而當時亦有如墨翟、商鞅、慎到等人也推崇刑罰、威嚴之用，而商鞅之變法能使秦國富強，則於稷下等學者的言論當中，此「德教」與「威嚴」的不同便成為熱門話題。戰國後期大儒荀子為了採用諸子「威嚴」的觀念而同時又衛護儒者以往的立場，便將此「威」字重新加以定義，分為「道德之威」、「暴察之威」及「狂妄之威」三種，而祇以前者方可尊為「王者之道。」65後來經過韓非之竭力非議德教之說，而又有如《呂氏春秋》及西漢《淮南子》等綜合性著作，重新申述而肯定儒家「人道」思想的立場。如此一往一來，反覆無常，層出不窮，而「人道」與「政道」，「禮教」與「刑罰」及「德法」與「威法」的辯論乃逐漸形成，而最後發展為一種成熟的形態。因而到了西漢昭帝時，應詔而講述「民間所疾苦」的賢良便可言道：

> 「古者，篤教以導民，明辟以正刑。刑之於治，猶策之於御也。良工不能無策而御；有策而勿用。聖人假法以成教；教成而刑不施。故威厲而不殺，刑設而不犯。今廢其紀綱而不能張，壞其

---

62 《淮南子・泰族》；劉文典，《淮南鴻烈集解》，頁六六九—六七一；此段部分亦見於《文子・自然》篇。

63 《禮記・坊記》；孫希旦，《禮記集解》，頁一二八一。〔同文亦見郭店〈語叢一〉三一、九七兩簡。〕

64 《禮記・樂記》亦以刑罰之措而不用為音樂的效果所致：「暴民不作，諸侯賓服，兵革不試，五刑不用，百姓無患，天子不怒，如此則樂達矣。」孫希旦，《禮記集解》，頁九七八。

65 《荀子・彊國》；王先謙，《荀子集解》，頁二九一—二九三。

禮義而不能防。民陷於網，從而獵之以刑，是猶開其闌牢，發以毒矢也，不盡不止。」[66]

而文學又可言：

「道逕眾，人不知所由；法令眾，民不知所辟。故王者之制法，昭乎如日月，故民不迷；曠乎若大路，故民不惑。幽隱遠方，折乎知之，室女童婦，咸知所避。是以法令不犯，而獄犴不用也。昔秦法繁於秋荼，而網密於凝脂。然而上下相遁，姦偽萌生，有司治之，若救爛撲焦，而不能禁；非網疏而罪漏，禮義廢而刑罰任也。……故治民之道，務篤其教而已。」[67]

郭店楚簡儒家竹書所載前儒之言論，早已為了這些賢良、文學等學者給鋪設了實足牢固的奠基，而「治民之道」經過了長期的琢磨與改造，到此乃已築成一種輝煌秀麗的建築，成為後來中國傳統儒家治道思想的主流論調。

---

[66] 《鹽鐵論．後刑》；王利器校注，《鹽鐵論校注》，頁四一九—四二〇。

[67] 《鹽鐵論．刑德》；王利器校注，《鹽鐵論校注》，頁五六五—五六六。〈刑德〉篇亦有以「御馬」喻治民者：「轡銜者，御之具也，得良工而調。法勢者，治之具也，得賢人而化。執轡非其人，則馬奔馳。執軸非其人，則船覆傷。昔吳使宰嚭持軸而破其船，秦使趙高執轡而覆其車。今廢仁義之術，而任刑名之徒，則復吳、秦之事也」（頁五六八）。

三、郭店楚簡儒家逸書及其對後世儒學思孟道統的意義（註）

壹、前言

自從宋代二程、朱元晦以來，子思、孟子直被推為古代儒學「道統」傳承的中樞人物，而相傳為子思所著之〈中庸〉一文，則逕被抬至儒家思想之傑作的地位。如朱元晦（一一三〇—一二〇〇年）在其《中庸章句序》所云：

（註）本篇原題為〈郭店楚簡儒家逸書與其對臺灣儒學思孟傳統的意義〉，首發表於國立成功大學中文系一九九九年十二月舉辦的「第二屆臺灣儒學國際學術研討會」，收入該系編，《第二屆臺灣儒學國際學術研討會論文集》（臺南：國立成功大學中國文學系，一九九九年十二月），頁一六九—二一一。〔本篇之寫作實早於前兩篇，然以本書的總體結構為慮而置於其後。本篇為本書論郭簡儒書思想體系最全者，而本書第一、二、四等三篇則多以其所已論過者為出發點，因此本篇與後者間容有部分重複之處（尤其在第五節內），今以保存本篇原貌為宜。〕

> 子思懼夫愈久而愈失其真也，於是推本堯舜以來相傳之意，質以平日所聞父師之言，更互演繹，作為此書，以詔後之學者。蓋其憂之也深，故其言之也切；其慮之也遠，故其說之也詳。……世之相後，千有餘年，而其言之不異，如合符節。歷選前聖之書，所以提挈綱維、開示蘊奧，未有若是之明且盡者也。自是而又再傳以得孟氏，為能推明是書，以承先聖之統，及其沒而遂失其傳焉。❶

在本世紀五四以後繼承此一「道統」而加以現代意義的新儒家，包括如徐復觀、唐君毅、牟宗三等之所謂「第二代」新儒，自然也是受到其影響。蓋新儒家的一個共同傾向，多半皆以人性之善來立論，而一講到性善，則不能不說是傳承思、孟而來的。❷然而新儒學的萌芽期，同時又是顧頡剛之疑古派抬頭的時代，因而當時〈中庸〉一書的中樞地位亦開始受到懷疑。例如其早期亦被視為在新儒家之列的馮友蘭，認為除了「多言人事」而具「記言體裁」的部分可能「實為子思所作」之外，其他有「神秘主義之傾向」與「論著體裁」之部分則皆「乃秦漢統一中國後」、「似就孟子學說加以發揮者」❸，而歷代儒者所特別重視者卻多屬於後者一類。於此，後來的新儒家便不得不就此〈中庸〉之年代與作者的問題加以處理，如徐復觀（一九〇三—一九八二年）於其《中國人性論史》所論：

> 站在思想史的立場，首先不能不研究〈中庸〉成書的時代。關於這，近年來出現過不少的新說；但或來自思想的誤解，或來自文獻考之不精，殆無一可資採信。我過去曾……舉出五證，以證明它是出於子思。即是其成書乃在孟子之前。❹

徐復觀認為「原係分為兩篇」之〈中庸〉，其從今日的第一章至第二十章前半部（除了第十六至第十九章為「由禮家所雜入」者之外）的「上篇」為子思本人的著作，從第二十章後半部至第三十三章為止的「下篇」（亦即講「誠」的部分）則「出於子思之門人」，不過「此人仍在孟子之前」。❺

唐君毅（一九〇九—一九七八年）則認為〈中庸〉首章之言「天命之謂性」是「由孟子之言性為天所與我及言命之旨，所轉化而成之論」，而其「用喜怒哀樂為一辭」亦足以「見此中庸首章之成書，在莊子之後」；此乃較近於馮氏之說。❻不過與徐復觀一樣，唐君毅還是給予此書以非常高的思想史上之評價：

……此〈中庸〉之書，實一儒家思想之一極高明至博厚，而可垂于永久之著述。此所謂〈中庸〉之書能極高明者，可即自上所言之縱通天命與人性之明言上說。此在孔孟荀之言中，固皆未有如

---

❶ 朱熹，《中庸章句・序》，《四書章句集注》（中華書局本臺灣版：臺北：長安出版社，一九九一年二月），頁一五。

❷ 方克立在分析一九五八年唐、牟、徐與張君勱所共同發表的《中國文化與世界》「宣言」時指出此「道統」問題對現代新儒家的重要性：說其「強調中國文化的『一本性』，有其一脈相承之統緒，肯定儒家的『道統』之說」，而目的為「尋找歷史和理論的根據」：而且其「所要承接的哲學傳統，主要就是由孔孟至宋明儒的心性之學。」見方克立、李錦全主編，《現代新儒家學案》（北京：中國社會科學，一九九五年九月），方克立之〈代序〉，頁二六。

❸ 見馮友蘭，〈《中庸》的年代問題〉，《中國哲學史》第十四章，第八節：亦載於羅根澤編著，《古史辨・第四冊》，《民國叢書・第四編・六七號》（上海：上海書店），頁一八三—一八四。

❹ 徐復觀，《中國人性論史，先秦篇》（臺北：臺灣商務印書館，一九六九年一月），頁一〇三。

❺ 同上注，頁一〇三—一〇九。

❻ 唐君毅，《中國哲學原論・原道篇卷二：中國哲學中之『道』之建立及其發展》（校訂版；臺北：臺灣學生書局，一九八六年十月），頁七八、八二。

此之明言。[7]

唐氏認為〈中庸〉講「誠」之道有兩方面，其一為「通成己與成物之事」之「橫通內外」之道，其二則為「通天命與人性」之「縱通上下」之道，而〈中庸〉較獨特之處則在於後者。[8]從徐氏、唐氏此兩例來看，可知〈中庸〉一書之地位問題對第二代新儒家是如何之重要。

然而事實究竟如何？〈中庸〉所代表的思想是否與子思有直接關係？其所述之性、命與天之論究竟是孟子思想之前身還是就其基礎上之發揮？最近二十年來，考古上的一些重大發現使學術界重新打開這個問題。一九七三年在湖南長沙馬王堆第三號墓出土的帛書當中，有一篇被命為〈五行〉篇的文章，可分為「經」與「說」兩部。因為其中（尤其是「說」部）有很多與《孟子》相同的用詞與觀念，因而當時龐樸等人便指出此篇之「仁、義、禮、知、聖」等「五行」，肯定亦即指《荀子·非十二子》所云「略法先王而不知其統……案往舊造說，謂之五行……子思唱之，孟軻和之」者而言。[9]因此學術界又從新開始注重此思孟傳統的問題。不過馬王堆之下葬年代為西漢初年，而且〈五行〉篇之「說」部有很多處似乎是借自《孟子》的，然則因為當時學者大體皆將此篇之「經」、「說」二部視為一個同時出現的整體，而傾向於視此「篇」為孟子後學之作品。[10]

一九九三年十月，在湖北省荊門市郭店村一號戰國楚墓中，就發現了本書所專論、下葬年代推定為公元前三〇〇年左右的郭店楚墓竹簡。郭店簡中又有一個〈五行〉篇，而這次卻是沒有「說」部的。[11]如本書序言已述，除了〈五行〉篇之外，其中尚有相傳為子思所作的〈緇衣〉，與數篇從未見過的儒家佚書，而於後者亦有一篇題為〈魯穆公問子思〉之著作。鑒於此，李學勤很自然便推論此三篇「都應屬《子思子》。」[12]後來李氏亦將郭店楚簡其他篇也加入其數，而更多的學者亦支持其說而加以發揮。當

然，如當代新儒家杜維明所說，此種推論可能是出於一種「期待」⓭，然而仔細斟酌此數篇與〈中庸〉

❼ 同上注，頁八九。

❽ 同上注，頁七六。

❾ 龐樸，〈馬王堆帛書解開了思孟五行說之謎〉，《文物》一九七七年十月，頁六三—六九。荀子之文見王先謙，《荀子集解》（沈嘯寰、王星賢點校；北京：中華書局，一九八八年九月），頁九四。

❿ 亦有如島森哲男等學者甚至將此篇說成是屬於荀子一系的。後來有如黃俊傑、楊儒賓二位，提出很多論證而將此篇確切的歸屬於孟子一系，且大量的發揮其中的涵義。見黃俊傑，〈孟子後學對心身關係的看法——以馬王堆漢墓帛書《五行篇》為中心〉，《清華學報》新二〇卷第一期（一九九〇年），頁五五—八一；楊儒賓，〈德之行與德之氣〉，《中國文哲研究的回顧與展望論文集》（臺北：中研院中國文哲研究所，一九九二年），收入氏著《儒家身體觀》（臺北：中研院中國文哲研究所，一九九六年），頁二五三—二九二；〈知言、踐形與聖人〉，《清華學報》新二〇卷第一期（一九九〇年），收入《儒家身體觀》，頁一七三—二一〇。然而大體上還是以〈五行〉之「說」部為主，而將之視作孟子後學所作。〈五行〉篇之「經」與「說」的一個較大的不同，在於前者並未曾提到「氣」的概念，而後者則就「氣」有較詳細的論述。鑒於郭店楚簡的發現，這種不同是很值得注意的。〔關於〈五行〉篇的研究，亦可參龐樸，《竹帛《五行》篇校注》（臺北：萬卷樓圖書有限公司，二〇〇〇年六月）；魏啟鵬，《簡帛《五行》箋釋》（臺北：萬卷樓圖書有限公司，二〇〇〇年七月）；〔日〕池田知久，〈郭店楚簡『五行』の研究〉，收入氏編《郭店楚簡儒教研究》（東京：汲古書院，二〇〇三年二月），頁四五一—四八〇；〔日〕淺野裕一，〈『五行篇』の成立事情——郭店寫本と馬王堆寫本の比較〉，《中國出土資料研究》第七號（二〇〇三年三月）；Mark Csikszentmihalyi, *Material Virtue: Ethics and the Body in Early China* (Sinica Leidensia 66; Leiden: Brill, 2004年)。〕

⓫ 郭店楚簡圖板與初定釋文，見荊門市博物館編，《郭店楚墓竹簡》（北京：文物出版社，一九九八年五月）。為了方便起見，本文一概採用該書所定的簡號，而釋文則盡量採用通行文字。除了各別注明之處外，本篇釋文全是按照《郭店楚墓竹簡》一書與其中的裘錫圭按語。

⓬ 李學勤，〈荊門郭店楚簡中的《子思子》〉，收入姜廣輝主編，《郭店楚簡研究》（《中國哲學》第二十輯；瀋陽：遼寧教育出版社，一九九九年一月），頁七六（原載《文物天地》一九九八年第二期）。

⓭ 杜維明，〈郭店楚簡與先秦儒道思想的重新定位〉，收入《郭店楚簡研究》（見上注），頁二。

及其他所謂子思之作的內容，則將發現李氏此說其實是有道理的。本文擬將借用徐復觀、唐君毅等第二代新儒家對〈中庸〉一篇之闡發以為綱領，以便進一步探討所謂子思之著作與郭店楚簡儒書之間的關係，而看〈中庸〉等書是否即能反映出一種與子思年代相當的思想體系。誠若如此，則子思此一儒家道統的重大祖師之一，乃能期望重新踏上其傳統之地位，因而將給當代儒者從新測定其歷代淵源之深且厚矣。

貳、子思其人其書與郭店楚墓儒家竹簡

將〈中庸〉視為子思（孔伋；公元前四八三—四〇二年）⑭所作，並非宋代理學家之憑空造說，而是實有其長久之根源。《漢書．藝文志》儒家類載《子思》二十三篇，原注云「外伋，孔子孫，為魯繆公師。」⑮《隋書．經籍志》則載《子思子》七卷。⑯此後《舊唐書》、《新唐書》、北宋晁公武的《郡齋讀書志》等皆有記錄，而後則不見其跡了。⑰至於其篇目，則《史記．孔子世家》云，「孔子生鯉，字伯魚，先卒。伯魚生伋，字子思，作〈中庸〉。」⑱此後《隋書．音樂志上》引梁代沈約〈奏答〉云：「〈中庸〉、〈表記〉、〈防記〉、〈緇衣〉，皆取《子思子》。」⑲如李學勤所指出：「沈約的時代，《子思子》正在流傳，他所說自然是有依據的。唐代《意林》一書，引用《子思子》多處，其中二條見於〈緇衣〉；《文選》李善注也引《子思子》兩條，都見於〈緇衣〉，證明〈緇衣〉確實出於《子思子》。」⑳誠如司馬遷、沈約等前賢所云，則此四篇著作實為研究子思思想最可貴的資料。此外，《禮記．檀弓》、劉向《說苑》、徐幹《中論》等書皆有「子思曰」之雜言碎語，亦有可補充之處。

至於子思之為人，據有關記載，則似乎與相傳為其再傳弟子的孟子（公元前約三八五—三〇五年）㉑一樣，自負而直率，大膽而正直。如《韓非子・難三》所云：

> 魯穆公問於子思曰：「吾聞龐𢡟氏之子不孝，其行奚如？」子思對曰：「君子尊賢以崇德，舉善以觀民。若夫過行，是細人之所識也，臣不知也。」㉒

或如《孟子・萬章下》所述：

> 「……繆公亟見於子思曰：『古千乘之國以友士，何如？』子思不悅曰：『古之人有言曰「事

---

⑭ 子思與孟子之年代，皆按錢穆，《先秦諸子繫年》（初版一九三五年；增訂版一九五六年；臺北：東大再版，一九九〇年）。

⑮ （漢）班固撰、（唐）顏師古注，《漢書》（北京：中華書局，一九六二年六月），頁一七二四。

⑯ （唐）魏徵等撰，《隋書》（北京：中華書局，一九七三年八月），頁九九七。

⑰ 見李學勤，〈荊門郭店楚簡中的《子思子》〉（同注⑫），頁七六。

⑱ （漢）司馬遷撰，《史記》（顧頡剛等標點；北京：中華書局，一九五九年），頁一九四七。

⑲ 《隋書》，頁二八八。

⑳ 李學勤，〈荊門郭店楚簡中的《子思子》〉（同注⑫），頁七六。

㉑ 《史記・孟子荀卿列傳》謂其「受業子思之門人」（《史記》，頁二三四三）；《列女傳・母儀傳・鄒孟軻母》亦云其「師事子思。」

㉒ （清）王先慎，《韓非子集解》（鍾哲點校；北京：中華書局，一九九八年七月），頁三七〇。

之」云乎？豈曰「友之」云乎？』……」㉓

皆是其例。

郭店一號楚墓竹簡的儒家佚書，從內容、語言等方面而言，恰可與上述有關子思之篇章與引句互相印證。如序言所述，此墓的下葬年代，考古學家根據墓葬形制與位置，及器物特徵等，而斷定為公元前三〇〇年左右；至於墓主的身份，則雖有人認為其為「東宮之師」（即太子之師），然到目前尚無定論。㉔郭店楚簡之書，除了〈老子〉甲、乙、丙與〈太一生水〉及〈語叢四〉外，都屬於儒家思想一類，而各篇竹簡的形制不盡一致，就長度與形狀等方面而論，可以分為幾類。於本文最有關者，除了〈魯穆公問子思〉一篇之外，乃長度均為三二·五釐米左右的六篇，即上面述過的〈緇衣〉與〈五行〉兩篇，及四篇命名為〈成之聞之〉（〈成之〉）、〈尊德義〉、〈性自命出〉與〈六德〉等儒家佚書。㉕

〈魯穆公問子思〉所載的「子思曰」之言論，即「恆稱其君之惡者，可謂忠臣矣」㉖，恰好能代表從《孟子》等書所知有關子思的剛強之性格。再加上郭店楚簡中有相傳為子思所作的〈緇衣〉，及有關「子思唱之，孟軻和之」之〈五行〉等書，且其所從出之墓幾乎與孟子過世的同時便已下葬，而「《孟子》七篇」又「是孟子晚年所作的」㉗，因而李學勤等人自然便認定郭店楚簡的儒書都是在孔、孟之間的著作，而將〈魯穆公〉、〈緇衣〉與〈五行〉等三篇歸屬子思所作。後來李氏進一步推論〈六〉、〈成〉、〈性〉、〈尊〉等郭店儒書亦「都與子思有或多或少的關連，可說是代表了由子思到孟子之間儒學發展的鏈環」㉘，廖名春、姜廣輝兩位亦發表了與李氏之說類似而稍微大膽一點的論說。㉙龐樸則謂《子思子》應該像「《莊子》那樣，也是一部論文集，由孔子向孟子過渡學派的論文集；現在郭店楚簡儒家部分的一些篇章，很有可能便曾側身其中。」㉚此種較謹慎的推論是可以接受的，而且是有足夠根據的。本文擬將在李氏、龐氏等人的基礎之上，進一步探討郭店楚簡儒家著作與《子思子》之關係。此種探討主要是要證實〈中庸〉所代表之思想體系確實在孟子之前已經存在，因而與子思本人之思想及其本人或後學所著之書，有直接而難以否認的關連。若是郭店楚簡儒書確實位於孔、孟之間，而與〈中庸〉、〈坊記〉等書有密不可分之關係，則以前賢將〈中庸〉等書歸屬於子思為確然無誤之說，當然為最合情理之結論。

㉓ 見朱熹，《孟子集注》，《四書章句集注》，頁三二三。〈公孫丑下〉亦有類似的記載。

㉔ 此說可參看李學勤，〈先秦儒家著作的重大發現〉，收入《郭店楚簡研究》（見注⑫），頁一三—一七。

㉕ 不過前二者的編線契口間距為一三釐米左右，而後四者則為一七．五釐米左右。可詳《郭店楚墓竹簡》一書。此六篇，下面有時將以其頭一個字作為簡稱，如〈緇〉、〈成〉、〈尊〉等。除此六者與〈魯穆公〉之外，尚有幾篇儒書，其細目請參序言。郭店〈緇衣〉之於《禮記》的，郭店〈五行〉之於馬王堆的，雖然其章內、章間的順序與文字稍有不同，而內容可以說是大同小異的。

㉖ 《郭店楚墓竹簡》，頁一四一，〈魯穆公〉簡一—二。

㉗ 李學勤，〈先秦儒家著作的重大發現〉（同注㉔），頁一五。

㉘ 同上注，頁一六。

㉙ 在李氏的基礎之上，姜廣輝竟然推論「〈唐虞之道〉、〈緇衣〉、〈五行〉、〈性自命出〉、〈窮達以時〉、……〈成之聞之〉前半部、〈魯穆公問子思〉、〈六德〉諸篇為子思所作」，即是皆視為子思本人親手下筆的（或與其弟子合著）：見其〈郭店楚簡與《子思子》——兼談郭店楚簡的思想史意義〉，《郭店楚簡研究》（見注⑫），頁八八。廖名春亦將李學勤當初所指的那三篇看做《子思子》之屬，而將郭店所有其他儒家逸書推得更早，為七十二子或孔子本人之作品：見其〈荊門郭店楚簡與先秦儒學〉，收入《郭店楚簡研究》，頁三六—七四。〔姜廣輝後來寫了一篇題為〈郭店楚簡與道統攸系——儒學傳統重新詮釋論綱〉（收入氏編，《郭店簡與儒學研究》〔《中國哲學》第二十一輯：瀋陽：遼寧教育出版社，二〇〇〇年一月〕，頁一三—四〇），可與筆者本篇合看。〕

㉚ 龐樸，〈孔孟之間——郭店楚簡中的儒家心性說〉，收入《郭店楚簡研究》（見注⑫），頁二四。

應該先說明的是，本文是以上述六篇三二·五釐米的郭店楚簡儒家著作相互之間有密切關係為前提而立論的。此並不是說因為其出自同一個墳墓而有關係（因為循著此種邏輯則《老子》亦將歸為儒書），而是從內容、辭句與用詞等方面上而推論的。如本書第六篇所論，郭店簡〈成〉、〈尊〉、〈性〉、〈六〉等四篇，雖然各篇之內皆有編序調整的可能或必要，而根據內容與字體兩方兼顧的考慮（包括就「者」、「而」、「則」等有特殊寫法之常用字的分析），能確定此四篇之間的竹簡則不可互換，可知裘錫圭等人於《郭店楚墓竹簡》一書所定之分篇已經是最確切的；即是說如〈成之〉中之竹簡不可調到〈六德〉篇去，〈尊德義〉中之竹簡不可移至〈成之〉篇來，等。[31]然此四篇及〈緇衣〉、〈五行〉兩篇，於內容與用詞上，則確有相互滲透之關係：如〈緇衣〉、〈尊德義〉及〈成之〉皆有「上好此物也，下必有甚焉者矣」或極其類似的一句話，亦皆著重於禮教而對刑罰表達貶意（見本文第五節及本書頭兩篇）；〈五行〉與〈成之〉一樣重視「天德」概念，與〈尊德義〉則同樣強調「樂」與「德」的關係；〈成之〉與〈六德〉均講到極為罕見的「六位」觀念；等等。這些現象，除非是出於莫大的巧合，則自然是意味著這幾篇彼此之間的關係實在是密不可分的。[32]鑒於下面將提出的論據，可進一步推論此六篇，亦與〈中庸〉等相傳為子思所作之文獻（〈緇衣〉則二者兼屬），皆為息息相關的戰國時代資料。

為了開始著手於探討〈中庸〉等書與郭店楚簡儒家逸書的關係，我們不防先藉第二代新儒家徐復觀的眼光來形容〈中庸〉所論述的哲學體系。對徐復觀而言，〈中庸〉在儒學歷史上佔有極其重要的一環之地，它的出現主要是為了解答孔門弟子所不能瞭解的兩個問題，即「夫子之言」而「不可得而聞」之「性與天命（天道），究竟如何而會連貫在一起？」，與「孔子的文章（實踐），和他的性與天道，又是如何而會連貫在一起？」：

《中庸》一開始便說「天命之謂性」，這是解答前述的第一問題。「率性之謂道」，這即是解答前述的第二問題。所以《中庸》上篇，是直承《論語》下來的孔門文獻。㉝

而如同宋明理學家一樣，徐復觀將〈中庸〉看做儒學的傑作，且特別推出其首章為「儒學的總綱領」：

> 《中庸》上篇的第一章，可以說是作者有計劃的一個總論。而「天命之謂性，率性之謂道，脩道之謂教」三句話，又是全書的總綱領，也可以說是儒學的總綱領。㉞

對此「總綱領」的三個部分，徐復觀便一一加以闡發：

> 「天命之謂性」……其意思是認為孔子所證知的天道與性的關係，乃是「性由天所命」的關係。天命於人的，即是人之所以為人之性。這一句話，是在子思以前，根本不曾出現過的驚天動地的

㉛ 唯〈性自命出〉與〈六德〉二篇，字體極其相似，而祇能從內容上來彼此相分。

㉜ 參本書第六篇〈排列調整芻議〉前言與結語兩節。「六德」一辭，除了講易卦或醫學的六位者不算，於古代文獻中祇有晚出的《莊子·盜跖》一篇出現。另外〈性自命出〉與〈五行〉皆常用到「某者，某之方也」一類的辭句，而此類辭句於古文獻亦是很少見到的。

㉝ 徐復觀，《中國人性論史，先秦篇》，頁一一〇—一一一。

㉞ 同上注，頁一一六。

一句話。……「天命之謂性」，決非僅只於是把已經失墜了的古代宗教的天人關係，在道德基礎之上，與以重建；更重要的是：使人感覺到，自己的性，是由天所命，與天有內在的關連；因而人與天，乃至萬物與天，是同質的，因而也是平等的。天的無限價值，即具備於自己的性之中，而成為自己生命的根源，所以在生命之自身，在生命活動所關涉到的現世，即可以實現人生崇高的價值；這便可以啟發人們對其現實生活的責任感，鼓勵並保證其在現實生活中的各種向上努力的意義。我們可以這樣說，只有在「天命之謂性」的這一觀念之下，人的精神，才能在現實中生穩根，而不會成為向上漂浮，或向下沉淪的「無常」之物。[35]

換言之，即給予人類以《郭店楚簡》所謂「大常」之道，使之與天地萬物為一體。因而順著此天然之本性，乃為人人所該行之正道：

道即是人人所共由的道路……「率性之謂道」，是說，順著人性向外發而為行為，即是道。這意味著道即含攝於人性之中；人性之外無所謂道。……中庸是經驗的……但在經驗之中，即含有超經驗地性格；在被限定之中，即含有破除限定的無限地性格。於是中庸是任何人可以當下實現的，但任何人並不能當下加以完成，而必須通過無窮的努力，作無窮的向上；這裏便呈現出道德自身的無限性……[36]

而作為無窮向上的方法，乃是所謂「教」：

「修道之謂教」，這是儒家對政治的一種根本規定。……實現中庸之道，即是實現人性；人性以外無治道。違反人性，即不成為治道。所以修道之謂教，即是十三章之所謂「以人治人」。「以人治人」的究極意義，是不要以政治領導者的自己意志去治人，而是以各人所固有的中庸之道去治人，實則是人各以其中庸之道來自治。各人的中庸之道，即把個體與群體融和在一起，此外更無治道。[37]

為了進一步探討〈中庸〉與郭店儒書之關係，現在以此〈中庸〉之「總綱領」也當作本文的大綱領而加以論述。

參、「天命之謂性」

郭店楚簡儒家逸書中最引學者矚目的可能屬〈性自命出〉一篇，因為其一開端便說道：

凡人雖有性，心亡奠志，待物而後作，待悅而後行，待習而後奠。喜怒哀悲之氣，性也。及其見於外，則物取之也。性自命出，命自天降。道始於情，情生於性。……[38]

---

35 同上注，頁一一七—一一八。

36 同上注，頁一一九—一二〇。

37 同上注，頁一二〇—一二一。

38 《郭店楚墓竹簡》，頁一七九，〈性〉簡一—三。

「性自命出，命自天降」顯然與〈中庸〉之「天命之謂性」一句相似，而後者即是徐復觀所謂「不曾出現過的驚天動地的一句話」，因此前者之出現也是「驚動」學術界的。此一「性」為如何之性，將於下面「率性」一節討論，而在茲要先指出的是，西周以後一提到「天」所降之「命」，自然也脫不了那種「惟不敬厥德，乃早墜厥命」（《尚書．召誥》語）的「天命」觀。即是說，就算戰國時期所講之「天」多已不是「主宰」之天而是「自然」之天，所謂「天命」還是具有一種道德規範要求在內，因而人一不好好維持此所「天命」之「性」，即有失去之可能。因此人們便對「天德」起了一種「敬」的責任感，亦即徐復觀所謂的「憂患意識」。[39]

做為一種天所授命之對象而言，則「天命靡常」（《詩．大雅．文王》語），稟賦天命的人類不加以自己的努力則天性無法維持而將要墜落。然而做為天所以命之之「天德」本身而言，則此「天命」卻意味著一種有必然性、有永恆性、與天地並列而永遠無法改的道德規範之物。中國古代思想家講「天」或者「天地」，主要即是強調此種永恆性、此「天長地久」之義，而其每次將「天」或「天地」與人類之事物互相聯繫，即是圖以借重於前者之必然性、永恆性與普遍性而使人們對後者有同樣的敬心與無法改之之「天經地義」之感。例如《左傳》昭二十六年晏子之言「禮之可以為國也久矣，與天地並」，或同書昭二十五年引子產之曰「夫禮，天之經也，地之義也，民之行也」，大概就是這個意思。[40]郭店楚簡於〈成之〉一篇，亦是借重於此「天德」之觀念：「天降大常，以理人倫」；天所「降」以「理人倫」者，亦即是不可必免的、永恆的「大常」。此「大常」即成為禮義之本，為人類應該遵行、不得不遵行之道；不遵行此道，則必然不會成功的，因而人之於天道，便成為一種順與不順的問題：「小人亂天常以逆大道，君子治人倫以順天德」（詳後）。[41]

然而直接將人性與天命聯繫起來，將實行「天德」或「天命」視為人類本性之內在要求者，在《孟子》之前確祇有〈中庸〉與〈性自命出〉二例。此外，〈五行〉篇亦較明顯的有類似的意義：

> 五行：仁形於內謂之德之行，不形於內謂之行。義形於內謂之德之行，不形於內謂之行。禮……智……聖形於內謂之德之行，不形於內謂之行。德之行，五和謂之德，四行和謂之善。善，人道也。德，天道也。[42]

此顯然是說祇有由內在需求直接形成的行為規範方能稱得上「德之行」，而將一切德之行推進到極點，而進入一種天然和諧之聖人之境，乃算為實現了與「天道」等同之至高無上之「德」（此種境界，後面將有所論述）。此即意味著「天德」之萌芽或多或少便已蘊藏於人性之內，儘管郭店〈五行〉篇並未曾出現過一個「性」字。而此由內推外的形成過程，或者即可以說是以〈中庸〉那種「率性」工夫為其動力的。

肆、「率性之謂道」

上面所引〈性自命出〉一段文中，提到了一些戰國時代思想史上非常重要的範疇：除了「天」、

---

[39] 徐復觀，《中國人性論史，先秦篇》，頁二〇——二四。

[40] 見楊伯峻編著，《春秋左傳注》（北京：中華書局，一九八一年；修訂本一九九〇年），頁一四八〇、一四五七。

[41] 《郭店楚墓竹簡》，頁一六七，〈成〉簡三一——三三。

[42] 《郭店楚墓竹簡》，頁一四九，〈五行〉簡一——五。〔「聖」行之「不形於內謂之」與「行」字間複出「德之」二字，似衍，今刪。〕

「命」與「性」之外，尚有「心」、「氣」、「道」、「情」等辭。〈性自命出〉一篇可以說是試圖將這些範疇與其之間的關係予以劃分與定義，祇不過其結果遠不如後來之孟子講得那麼清楚罷了，而其思想的趨向亦有所不同。比如以孟子而言，心與氣基本上有種相輔相成的關係，但顯明是要以心為統率者，以養其氣而使之服從於己志，而藉其力量來達到所謂「不動心」之境，亦即正義之「勇」也。孟子以心為四端之所在，心「思」則「得之」，人祇要「持其志」而「擴充」其本然善之性，「修身」以至「平天下」之大功即可成。〈性自命出〉則不然：心本來即沒有定（「奠」）志，是等待與外物接觸方以喜怒哀悲好惡之情應之而行，養成了習慣以後方有一定之方向的。性本來亦沒有所謂善與惡，祇不過是一些「喜怒哀悲之氣」，而善與惡則在於其如何表現出來、其終究養成如何之習性。然而該篇同時又說「道始於情，情生於性」，則又是以「性」為「道」之祖，那麼若是以「道」為「善道」或「正道」之義（而不同於韓愈所謂「虛位」者），則人性似乎確已包含善之種子於內矣。

然而此一「道」是否即是「善道」之義？請先看朱元晦《中庸章句》是如何解釋「率性之謂道」一句：

「率」，循也。「道」，猶路也。人物各循其性之自然，則其日用事物之間，莫不各有當行之路，是則所謂道也。[43]

《朱子語類》又載：

「『率』，循也。不是人去循之，呂說未是。程子謂：『通人物而言，馬則為馬之性，又不做牛底性；牛則為牛之性，又不做馬底性。』物物各有箇理，即此便是道。」曰：「總而言之，又只是一箇理否？」曰：「是。」[44]

然則按照程、朱之說，「道」在茲乃指萬物所自然而走之路，而雖然物物或多或少皆稟賦以天理，此「道」仍不可謂為「至善」之道，因為尚等待於「修道」之工夫，而衹有人類才有此後天的道路。〈性自命出〉亦明講「道」為「群物之道」，而接下來的一段話是頗勘玩味的：

……「道」者，群物之道。凡道，心術為主。道四術，唯人道為可道也。其參術者，道之而已。詩、書、禮、樂，其始出皆生於人。……[45]

從文勢來講，似乎以「人道」等同於「心術」而為「四術」之主，而與其他三（「參」）術，即詩、書、禮樂，成為「可道」與「道之」之對比。「夫禮與樂恒相反相成，並行而不可相離。故一言乎禮，已有樂在」[46]，固然可視禮樂為一，而〈性自命出〉下文又講「禮、樂，有為舉之」，以二者並稱，則可能確實是要這樣讀的。儘管如此，古代文獻通常是以禮、樂為二術，何況《禮記·王制》明明是以「詩、書、禮、樂」講「四術」的：

[43] 朱熹，《中庸章句》，《四書章句集注》，頁一七。
[44] 《朱子語類》卷六二，淳錄。
[45] 《郭店楚墓竹簡》，頁一七九，〈性〉簡一四—一六。
[46] 語出熊十力，《原儒》（一九五四年；臺北：明文書局本，一九八八年十二月），頁二六。

樂正崇四術，立四教，順先王詩書禮樂以造士。春秋教以禮樂，冬夏教以詩書。㊼

因此，筆者懷疑「心術」並不算做「四術」之一，而實則「四術」是含攝於「心術」之中（「參術」或乃「多術」之義，即指「四術」而已）。假若如此，則「人道」亦並非與「參術」為對，而實則與「群物之道」為對；萬物各有其先天之本能，順其本性而行即是它的「道」，而「唯人道為可道也」，即是說祇有人類方能創出「詩、書、禮、樂」等四術之「教」而以後天工夫來修養其本性而導之於善。若是以此「道」為「群物之道」而已，那麼「率」之而「謂道」之性，與「出情、出道」之性，都不一定要視為本然即「善」的。

以《中庸》而言，就算以「道」為「至善」之道，那麼還有一個爭論性的問題，即「率性」之「率」究竟為何種工夫？是呂與叔說講的要去「循性而行」，抑是要更主動的去「統率」此性？廖名春指出：

> 「率性之謂道」，鄭玄、朱熹都訓「率」為「循」、「順」，此乃本於孟子性善論而為，大誤。《廣韻・質韻》：「率，領也。」「率」當訓為統率，率領。「率性之謂道」是說統率性的是道。簡文……這種「性」，要以「群善之絕」的「義」去磨礪，要以「心術為主」的「人道」去統率，與《中庸》「率性之謂道」是一致的。㊽

廖氏以「率」為「統率」，當然也是有道理的。其實此說很類似於東漢王充之以「率性」做「教告率勉」之義來論述其「人之性，定有善有惡」之說。㊾然而對此種解釋，唐君毅曾加以反駁：

> 王充《論衡・率性》篇，即嘗謂此率性者乃外在之教化。此則明不可通。若如其說，則修道之謂教一句，應在前矣。或謂率為由，則又成任性之說矣。朱子釋率為循較妥。然此循性，即人之自循其性。……蓋謂此自循為依道德理想而自命，則率性即自命自率，而于此自命自率中，見此性之表現。……茲按《論衡・本性》篇引陸賈言曰「天地生人也，以禮義之性，人能察己所以受命則順，順之謂道」，《淮南子・齊俗訓》亦言「率性而行謂之道，得其天性謂之德」。此與《中庸》「天命之謂性、率性之謂道」相類。[50]

但無論「率性」要如何解釋，吾以為〈中庸〉之講「性」，既不同於「性善」，而又不等於即「性中」。性善論到了孟子才得以顯明的論述，然而此一學說一定有它的思想史上之背景。無論是〈中庸〉還是〈性自命出〉，二者並沒有明顯講出「性」之為「善」與否，然而或多或少皆以一種有善之種子在內之「性」為前提。徐復觀已講過：

> 《中庸》上下篇，實際皆言性善，尤其是下篇言誠，到處皆扣就性上講，如「自誠明，謂之性」，「推天下至誠，為能盡其性……」……《中庸》下篇的作者，對內容上已說的是性善，卻對於孟子以心善言性善的思想中心，卻毫未受其影響，這幾乎是難於解釋的。因此，我認為孟子

---

47 《禮記・王制》；見孫希旦，《禮記集解》（沈嘯寰、王星賢點校；北京：中華書局，一九八九年二月），頁三六四。

48 廖名春，〈荊門郭店楚簡與先秦儒學〉（見注29），頁五九—六〇。

49 黃暉撰，《論衡校釋》（北京：中華書局，一九九〇年二月），頁六八。

50 唐君毅，《中國哲學原論・原道篇卷二》，頁七九—八〇。

之言性善，乃吸收了《中庸》下篇以誠言性的思想而更進一步透出的。[51]

徐復觀所講的這一點，恰好也可以用來說明〈性自命出〉的歷史背景，因為它同樣是於很多處似乎「實際皆言性善」（下面講性情與道之關係時將有說），然而基本上還是以「性」本身為一種不善不惡之物，這種模糊不清的情況到了孟子方將得以較圓滿的解決。[52]

郭店楚簡講〈中庸〉那種「盡性」或「成己」之義者，尚有比〈性自命出〉為深者。特別是〈成之〉一篇：

> ……君子之求諸己也深。不求諸其本而攻諸其末，弗得矣。是君子之於言也，非從末流者之貴，窮源反本者之貴。苟不從其由，不反其本，未有可得也者。[53]

顯然是以「求己」為本。又曰：

> 君子曰：唯有其亙（恆）而可能終之為難。槁木三年，不必為邦旗，害（曷）？言寅（？）之也。是以君子貴成之。聞之曰：古之用民者，求之於己為亙（恆）。行不信則命不從，信不著則言不樂。民不從上之命，不信其言，而能含德者，未之有也。故君子之立（蒞）民也，身備（服）善以先之，敬慎以守之，其所在者內矣……[54]

郭沂解釋此章，承著李學勤的提示而更以〈中庸〉二十五章為據，說：「此處『君子貴成之』之『成』

讀作『誠』可能更妥。由此可見，此處幾乎完全照搬了〈中庸〉『君子誠之為貴』（二十五章）一句，祇是語序略加改動。」55按，〈中庸〉第二十五章原文如下：

> 誠者自成也，而道自道也。誠者物之終始，不誠無物。是故君子誠之為貴。誠者非自成己而已也，所以成物也。成己，仁也；成物，知也。性之德也，合外內之道也，故時措之宜也。56

君子成己正其「所以成物也」，亦如〈成之〉之說君子「所求之不遠，察反諸己而可以知人。」57確如

---

51 徐復觀，《中國人性論史，先秦篇》，頁一三九—一四○。

52 龐樸〈孔孟之間〉亦謂「這批楚簡的儒書中，未見有討論性善性不善的事；看來這個後來成為儒家必談的大題目，當時也還沒有成為問題」（頁二八—二九）。

53 《郭店楚墓竹簡》，頁一六七，〈成〉簡一○—一二。

54 此段是按照周鳳五與郭沂二位所分別斷定的竹簡排列調整：見周鳳五，〈郭店楚簡《成之聞之》竹簡編序復原研究〉〔未刊，然此文調整意見亦見周鳳五、林素清，〈郭店竹簡編序復原研究〉，收入周鳳五編，《古文字與古文獻》試刊號（臺北：楚文化研究會，一九九九年十月）〕；郭沂，〈郭店楚簡《成之聞之》篇疏證〉，《郭店楚簡研究》（見注12：原題為〈郭店楚簡《天降大常》（成之聞之）篇疏證〉，載於《孔子研究》一九九八年第三期，頁六一—六八），頁二八一—二八五。此於《郭店楚墓竹簡》（頁一六八、一六七）為〈成〉簡二九—三○、一—三。〔按，筆者對此段已有簡序上的再次調整，將第一句分為兩處，請參本書第八篇〈〈成之〉等篇雜志〉第二節第一條；今於本篇則祇好仍其舊。「寅」字今姑依李零〈校讀記〉之說。〕

55 郭沂，〈郭店楚簡《成之聞之》篇疏證〉，二八二。

56 見朱熹，《中庸章句》，《四書章句集注》，頁三三—三四。

57 《郭店楚墓竹簡》，頁一六七，〈成〉簡一九—二○。

郭沂所論，〈成之〉之「成」與〈中庸〉「自成」之「誠」，是有相當密切的關係，祇不過在前者此一「成」字還稱不上為一種獨立的概念，這可能便意味者〈成之〉一文尚在〈中庸〉（或〈中庸〉下篇）之前。

那麼此種「率性」、「盡性」與「自成」之工夫，畢竟是如何而下的？除了借助於外在的教學之外，要先從中心深處之「慎獨」工夫上講58，如〈中庸〉首章所謂：

道也者，不可須臾離也，可離非道也。是故君子戒慎乎其所不睹，恐懼乎其所不聞。莫見乎隱，莫顯乎微。故君子慎其獨也。59

依朱元晦注，「若道可離，則為外物而非道矣……是以君子既常戒懼，而於此尤加謹焉，所以遏人欲於將萌，而不使其滋長於隱微之中，以至離道之遠也。」60此則如〈性自命出〉之講「喜怒哀悲」之氣，「及其見於外，則物取之也」之義。「慎獨」的工夫，即是所以使此性中「喜怒哀樂」之氣「發而皆中節」者，亦即是向外實現本性所該行之道而不為外在事物所引誘者。不過朱元晦用「遏」一個字來形容就人欲上所下之工夫，則稍嫌其過重，似乎用一個「導」字才得其原意。徐復觀解釋「慎獨」則說：

把潛伏的性，解放出來，為欲望作主；這便須有戒慎恐懼的慎獨的工夫。……「慎獨」，是在意念初動的時候，省察其是出於性？抑是出於生理的欲望？出於性的，並非即是否定生理的欲望，而只是使欲望從屬於性；從屬於性的欲望也是道。一個人的行為動機，到底是「率性」？不是率性？一定要通過慎獨的工夫，才可得到保證的。61

他所說「從屬於性的欲望也是道」是關鍵性的一句話，下面講到「樂」的時候將再有所說。

郭店〈五行〉篇亦用到「慎獨」一辭：

> 「淑人君子，其儀一也」。能為一，然後能為君子，慎其獨也。「【瞻望弗及，】泣涕如雨」。能參池其羽，然後能至哀。君子慎其【獨也。君】子之為善也，有與始，有與終也。君子之為德也，【有與始，無與】終也。金聲，而玉振之，有德者也。62

從一方面而言，此「獨」之義即如朱元晦所言「人所不知而己所獨知之地也」，而「慎獨」之工夫亦即是〈五行〉篇在他處所講之「中心之憂」：

> 君子亡中心之憂則亡中心之智，亡中心之智則亡中心【之悅】，亡中心【之悅則不】安，不安則

---

58 以牟宗三而言，此種「慎獨」之工夫對主體之性的實現「是最重要的」：「這個慎獨是通過『天命之謂性』這個性體，性是首先出來的，性是個主體，但是這個主體必通過慎獨這個工夫來呈現。這個慎獨的獨、獨體的獨是從性體那個地方講的。」見牟宗三，〈儒家系統之性格〉，收入其《中國哲學十九講》（臺北：臺灣學生書局，一九八三年十月），頁八〇—八一。

59 見朱熹，《中庸章句》，《四書章句集注》，頁一七。

60 同上注，頁一七—一八。

61 徐復觀，《中國人性論史，先秦篇》，頁一二四。

62 《郭店楚墓竹簡》，頁一四九—一五〇，〈五行〉簡一六—一九。

> 不樂，不樂則亡德。[63]

有趣的是，所以達到修身過程中最高境界之「樂」（此為「君子之樂」，非「小人之樂」），正是通過一種與「樂」相反的「憂心」之工夫（因為「樂」可以說是一種「無憂」之境）。正是因為君子一直保持著此種「內省不疚，無惡於志」[64]的要求，而可以始終無患乎遠離此道之大失。此或即如子思於他處所言「君子有終身之憂，而無一朝之患」之義也。[65]

從另一方面，依照〈五行〉篇所引詩句之義，則「慎獨」之「獨」亦有「一」、亦即「專一」的意思。[66]此種「一」的觀念，是就「形於內」之工夫上講，是君子之所以持定其心志而使所有喜怒哀樂之情外發時而莫不中節的基本動力。持著此種「一」、「獨」、「誠」的心態，則在千變萬化的生活當中，能一直依靠於一種無窮盡的內在「天德」之來源，而所呈現之德行乃與天道一樣亦是無窮無盡而始終和諧的。「誠者，天之道也；誠之者，人之道也」（〈中庸〉第三十一章）：人道之極，亦乃與天同德的一種「五行和」而「從容中道」的「有始無終」之聖人之境也。此正是「率性」、「慎獨」之工夫之所致。

伍、「修道之謂教」

〈中庸〉第二十一章云：

> 自誠明，謂之性；自明誠，謂之教。誠則明矣，明則誠矣。[67]

然則性與教，自然有相輔相成的關係。在郭店楚簡儒家著作中，〈五行〉一篇較偏向於「自誠明」那一方，而另外幾篇則處處皆是兼顧到或偏重於「自明誠」之「教」而立論的。一提到「教」，則不僅是從「內聖」的修道過程而言，而更是由「外王」之治民、平天下之事業而論的。此種「教民」之事，於郭店楚簡中則有特別詳細之論述。

在前面引過之文中，徐復觀是以第十三章的「以人治人」來解釋「修道之謂教」一句，即是「說明統治者並非另外拿一套大道理加在人身上，而祇是以各人自己為人之道治理各人，這即是中庸之道。」[68]此〈中庸〉原文是引用孔子之言的，如下：

子曰：「道不遠人。人之為道而遠人，不可以為道。《詩》云：『伐柯伐柯，其則不遠。』執柯

63 《郭店楚墓竹簡》，頁一四九，〈五行〉簡五—六。

64 〈中庸〉第三十三章：見朱熹，《中庸章句》，《四書章句集注》，頁三九。

65 《禮記·檀弓上》：見孫希旦，《禮記集解》，頁一七一。

66 黃俊傑認為〈中庸〉與〈五行〉講「慎獨」稍有差異，而此則在於後者就「一—多」之對待關係講之：「總而言之，《大學》〈中庸〉及《禮記·禮器》、帛書《五行篇》都講求『慎獨』，雖然各有其細緻的差異，《荀子》《大學》的『慎獨』基本上是儒理學概念，但〈中庸〉的『慎獨』則已具有本體論的涵義，但是各家均以『心』統攝諸般德性或活動。更深入的來看，《大學》〈中庸〉是在『內—外』對待的脈絡中統一，《禮記·禮器》與帛書《五行篇》，則在『一—多』對待的脈絡中統一，這一點則又是兩者之間細緻的差異之所在。」見其〈孟子後學對心身關係的看法〉（見注⑩），頁七七。〔簡帛中「慎獨」之說，亦可參戴璉璋，〈儒家慎獨說的解讀〉，《中國文哲研究集刊》第二十三期（二〇〇三年九月），頁二一一—二三四。〕

67 見朱熹，《中庸章句》，《四書章句集注》，頁三二。

68 徐復觀，《中國人性論史，先秦篇》，頁一四八。

以伐柯，睨而視之，猶以為遠。故君子以人治人，改而止。忠恕違道不遠，施諸己而不願，亦勿施於人。……」

這種「以人治人」的思想在郭店楚簡到處可見，尤其是在〈尊德義〉一篇：

聖人之治民，民之道也。禹之行水，水之道也。戚（造）父之御馬，馬也之道也。后稷之藝地，地之道也。莫不有道安（焉），人道為近。是以君子人道之取先。察者（諸）出所以知己，知己所以知人，知人所以知命，知命而後知道，知道而後知行。[69]

聖人之治民如大禹之行水一樣：不是逆著水流而強加以塞住，而是順著水之本性而加以疏導。然則所以知此「治民之道」，乃正是所以「知己」而推之於人者；此所謂「人道為近」者，亦即「忠恕違道不遠」之義也。若是反此道，則為亂國之起：「不由其道，不行」，「教其政，不教其人，政弗行矣」[70]，或如〈成之〉所謂：

上不以其道，民之從之也難。是以民可敬道（導）也，而不可弇也；可御也，而不可牽也。[71]

所謂「由其道」，「以其道」之道，依〈尊德義〉等篇之說，即是以禮、樂為首而與「政、刑」相對之「德教。」[72]德教之本，則在於人性、人倫之自然，如〈六德〉篇所講的「六位」：

君子如欲求人道（六，下斷），〔□而不〕由其道，雖堯求之弗得也。生民（七，上斷）〔斯必有夫婦、父子、君臣；此〕六位也。有率人者，有從人者；（八，上斷）有使人者，有事人〔者；有教〕者，有學者；此六職也。既有（九）夫六位也，以任此〔六職〕也，六職既分，以別六德。六德者，（一〇）〔其為道也（？）〕，大者以教〕人民，小者以修其身，為道者必由（四七，上斷）此。何謂六德？聖、智也，仁、義也，忠、信也。聖與智，就（讎）矣；（一）仁與義，就（讎）矣；忠與信，就（讎）矣。……（二）73

〈六德〉篇講的是「夫婦、父子、君臣」之「六位」，與「聖智、仁義、忠信」之「六德」；〈中庸〉第二十章講的則是「君臣、父子、夫婦、昆弟、朋友」之「五達道」，與「所以行之」之「知、仁、勇」等「三達德。」其細目雖異，其大義則相同，因此徐復觀針對後者所說：

---

69 《郭店楚墓竹簡》，頁一七三，〈尊〉簡六—九（「諸」字之讀依周鳳五說）。

70 同上注，簡三、一八—一九。

71 《郭店楚墓竹簡》，頁一六七，〈成〉簡一五—一六。

72 本書第二篇〈戰國「民道」思想〉就此有詳說。

73 此段是筆者按照文義而將竹簡的排列順序加過以調整的，見本書第六篇〈排列調整芻議〉第二節：我將此段視作〈六德〉的開端。本段於《郭店楚墓竹簡》（頁一八七）為〈六〉簡六、七—一〇、四七、一—二。「□而不」的「不」字，與簡八上半本來所缺的十字，均是依裘錫圭所補（筆者本來祇補「而不」二字，然實該補三字，今以「□」來增補一字之位）；「別六德」之「別」字依李學勤說；「就」字可讀如「讎」是裘錫圭向筆者提示的，意思大概是「為一對的。」（依周鳳五說，此釋「就」之字或亦可讀「通」）。第九簡「教」、「學」二字本篇原缺，今依陳偉說而補（見其〈郭店楚簡別釋〉，《江漢考古》一九九八年第四期）；第四七簡筆者所補「大者以教」末字，或該依陳偉而改補「治」。〕上面小體數字代表《郭店楚墓竹簡》原有的簡號。

> 所謂五達道，是說人人必須生存於此五種共同（達）基本關係之中。……所謂三達德，乃是天命之性的真實內容，為實踐上述五達道所必須具備的共同地（達）基本精神或條件。……三達德不實現於五達道之中，便會流於隱秘高遠，而不是中庸的性格。[74]

亦適可以用來說明〈六德〉篇之「為道者」之所以不得不「由」此六德之道而行。此種道，實際就是「中庸」之道，即「指『有普遍妥當性的行為』……即所謂『常道』」，是「在人人可以實踐、應當實踐的行為生活中，來顯示人之所以為人的『人道。』」[75]此種「人道」，亦是天所降於人的，因而有普遍性，有必然性，有永恆性，而君子之於治人，亦如大禹之於治水一樣，必得順其天然之理方能治之。這一點，〈成之〉講得最清楚：

> 天降大常，以理人倫。制為君臣之義，著為父子之親，分為夫婦之辨。是故小人亂天常以逆大道，君子治人倫以順天德。……唯君子道可近求而可遠措（？）也。昔者君子有言曰「聖人天德」害（曷）？言慎求之於己，而可以至順天常矣。……是故君子慎六位以祀天常。[76]

人生而即有此人倫關係，而人倫既有，則人類自然有與之相應之感情，而此種感情至少包含兩方面：一為對自己「門內」之家屬之愛情，一為向「門外」長者之尊敬之情；前者為仁之本，後者為義之根，而兩者亦為禮、樂之所由生。此即〈六德〉篇所謂：「仁，內也；義，外也；禮、樂，共也」；此「內」、「外」並非孟子與告子所辯的心性之內、外之分，而即是此「門內」之「父、子、夫」與「門外」之「君、臣、婦」之別。[77]此正是君民者所不得不順之「民之道。」然而人性之情，若是不加以疏導則將為外物之引誘所「取」，而人倫將亂矣。因此民眾「不治不順，不順不平，是以為政者教道之取先。」[78]

前面講過，在〈性自命出〉一篇，「性」與「道」之關係是比較複雜的：「道始於情」，而「情生於性」，然而性本身乃為一種不善不惡、尚未「見於外」之「喜怒哀悲之氣。」其實郭店楚簡儒家著作講「性」與「教」之關係者多半是靠近於孔子所謂「性相近，習相遠」之說。例如〈成之〉所云：

> 聖人之性與中人之性，其生而未有非之節於而也……及其專長而厚大也，則聖人不可由與墠（?）之。此以民皆有性，而聖人不可慕也。[79]

因而此段把聖人與中人之不同全都放在一種「疾之」、「深之」、「求之於己」的工夫之上。〈性自命出〉將此後天之不同的關鍵則放在一個「教」字上面：「四海之內，其性一也；其用心各異，教使然也。」[80]「教，所以生德於中者也」[81]；因此聖人所制之「詩、書、禮、樂」為教導人民的不可缺少之

---

[74] 徐復觀，《中國人性論史，先秦篇》，頁一二一。

[75] 同上注，頁一一三。

[76] 《郭店楚墓竹簡》，頁一六八，〈成〉簡三一—三三、三七—四〇。

[77] 《郭店楚墓竹簡》，頁一八八，〈六〉簡二六—三一。

[78] 《郭店楚墓竹簡》，頁一七三，〈尊〉簡一二—一三。

[79] 《郭店楚墓竹簡》，頁一六八，〈成〉簡二六—二八。（「非之節於而」之「而」字，或為「天」字形近之誤。按，此段之釋讀筆者已有新說，請詳本書第八篇〈〈成之〉等篇雜志〉第二節第二條。今仍其舊。）

[80] 《郭店楚墓竹簡》，頁一七九，〈性〉簡九。

[81] 《郭店楚墓竹簡》，頁一七九，〈性〉簡一八。

人文工具。然而值得注意的是，此種「教」導本身還是得歸根於人性的：

詩、書、禮、樂，其始出皆生於人。詩，有為為之也。書，有為言之也。禮、樂，有為舉之也。聖人比其類而論會之，觀其之〈先〉後而逆訓（順）之，體其義而節文之，理其情而出內（入／納）之，然後復以教。㉜

「其始出皆生於人」，故「始者近情，終者近義。知【情者能】出之，知義者能內（納／入）之。」㉝即是說，像「詩、書、禮、樂」之類的人文創作，當其初時，乃祇是出於人情之自然而已，是體現人道之一種樸素的表現。這種表現，自然便有各式各樣的：有安樂的，有怨恨的，有悲傷的；有過份的，亦有不及的。然則正是為了使此種人情之表現維持於一種「中、和」之道而行，所以聖人（即「知義者」）才在這個已有之基礎之上，加以「論會」，加以「節文」，加以整理，作為《詩》、《書》、禮、樂之經典以為國家之大綱而反過來以教人民。此正是《禮記·坊記》所謂：「禮者，因人之情而為之節文，以為民坊者」之義也。㉞然而禮、樂等之所以能「為民坊」者，亦正是因為其當初即是出於人之性、情而來的。此就是「道」之何以「始於情」而「生於性」之說。

此種理路，與其說是與子思有關，可能不如說是與公孫尼子有關。㉟凡是熟悉《樂記》的人，一讀到上面引過的〈性自命出〉之開端：

凡人雖有性，心亡奠志，待物而後作，待悅而後行，待習而後奠。喜怒哀悲之氣，性也。及其見於外，則物取之也。

便會連想到《樂記》的開頭：

> 凡音之起，由人心生也。人心之動，物使之然也。感於物而動，故形於聲。聲相應，故生變；變成方，謂之音；比音而樂之，及干戚羽旄，謂之樂。86

此亦即物「取」人心而動之之說。87然則「聲」、「音」為人心之感於物而動的直接表現，而既為外物所取出來的，便有違背於本性之患，

> 是故先王慎所以感之者。故禮以道其志，樂以和其聲，政以一其行，刑以防其姦。禮樂刑政，其極一也；所以同民心而出治道也。88

---

82 《郭店楚墓竹簡》，頁一七九，〈性〉簡一五—一八。〔本篇初以「逆訓（順）」為「逢（？）訓」而以「節文」為「節（？）度（？）」，今依現在的理解改變，詳情見本書第四篇〈詩歌音樂美學〉第二節同文所引。〕

83 《郭店楚墓竹簡》，頁一七九，〈性〉簡三—四。

84 《禮記・坊記》；見孫希旦，《禮記集解》，頁一二八一。〔同文亦見郭店〈語叢一〉三一、九七兩簡。〕

85 本書第四篇〈詩歌音樂美學〉有進一步的探索，讀者請參。

86 《禮記・樂記》；見孫希旦，《禮記集解》，頁九七六。

87 《樂記》後文講得更清楚，以「無哀樂喜怒之常」講性，且用到「心術」、「五常之行」等辭，皆與〈性自命出〉相類，而思路亦與〈性〉篇極為相似，無非是頗饒興味的事（見孫希旦，《禮記集解》，頁九八四、九八八、一〇〇〇）。〔本篇原來引述諸文，然今第四篇既有詳述，故在茲不重複。〕

88 《禮記・樂記》；見孫希旦，《禮記集解》，頁九七七。

「樂」即是「德音」，是先王所創造以教導人民的；其雖然本來便是由「聲」、「音」而作的，然而與「聲」、「音」顯然已經是不同層次的：

> 樂者，通倫理者也。是故，知聲而不知音者，禽獸是也；知音而不知樂者，眾庶是也。唯君子為能知樂。是故，審聲以知音，審音以知樂，審樂以知政，而治道備矣。是故，不知聲者不可與言音，不知音者不可與言樂。知樂，則幾於禮矣。禮樂皆得，謂之有德。德者得也。[89]

以〈性自命出〉而言，「音」即「始」而「近情」者，「樂」乃「終」而「近義」者；前者為「知情」之眾庶之事，後者則為「知義」之君子之務。此乃〈性自命出〉與《樂記》之所同者；而兩文之所以皆特別推崇音樂之教導功能者，亦正是因為「其出於情也信，然後其入拔人之心也厚。」[90]此亦乃荀子所謂其「入人也深，其化人也速」之由。[91]音樂之影響力是如此之神速，因而先王不得不以據為己有而「節文」之，以便對人民感情之表現加以疏導。這就是「以人治人」的思想。

作為一個整體而言，《樂記》大概是西漢之作品；然而大部分是取自先秦諸子百家之書而編的，而按照梁代沈約之〈奏答〉所云，至少有一部分是「取公孫尼子」的。[92]上面所引《樂記》之開端，既不見於其他先秦文獻，則很可能就是所謂來自公孫尼子者之一部分。《漢書・藝文志》儒家類載《公孫尼子》二十八篇，原注稱之為「七十子之弟子。」[93]按照王充之《論衡・本性》，「密子賤、漆雕開、公孫尼子之徒，亦論情性，與世子相出入，皆言性有善有惡」[94]；此則與《樂記》以「人生而靜」言天性之說相似，而與〈性自命出〉之論性情亦有相似之處。此外，如楊儒賓所論過，從公孫尼子的佚文來看，他是以一種類似於孟子之「以心『養氣』」之說為主骨幹的」[95]；〈性自命出〉亦是以「氣」講

「性」，且以「習」為「養性」的（簡十一至十二），祇不過唯此這麼一點而已，遠不如公孫氏之佚文之為一種發達的學說（〈性自命出〉外，郭店楚簡儒書並沒有講到「氣」者，包括〈五行〉篇在內）。上面說過，沈約〈奏答〉謂「〈中庸〉、〈表記〉、〈防記〉、〈緇衣〉，皆取《子思子》」，然而陸德明就〈緇衣〉之《釋文》卻引劉瓛云其為「公孫尼子所作也」；此究竟意味著甚麼，很難說，然而無論如何，以載有〈緇衣〉的郭店楚簡而言，此當然是一件頗饒興味之事。96

其實沈約將〈中庸〉、〈表記〉、〈防記〉、〈緇衣〉相提並論，從其內容與體裁上而言是很有道

---

89 《禮記・樂記》；見孫希旦，《禮記集解》，頁九八二。

90 《郭店楚墓竹簡》，頁一八〇，〈性〉簡二三。

91 《荀子・樂論》；見王先謙，《荀子集解》，頁三八〇。

92 沈約《奏答》載於《隋書・音樂志上》；《隋書》，頁二八八。《樂記》年代問題，我在十年前的碩士論文中（〈樂記譯注〉〔英文〕，載於〔美國〕《亞洲音樂》二六・二（一九九五年），頁一—九六），已詳細的論過，今不贅述。拙作的論點，大約與蔡仲德先生的相近；讀者可以參看蔡仲德，〈《樂記》作者問題辯證〉（一九八一年），收入《樂記論辯》（北京：人民音樂出版社，一九八三年），頁二三三—二六四。

93 《漢書》，頁一七二五。

94 黃暉，《論衡校釋》，頁一三三。

95 楊儒賓，〈論公孫尼子的養氣說——兼論與孟子的關係〉，收入氏著《儒家身體觀》，頁八五—一二八（原載《清華學報》新二二卷第三期，一九九二年）。

96 陳來，〈荊門竹簡之《性自命出》篇初探〉（收入《郭店楚簡研究》〔見注12〕，頁二九三—三一四）講〈性自命出〉之作者問題時，提出論證認為此篇可能與子游、公孫尼子、子思都有關，而三者「很可能……就是一系」，但他「更多地傾向於認為」其是屬於《公孫尼子》的（頁三〇九）。至於與子游學說有關之部分，讀者亦可以參看彭林，〈《郭店楚簡・性自命出》補釋〉，收入《郭店楚簡研究》，頁三一五—三二〇。陸德明之文，見孫希旦，《禮記集解》，頁一三二二。

理的。於體裁方面，除了〈中庸〉下篇之外，這幾篇主要都是記言體裁的，許多章皆是以「子曰」或「子云」開頭的，且除了〈大學〉一篇之外，《禮記》中無如此四篇之引用《詩》、《書》之多者。郭店楚簡則雖然較偏向於論著形式（除了〈緇衣〉之外），而至少於〈五行〉、〈成之〉很多處還是以詮釋《詩》、《書》為其出發點。於內容方面，則「《子思子》」四篇亦皆是強調一種由內聖而外王之說，即是由君子之內在修養以至於其德之外在流露，以便以己身作則而為天下萬民之儀表的那種思路。因此，其皆推崇禮教、德教，而對「刑」、「政」則加以貶抑。[97]例如郭店〈緇衣〉之首章便說道：

夫子曰：「好美如好緇衣，惡惡如惡巷伯，則民咸服（？）而刑不屯〈弋（式）〉。」《詩》云：「儀刑文王，萬邦作孚。」[98]

即是說君上誠心好美德，則民皆將服從而刑罰就用不著了。又如第十二章：

子曰：「長民者教之以德，齊之以禮，則民有勸（？）心；教之以政，齊之以刑，則民有免心。」故慈以愛之，則民有親；信以結之，則民不背；恭以涖之，則民有遜心。……[99]

〈坊記〉首章則是如此講的：

子言之：「君子之道，辟則坊與？坊民之所不足者也。大為之坊，民猶踰之。故君子禮以坊德，刑以坊淫，命以坊欲。」[100]

雖以「禮」、「刑」與「命」（政令）並舉，而確如孫希旦所言：「君子之坊民，以禮為本，而刑與政輔之：篇中所言，皆以禮坊民之事也」，則亦為禮至焉、刑次焉之說。

郭店楚簡儒家著作亦多強調此種重禮輕刑之說；此亦即上面所說「以人治人」之道，也就是〈尊德義〉篇所云：「教以禮……教以樂……先之以德，則民進善安（焉）。」[101]禮與樂，正是所以彰明君上之德，而君上之明德，亦正是所以導率民欲而使之向方：

> 子曰：民以君為心，君以民為體，心好則體安之，君好則民欲之……[102]

最值得注意的則是，〈緇衣〉有一句：

---

97 此點本書前兩篇〈禮教與刑罰之辯〉及〈戰國「民道」思想〉已有較為詳盡的論述，讀者請參。

98 《郭店楚墓竹簡》，頁一二九，〈緇〉簡一、二。此於《禮記》為第二章：見孫希旦，《禮記集解》，頁一三二二。我上面所釋為「咸服」二字，與《郭店楚墓竹簡》之釋文不同，而與《禮記》之〈緇衣〉則同。〔《上博楚簡》第一字正作「咸」，第二字似从來从力，依徐在國、黃德寬此字與郭店簡之字均可直接讀「服」。此章之釋讀，本書第五篇〈古今文獻〉第三節有詳說，請參。〕

99 《郭店楚墓竹簡》，頁一三〇，〈緇〉簡二三—二六。此於《禮記》為第三章：見孫希旦，《禮記集解》，頁一三二三。〔「勸」、「免」二字之釋讀本篇原缺，今補上。〕

100 孫希旦，《禮記集解》，頁一二八〇。

101 《郭店楚墓竹簡》，頁一七三，〈尊〉簡一三、一六。

102 《郭店楚墓竹簡》，頁一二九，〈緇〉簡八—九。此於《禮記》為第十七章：見孫希旦，《禮記集解》，頁一三二九。

> 子曰：下之事上也，不從其所以命，而從其所行。上好此物也，下必有甚安（焉）者矣。[103]

亦於〈尊德義〉與〈成之〉二篇均出現。如〈尊德義〉：

> 下之事上也，不從其所命，而從其所行。上好是物也，下必有甚安（焉）者。[104]

或〈成之〉：「上苟身備（服）之，則民必有甚安（焉）者」[105]，是也。此種情況當然不是出於巧合，而毋寧說是意味著此數篇皆是傳承於同一個來源的。

從「天命」到「率性」以至於「修道」，即是由「中人」到「聖人」之一種「內聖、外王」之途徑。將此「道」路行到極處，乃能達到與「天道」同流的一種盡善盡美而至「樂」之境。

陸、「樂」、「中和」與「集大成」

《論語》中有兩處引孔子之言是以「樂」為修養過程中之最高境界者。其一為〈雍也〉篇之「知之者不如好之者，好之者不如樂之者」；其二則為〈泰伯〉篇之「興於詩，立於禮，成於樂。」[106]無論是言「樂者，樂也」之前者還是後者，都是如此看重的。

〈五行〉篇的最後一句也是如此：

> 聞道而悅者，好仁者也。聞道而畏者，好義者也。聞道而恭者，好禮者也。聞道而樂者，好德者

也。107

在〈五行〉篇，「德」為涵攝諸「行」而與天同流的至高無上之境，因而「樂」亦是以形容此一至高無上之心態而言的。108然則「樂」為何而能夠形容此莫高之聖人之境呢？竊謂聲樂之教，其特殊之處在於其能使學者完全體會到修養過程之由「憂」而至「樂」之道。即是說，譬如要學習古琴，彈家當其初而手不知所措，衹是個鏗然鏘然，而彈不出音。於是，便一音一音地學到手上，指法不對則糾正焉，艱難之處則重複焉，無時不憂，無時不慮，慢慢切磋，逐漸琢磨，日積月累而終於有一旦，不用多想而心手如一，衹是任其旋律之前進而「砉然響然」莫不「中音」、莫不「中節」。此種由艱苦而緩慢之修煉工夫而終於得來的、完全體現了道術的「快感」，便是「樂」的境地。體會了此「樂」之道，便亦體會了「養生」、「修身」之道，亦即體會了所以實現「天德」之過程。因此，孔子花了七十年的時間方達到

---

103 《郭店楚墓竹簡》，頁一二九，〈緇〉簡一四—一五。此於《禮記》為第四章；見孫希旦，《禮記集解》，頁一三二三。

104 《郭店楚墓竹簡》，頁一七四，〈尊〉簡三六、三七。

105 《郭店楚墓竹簡》，頁一六八，〈成〉簡七。

106 見朱熹，《論語集注》，《四書章句集注》，頁八九、一〇四—一〇五。

107 《郭店楚墓竹簡》，頁一五一，〈五行〉簡四九—五〇。

108 見前面所引〈五行〉之「德之行，五和謂之德」與其他相關文字。此外，賈誼《新書・六術》境將「樂」為一個涵攝五行之第六行：「陰陽各有六月之節，而天地有六合之事，人有仁義禮智信之行。行和則樂興，樂興則六，此之謂六行。」（見〔漢〕賈誼撰，閻振益、鍾夏校注，《新書校注》（北京：中華書局，二〇〇〇年七月，頁三一六。））

了所謂「從心所欲，不踰矩」之境。[109]此亦即〈中庸〉第二十章所謂「誠」、「天之道」之「不勉而中，不思而得，從容中道，聖人也」之境；而所以「誠之」者之「人之道」，乃是此「擇善而固執之」之工夫，即是由「中人」到了「聖人」的唯一途徑。[110]

此「從心所欲」的「欲」字最重要。前面所引〈五行〉篇云「聞道而樂者」為「好德者」，而孔子則云己之「未見好德如好色者」[111]，此非乃孔子從無見過真正之「樂道」者歟？「好德如好色」之義，乃是說君子到了全然體道的「樂」之化境時，便已是完全體現了天道於己身之內，而將其德之向外的全體實現作為與本性之生理欲望一樣強的一種高尚的、升華的莫大之欲望。君子之「好德」，其「心所欲」，已不是為一套外在之道德規範所限定的，而是從一種由本性所鍛鍊出來而化成的「第二天性」而出發的（或以孟子而言，乃是已完全擴充了的已有之天性）。用〈性自命出〉的語言來說，即是以「習」、「道」來「養性」、「長性」而使「心」有了「奠志」之後之境地。

「樂」之第二種涵義，即是上面所講過的其「入人也深」、「化人也速」之神效。孔子在齊聞〈韶〉，而「三月不知肉味」[112]，則從「觀樂」者的角度而言，人亦可以通過體現了道德之樂舞來直接體會到其創造者（舜）之德，而不知不覺為此樂舞、此德業所化，而於己身內將產生同樣一種「樂道」之升華欲望。因此，孔子一聽到〈韶〉，便已忘掉了其對肉味之較卑鄙之生理欲望，而祇知追求此一體現了聖德之樂舞之樂趣。音樂即有如此之妙用，因為其本身即是體現了一種由內而外的過程：音樂固然可以作為一種自身修養的管道而言，然而「獨樂樂」之樂不若「與人樂樂」之樂，因而其終極意義則在於其由此「樂」境而向外發，而與聽眾「同樂」。[113]音樂是將人之情感、人之欲望，直接「發於聲音，形於動靜」[114]，因而其對於聽者之影響力也隨著而是最直接、最深入、最神速的；故有「唯樂不可以為偽」之稱。[115]因此，體現由「內聖」而「外王」之道者，則莫過於「樂」。

音樂有此神效，體道之君亦有此神效。如音樂之修成一樣，人君本身將其「天德」修到盡美盡善之地，則此其至德將自然而然的體現於其容貌之上而發向於外，而給他帶來一種神速之影響力。〈表記〉之首章「君子隱而顯，不矜而莊，不厲而威，不言而信」；〈中庸〉第三十三章之「君子不動而敬，不言而信」；〈性自命出〉之「未言而信，有美情者也」，皆是其例。[116]君上所體現的高尚之好惡、升華之欲望，通過其言、行與容貌、舉止，即藉此神力以提昇人民之欲望而使之有向，如〈緇衣〉所云：

---

109 《論語·為政》；見朱熹，《論語集注》，《四書章句集注》，頁五四—五五。

110 見朱熹，《中庸章句》，《四書章句集注》，頁三一。

111 《論語》〈子罕〉、〈衛靈公〉兩見；見朱熹，《論語集注》，《四書章句集注》，頁一一四、一六四。

112 《論語·述而》；見朱熹，《論語集注》，《四書章句集注》，頁九六。

113 語出《孟子·梁惠王下》；見朱熹，《孟子集注》，《四書章句集注》，頁二一三—二一四。

114 語出《荀子·樂論》；見王先謙，《荀子集解》，頁三七九。

115 語出《樂記》；見孫希旦，《禮記集解》，頁一〇〇六。

116 此幾條分別見於孫希旦，《禮記集解》，頁一二九七；朱熹，《中庸章句》，《四書章句集注》，頁四〇；《郭店楚墓竹簡》，頁一八一，〈性〉簡五一。〈表記〉此文是引用孔子之言的。《樂記》亦有「不言而信」之說：「君子曰：『禮樂不可斯須去身。致樂以治心，則易直子諒之心油然生矣。易直子諒之心生則樂，樂則安，安則久，久則天，天則神。天則不言而信，神則不怒而威，致樂以治心者也。致禮以治躬則莊敬，莊敬則嚴威。心中斯須不和不樂，而鄙詐之心入之矣。外貌斯須不莊不敬，而易慢之心入之矣。故樂也者，動於內者也；禮也者，動於外者也。樂極和，禮極順，內和而外順，則民瞻其顏色，而弗與爭也；望其容貌，而民不生易慢焉。故德煇動於內，而民莫不承聽；理發諸外，而民莫不承順。故曰：致禮樂之道，舉而錯之，天下無難矣。』」見孫希旦，《禮記集解》，頁一〇二九—一〇三一；此整段亦見於同書〈祭義〉篇，頁一二二五。此段顯然有類似〈中庸〉之處，然而以樂為內，以禮為外，則似乎與〈中庸〉之原意不合，而可能為漢代編者所加進去之新意。

「君民者，章好以視（示）民欲，謹惡以禦民淫，則民不惑。」[117]〈成之〉則強調君子之神力的效果：

> 故君子之立（蒞）民也，身備（服）善以先之，敬慎以守之，其所在者內矣，民孰弗從？形於中，發於色，其成（?）也固矣，民孰弗信？是以上之恆務，在信於眾。[118]

孔子為「知音」者，其「聞韶」固然與眾不同，然而大眾雖然不大瞭解其所以然，其還是將為「韶」之德音所馴服。君子之於治民亦然：「民可使道之，而不可使知之」[119]，因而祇要其善德「形於中，發於色」，則將得到民眾的信從與支持。這種思路，可能在〈五行〉一篇最明顯：

> 聖之思也輕，輕則形，形則不忘，不忘則聰，聰則聞君子道，聞君子道則玉音，玉音則形，形則聖。[120]

仁者與知者之德修到極點則形成「玉色」，聖者之德則形成「玉音」，無論是從容貌、舉止還是言行上講，君子之至德將向外發而給他帶來一種極為神速之影響魅力。此即後來孟子所謂「仁義禮智根於心；其生色也，睟然見於面，盎於背，施於四體，四體不言而喻」的「君子所性」之說。[121]而值得注意的是，此於孟子亦為「樂」之境地：

> 孟子曰：「仁之實，事親是也。義之實，從兄是也。智之實，知斯二者弗去是也。禮之實，節文斯二者是也。樂斯二者，樂則生矣；生則惡可已也；惡可已，則不知足之蹈之，手之舞

之。」[122]仁、義、智、禮、樂恰好是與〈五行〉之仁、義、知、禮、聖相同，因為於〈五行〉篇，「聖」者即是「聞道而樂」者，體現了「天道」之「好德」而「聽」者，較其他「四行」高一層次而與天同德之至樂之境。[123]此亦是相當有意義的。

---

[117] 《郭店楚墓竹簡》，頁一二九，〈緇〉簡六。此於《禮記》在第十二章中，彼文「欲」作「俗」；見孫希旦，《禮記集解》，頁一三二六。〔「穒」字，本依裘錫圭按語釋「渫」，今裘氏已參照《上博楚簡》本而釋作从虍从魚之訛，即「穒」，今從改。見裘錫圭，〈談談上博簡和郭店簡中的錯別字〉，收入氏著，《中國出土古文獻》（上海：復旦大學出版社，二〇〇四年十二月），頁三〇八—三一六（原載《華學》第六輯：二〇〇三年六月）。〕

[118] 《郭店楚墓竹簡》，頁一六八，〈成〉簡三、二四—二五。此段的順序是按照周鳳五、郭沂二位分別所作的排列調整（見注[54]所引）。「守」字依周鳳五、李零等人之說。〔「成」字，原依郭沂之說而讀「睟」，今略依李零讀「誠」之說。〕

[119] 《郭店楚墓竹簡》，頁一七三，〈尊〉簡二一—二二。此句亦見《論語・泰伯》，「道」作「由」；見朱熹，《論語集注》，《四書章句集注》，頁一〇五。

[120] 《郭店楚墓竹簡》，頁一五一，〈五行〉簡一五—一六。

[121] 《孟子・盡心上》；見朱熹，《孟子集注》，《四書章句集注》，頁三五四—三五五。這一點，楊儒賓已講得很清楚；見其〈知言、踐形與聖人〉，頁一八〇—一九〇。

[122] 《孟子・離婁上》；見朱熹，《孟子集注》，《四書章句集注》，頁二七八。

[123] 「聖」與「聲」本來即同一個字以不同音符而寫的；馬王堆帛書多以「聲」來寫「聖」，而郭店楚簡則皆以「聖」來寫「聲」，即是其例。聲音與聖人的關係，讀者可參楊儒賓，〈知言、踐形與聖人〉，頁一九〇—一九九。《孟子》此段與五行之關係，亦可參蔣義斌，〈樂記的禮樂合論〉，《東方宗教研究》新二期（一九九二年三月），頁七三—一〇八。

「樂」之第三種涵義，即是無論從「內聖」還是「外王」之方面而言，「樂」之境皆是一種有音樂性質之「和而不同」的平衡、和諧之境。用〈中庸〉的語言來說，即是一種「中、和」之道；

喜怒哀樂之未發，謂之中；發而皆中節，謂之和。中也者，天下之大本也；和也者，天下之達道也。致中和，天地位焉，萬物育焉。[124]

朱元晦就前面一句的解釋為：

喜、怒、哀、樂，情也。其未發，則性也，無所偏倚，故謂之中。發皆中節，情之正也，無所乖戾，故謂之和。[125]

以此而為〈性自命出〉的注腳，亦無所不可。以「道」來「養性」，而使「心」有「奠志」，則「情」不為外物所亂「取」而始終維持於一種互相平衡而協調之勢。值得注意的是，〈中庸〉講「和」、講「中節」，實際上就是藉音樂的用詞來描述「天下之達道」：即是說人情之外發，乃像五音之「和而不同」，而亦如「節奏」之按時而行。因而君上若將此內在之「中」能「發而皆中節」，而以其神力來影響整個天下，則社會上的每一個成員、每一個事物，亦將隨之而維持於一種互相協和、互相平衡之勢，乃亦如天地之相輔相成、四時之按時而發。

〈五行〉篇亦謂「德之行，五和謂之德……德，天道也」，則亦是以「和」來形容「聖」者之「達道」的。〈五行〉篇亦講「唯有德者，然後能金聲而玉振之」、講「君子集大成」，則同樣是以音樂來描述此盡善盡美之境。[126]後來孟子用「君子集大成」與「金聲而玉振之」來形容孔子之德，則是說明孔子「為聖之時者」，即涵攝其他先聖之諸般性德於內而以時行之者也。能將此許多不同之德目維持於一種相輔相成、和而不同、「發而皆中節」之動態，即便是「五行皆形于於內而時行之，謂之『君子』」之謂。[127]誠能如此，則始終皆能藉此「形於內」之五行之力量而永遠沒有窮盡之時。故孟子講：

> 「金聲也者，始條理也；玉振之也者，終條理也；始條理者，智之事也；終條理者，聖之事也。智，譬則巧也，聖，譬則力也。由射於百步之外也：其至，爾力也；其中，非爾力也。」[128]

聖人之所以能「終條理」者，即是因為其已修成此種「形於內」、「集義養氣」、由「憂」而「樂」之道，因而完全體會了「天德」於己身內而具有一種不可動搖的呈現「天道」之力量，如射人之在靈巧之外而養成的足以達到其目的之力。此亦即如音樂之有編鐘的洪亮之「金聲」之外，亦具備石磬之「清搏徹遠，純而不殺」之「玉音。」[129]能如此之「獨」，如此之「一」，協調五行之「和」而「時行之」，

---

124 朱熹，《中庸章句》，《四書章句集注》，頁一七。

125 同上注。

126 《郭店楚墓竹簡》，頁一五〇—一五一，〈五行〉簡二〇、四二。

127 《郭店楚墓竹簡》，頁一四九，〈五行〉簡六—七。

128 《孟子・萬章下》；見朱熹，《孟子集注》，《四書章句集注》，頁三一五—三一六。

129 此對「金聲、玉音」的解釋採自宋代的程大昌；見〔清〕焦循，《孟子正義》（沈文倬點校；北京：中華書局，一九八七年十月），頁六七三。程氏此說所引「清搏徹遠，純而不殺」出《管子・水地》所形容玉之「九德」。

因而「君子之為德也，有與始，無與終也」，而與天道同樣永恆無盡。[130]

〈中庸〉第三十一章云：

> 唯天下至聖，為能聰明睿知，足以有臨也；寬裕溫柔，足以有容也；發強剛毅，足以有執也；齊莊中正，足以有敬也；文理密察，足以有別也。溥博淵泉，而時出之。溥博如天，淵泉如淵。見而民莫不敬，言而民莫不信，行而民莫不說。是以聲名洋溢乎中國，施及蠻貊；舟車所至，人力所通，天之所覆，地之所載，日月所照，霜露所隊；凡有血氣者，莫不尊親，故曰配天。[131]

其所以能「配天」，即因為此「至聖」之人已完備地修成了神然而外發之五德之行，而如同天之於四時一樣而能以「時出之。」如唐君毅指出，「其中聰明睿知，朱子注是生知之質，其下四者朱子謂是仁義禮智之德……可見〈中庸〉合于孟子言人義禮智之旨。」[132]按，朱子、唐氏之說極確，然而與其說「聰明睿知」為「生知之質」，不如說其為「聖」之事，因為「聰明睿知」恰能形容〈五行〉中之此一至德之行。[133]因此，亦可以進一步推論〈中庸〉、〈五行〉與《孟子》皆有不可否認之密切關係。此三部著作，皆非常注重此「集大成」之「樂」的觀念，即君子之能夠培養出許多用處各異之德行，而以「時出之」：時而隆仁殺義，時而隆義殺仁，見仁謂仁，見智謂智，禮勝則以樂合之，樂勝則以禮別之；然而復將此「時出」之諸德合而為一，而始終保持著一種相輔相成、和諧而統一之狀態。[134]此乃如「集大成」之樂曲一樣：八音之樂器隨時而出，五音並作「而不相奪」，隨著旋律之前進而互相配合，則雖是由雜多成分而構成的，而亦未嘗不祇是一個「和」，未嘗不是一個統一之整體——聽眾聞之而始終無非祇是這麼一首「樂曲。」這就是「樂」之妙用。「故樂者，審一以定和者也，比物以飾節者也，合奏以成文者也；足以率一道，足以治萬變。是先王立樂之術也。」135而君子之德亦如是爾。

聖人將此「中和」推致於極點，則「天地位焉，萬物育焉」，而此聖德本身則：

辟如天地之無不持載，無不覆幬，辟如四時之錯行，如日月之代明。萬物並育而不相害，道並行而不相悖，小德川流，大德敦化，此天地之所以為大也。136

---

130 《郭店楚墓竹簡》，頁一五〇，〈五行〉簡一八—一九。

131 朱熹，《中庸章句》，《四書章句集注》，頁三八。漢代徐幹之《中論．脩本》亦有一段引用「子思」之話，是與〈中庸〉此章及其他章極為相似的：「子思曰『能勝其心，於勝人乎何有？不能勝其心，如勝人何？故一尺之錦，足以見其巧；一仞之身，足以見其治。是以君子慎其寡也。道之於人也，其簡且易耳：其脩之也，非若採金攻玉之涉歷艱難也，非若求盈司利之競逐囂煩也。不要而遘，不徵而盛，四時嘿而成，不言而信，德配乎天地，功侔乎四時，名參乎日月——此虞舜大禹之所以由匹夫登帝位，解布衣被文采者也。』」此段講「勝心」類於〈中庸〉之「正己而不求於人」，「慎寡」即「慎獨」；而其言「不言而信」、「德配乎天地」，亦足說明此「子思」之言論與〈中庸〉之學說為息息相關的。

132 唐君毅，《中國哲學原論．原道篇卷二》，頁八七。

133 此說龐樸已經指出過。見楊儒賓，〈德之行與德之氣〉（見注10），頁二六一—二六二。開頭的「聰」字，於〈五行〉為「聖」行之特徵。

134 楊儒賓於其〈德之行與德之氣〉（頁二七七）將此「五行之和」說得好：「音樂和，意指它的各種聲律已經融為一體，不再能一一區分其間的各種構成因素。同樣的，四行和、五行和、小體和（於仁義），也都是指其時的心靈業已融合諸種異質的成分而為一，再也無法區隔開原先構成的因素。」

135 《荀子．樂論》；見王先謙，《荀子集解》，頁三七九—三八〇。

136 〈中庸〉第三十章；見朱熹，《中庸章句》，《四書章句集注》，頁三七。

此則為天所命之「性」完全呈現了，而與「天道」同流、與天地萬物全然協調之至「和」、至「樂」之境。如徐復觀所論：

> 明善的具體內容是「博學之，審問之，慎思之，明辨之，篤行之」，這是把知識的追求，及人格的建立，融合在一起的整個人生的努力。五者不僅是一步一步的向仁的追求，向誠的追求；實際上也是仁的不斷地實現，是誠的不斷地實現。實現到最後，沒有一毫自私之念，間雜於其間，而達到「肫肫其仁」，即渾然仁體，這便是天人合一，人物合一的誠了。沒有上述五者的無限努力，沒有……明善的精神，則所謂誠，便完全會落空。[137]

到了此「天人合一，人物合一」之境地，則「內聖、外王」之事終告大成，而「樂」莫大焉。如〈中庸〉第三十二章所云：

> 肫肫其仁！淵淵其淵！浩浩其天！苟不固聰明聖知達天德者，其孰能知之？

此之謂也。[138]

柒、結論

鑒於上面所論述，可以推論〈中庸〉、〈緇衣〉等相傳為子思所著之書，與郭店楚簡〈成〉、

〈尊〉、〈性〉、〈六〉及〈五行〉、〈緇衣〉等書皆有密不可分之關係，而很可能為屬於同一個學派，即子思學派之著作。[139]當然，上述的某一些觀念亦即是儒家傳統之共同特色，如最根本的內聖、外王之理想，從孔子到孟軻以至於荀卿，皆為其一貫不變之思路。然而如郭店楚簡之「性自天命出」與「天降大常」之說；其介於孔、孟之間的「道始於情，情生於性」之人性論；其以「慎獨」之工夫而由「憂」以至「樂」的途徑之說；其「知己以知人」思想與「以人治人」的教育理論；以及其「形於中，發於色」，與「五行和」而「集大成」的「中、和」之聖德境界論——此種種皆意味著〈中庸〉一類的思想體系，於孔、孟之間之戰國初、中期，確實已存在，而藉此確認歷代前賢將〈中庸〉、〈緇衣〉等書為子思一系之作，自然為一種最合乎情理之推論。從宋明理學家以至於當代的大儒，一貫而普遍將〈中庸〉當作其所傳承之道統的中樞大作。因而能藉郭店楚簡儒家逸書之重大發現，而使子思恢復其傳統的祖師地位，以便確認此道統之深厚而歷久之思想淵源——此對於當代儒者而言，不可不謂為一件可慶之事。

137 徐復觀，《中國人性論史，先秦篇》，頁一五五。

138 見朱熹，《中庸章句》，《四書章句集注》，頁三八—三九。「天德」一辭於整本《禮記》中祇出現這麼一次，這是值得注意的。

139 當然，如上所述，〈性〉、〈六〉等文很有可能即屬於公孫尼子一系，但其中的思想至少可以說是與〈中庸〉等書極其接近的。

四、以新出楚簡重遊中國古代的詩歌音樂美學(註)

壹、前言

《毛詩・大序》可謂為中國傳統詩論之宗，歷代詩論多以〈大序〉所論而發也，如梁代鍾嶸《詩品》之首句所云：「氣之動物，物之感人，故搖蕩性情，形諸舞詠。照燭三才，暉麗萬有，靈祇待之以致饗，幽微藉之以昭告。動天地，感鬼神，莫近於詩。」❶劉勰《文心雕龍・明詩》亦曰：「大舜云：『詩言志，歌永言。』聖謨所析，義已明矣。是以在心為志，發言為詩，舒文載實，其在茲乎！詩者，持也，持人情性；三百之蔽，義歸無邪，持之為訓，有符焉爾。人稟七情，應物斯感，感物吟志，莫非自然。」兩者皆言情性感於外物而動搖，故發為詩、形於歌詠，而此其過程莫非自然，其所形所發莫非人所稟受於天地之至誠，故亦能返而動天地，感鬼神。此則大致皆來自〈大序〉原文：

(註) 本文首次發表於二〇〇一年五月淡江大學中國文學研究所舉辦的「第七屆文學與美學國際學術研討會」，初題為〈以新出楚國竹簡重遊中國的古典詩歌美學〉；後收入該會論文集（臺北：文史哲出版社，二〇〇二年十月），頁二六一―二八五。此後轉刊於《政大中文學報》第一期（二〇〇四年六月），頁二二九―二四八。

❶ 收入〔清〕何文煥輯，《歷代詩話》（北京：中華書局，一九八一年四月），頁二。

> 詩者，志之所之也。在心為志，發言為詩，情動於中而形於言，言之不足故嗟歎之，嗟歎之不足故永歌之，歌之不足，不知手之舞之足之蹈之也。情發於聲，聲成文謂之音。治世之音安以樂，其政和；亂世之音怨以怒，其政乖；亡國之音哀以思，其民困。故正得失，動天地，感鬼神，莫近於詩。❷

《毛詩》之〈序〉相傳為孔子弟子子夏（卜商）所作，如三國時吳人陸璣《毛詩草木鳥獸蟲魚疏》所云：「孔子刪詩授卜商，商為之序……」云云。❸此說是否可靠，未得而知，但東漢大儒鄭玄蓋亦認〈大序〉為子夏所作，且謂大毛公《傳》為西漢河間獻王（劉德：公元前一五六—一三〇年在位）所得而獻，❹則《毛傳》所傳載的〈大序〉之撰寫或編纂至少該在河間獻王之前。

古代之詩皆是以琴瑟鐘鼓等樂器的陪奏而唱的，❺因而詩歌的吟唱，亦未嘗不也是音樂的表現，因而河間獻王所編纂的《樂記》之中，自然也有雷同於〈大序〉之文，如其首節開宗明義所云：

> 凡音之起，由人心生也；人心之動，物使之然也。感於物而動，故形於聲；聲相應，故生變，變成方，謂之音；比音而樂之，及干戚羽旄，謂之樂。❻

此乃「情動於中」而「發於聲」、「聲成文謂之音」之義，而稍後《樂記》亦有〈大序〉所載「治世之音，安以樂……」一小節。❼相較之下，《樂記》比起〈大序〉堪稱上下連貫，而後者則較有斷章取義之嫌。❽但究竟孰先孰後，亦無法確知。是河間獻王編纂《樂記》時直接採取〈大序〉之文而加以發揮？抑是兩者之文皆採自另一篇更早之著作呢？按《漢書·藝文志》曰：「武帝時，河間獻王好儒，與

毛生等共采周官及諸子言樂事者，以作樂記。」❾此「毛生」蓋即〈儒林傳〉所謂「治《詩》，為河間

---

❷《毛詩正義・國風・周南》（〔《毛詩注疏》〕：中華書局一九三六年《四部備要》本）卷第一，頁三正—五反。

❸見《四庫全書總目》所引：《毛詩注疏・總目》，頁一正。

❹鄭玄《詩譜》，見《毛詩正義・國風・周南》孔疏所引，卷第一，頁一反。《漢書・藝文志》亦曰：「又有毛公之學，自謂子夏所傳」；見班固，《漢書》（北京：中華書局，一九六二年六月）頁一七〇八。鄭玄於〈南陔〉、〈白華〉、〈華黍〉《箋》亦云：「孔子論詩，雅頌各得其所時俱在耳。篇第當在於此，遭戰國及秦之世而亡之。其義則與眾篇之義合編，故存。至毛公為詁訓傳，乃分眾篇之義，各置於其篇端云」（《毛詩正義・小雅・鹿鳴之什・南陔、白華、華黍箋》卷第九，頁六反），其意則《詩》〈序〉（至少各篇首句部分）早在秦代之前甚至戰國初期所作也，似有充實的依據。唐代陸德明引沈重云：「案鄭《詩譜》意，大序是子夏作，小序是子夏毛公合作，卜商意有不盡，毛更足成之」，亦引「或云：『〈小序〉是東海衛敬仲所作』」（《毛詩正義・國風・周南・關雎箋》，卷第一，頁二反）。陸璣則既謂子夏為序，而接著亦云東海衛宏「作毛詩序，得風雅之旨」，此則蓋如裴賢普所謂：「先有子夏序，而後又有衛宏序，則宏序應為小序續申之句」；見裴賢普，《詩經研讀指導》（臺北：東大圖書，一九九七年三月），頁二七，註七。裴氏亦云：「子夏至少有總論式之大序，不過秦火之後，此大序恐漢初憑記憶拼湊而成者，非全為子夏原文了」（頁二五），蓋為謹慎中肯之論。《毛詩》〈大序〉、〈小序〉諸說，請參胡樸安，《詩經學》（《國學小叢書》；上海：商務印書館，一九二八年三月），頁一九—二四；裴賢普，《詩經研讀指導》，頁二二—二七。

❺可參看何定生，〈從詩經本身看樂歌關係〉，收入林慶彰編著，《詩經研究論集》（臺北：臺灣學生書局，一九八三年十一月），頁一一—一八。

❻孫希旦，《禮記集解》（沈嘯寰、王星賢點校；北京：中華書局，一九八九年二月），頁九七六。

❼同前注，頁九七八。

❽〈大序〉之「言之不足」一節亦與《樂記》末章「故歌之為言也……」大略相同（見孫希旦，《禮記集解》，頁一〇三八）；且亦與《孟子・離婁上》第二七章雷同：「……樂之實，樂斯二者，樂則生矣；生則惡可已也，惡可已，則不知足之蹈之、手之舞之。」

❾《漢書》，頁一七一二。

獻王博士」的趙人「毛公」，亦即相傳曾受《詩》於毛亨的「小毛公」毛萇也。然則《樂記》與〈大序〉二者蓋俱經過毛萇之手而成者歟？若夫《樂記》所採取之「諸子言樂事者」為誰，則祇有《隋書·音樂志上》所載的梁代人沈約之〈奏答〉明言「《樂記》取《公孫尼子》。」[10]公孫尼子乃「七十子之弟子」，[11]即孔子之再傳弟子；此蓋謂公孫尼子為《樂記》所採取的「諸子言樂事者」之一。無論如何，《樂記》及〈大序〉即使皆為西漢時所編纂，然而其思想淵源蓋可直溯諸戰國初期，或即子夏至公孫尼子之間的公元前第五世紀左右。

最近幾年出土了不少先秦楚國竹簡，即本書所專論的郭店楚墓竹簡，[12]及二〇〇一年開始出版的上海博物館藏戰國楚竹書，[13]其中包括數十篇極為珍貴的先秦儒家逸書。這些儒書中至少有兩篇是與中國古代的詩論、樂論直接有關，即上博楚簡所獨有的〈孔子詩論〉[14]，及郭店楚簡、上博楚簡所共有的〈性自命出〉（亦稱〈性情論〉）。[15]前者較為殘缺不全，難以讀通，而儘管有其可貴之處，並非本文的重點所在，因而在茲存而不論。然而後者，對我們瞭解先秦儒家對於詩歌、音樂等人文創作的理論，已經給了一種嶄新的認識，可證明《樂記》、〈大序〉等傳世文獻所包含的一些想法，至少於公元前三〇〇年前已有人論過，且有專著似乎普遍流傳於楚地。本文將先分析〈性自命出〉一篇的有關內容（以郭店本為準），探討《樂記》、〈大序〉等文的思想淵源，而最後就其中所蘊含的美學意義，作一個簡單的論述，以便給中國之傳統詩歌美學做一初步的溯源。

貳、〈性自命出〉的情義終始論

〈性自命出〉一篇，開宗明義便言性、情與天命的關係：

凡人雖有性，心亡奠（定）志，待物而後作，待悅而後行，待習而後奠（定）。喜怒哀悲之氣，性也。及其見於外，則物取之也。性自命出，命自天降。道始於情，情生於性。始者近情，終者近義。知【情者能】出之，知義者能內（入）之。好惡，性也；所好所惡，物也。善不【善，性也】；所善所不善，勢也。⑯

當初最引起學者矚目的，乃是「性自命出，命自天降」一語，頗與〈中庸〉「天命之謂性」等言相似，

---

⑩ （唐）魏徵等撰，《隋書》（北京：中華書局，一九七三年八月），頁二八八。

⑪ 見《漢書·藝文志》儒家類《公孫尼子》條原注：《漢書》，頁一七二五。

⑫ 圖板與釋文，見荊門市博物館編，《郭店楚墓竹簡》（北京：文物，一九九八年五月）。如本書序言所述，其下葬年代蓋為公元前三〇〇年上下。為了方便起見，本文一概採用《郭店楚墓竹簡》一書所定的簡號，而釋文則盡量採用通行文字。除了各別注明之處外，釋文全是按照《郭店楚墓竹簡》一書與其中的裘錫圭按語。

⑬ 目前頭五本已出爐，其圖板與釋文見馬承源主編，《上海博物館藏戰國楚竹書（一）》（上海：上海古籍出版社，二〇〇一年十一月），及同書（二、三、四、五）（二〇〇二年至二〇〇六年）。上博楚簡概況見本書序言。

⑭ 見馬承源主編，《上海博物館藏戰國楚竹書（一）》。現在看來，該篇對詩之種種說並非以孔子之言為主，亦非以論述為體，題目似有未當之處。關於〈孔子詩論〉的種種情況，請參濮茅左，〈《孔子詩論》簡序解析〉，收入朱淵清、廖名春主編，《上博館藏戰國楚竹書研究》（上海：上海書店出版社，二〇〇二年三月），頁九—五〇，及同書其他相關論文。

⑮ 〔兩篇之間的異同，詳情可參竹田健二，〈郭店楚簡『性自命出』と上海博物館藏『性情論』との關係〉，《日本中國學會報》第五四期（二〇〇二年）。〕

⑯ 《郭店楚墓竹簡》，簡一至五，頁一七九。所補文字據上博本補。

因此李學勤等學者便已推測〈性自命出〉及其他郭店儒書可能原來屬於《子思子》。⓱筆者於本書第三篇亦論過此問題，認為彼「《子思子》」之說頗有其理，但同時又覺得〈性自命出〉一篇亦有其獨到之處，而另外可能與公孫尼子有關。⓲凡是熟悉《樂記》的人，將立即注意到「待物而後作」、「及其見於外，則物取之也」等言，與「人心之動，物使之然也」等語並無二致，如《樂記》第一節稍後所云：

人生而靜，天之性也；感於物而動，性之欲也；物至知知，然後好惡形焉。好惡無節於內，知誘於外，不能反躬，天理滅矣。⓳

《樂記》將「性」講成是「天性」，亦無異乎「性自命出，命自天降」之旨，且其言此「性」是「靜」的，而且人的好惡之欲是「感於物而動」，亦乃「心亡奠志，待物而後作」的意思。〈性自命出〉言「好惡」屬於「性」、「所好所惡」則是「物」，而《樂記》則云「物至知知，然後好惡形焉」，似乎亦可解成好惡的潛能已包涵於人性之內，而外物取之才將有對象、目標，才將形成一種具體的現象。《樂記》於後面一節亦將人類的喜怒哀樂之情加以類似的說明：

夫民有血氣心知之性，而無哀樂喜怒之常，應感起物而動，然後心術形焉……⓴

凡此種種，〈性自命出〉與《樂記》雖然名詞略異，而其對於人性、外物及情感關係的瞭解則大致相同，足見兩者之思想出於同樣的來源。

此尚屬顯而易見者，但從更深一層的意義來看，兩者的思路也是如出一轍。現在略講「道始於情」

的意義。無論在〈性自命出〉還是《樂記》，「情」一個字可以釋成感於物而形於外、已有了一定方向的喜怒哀樂等情感。然則「道」何以「始於情」呢？《樂記》雖並非如此明說，但亦未曾不是這個意思。《樂記》的頭一部分便將音樂的創作歷程分成三個階段，即感於物而形的「聲」、生變而成方的「音」及比音樂之而及舞的「樂」。「聲」者屬於人之感物而動的一種直接而樸素的心情外在表現，如第二段所云：

> 是故其哀心感者，其聲焦以殺；其樂心感者，其聲嘽以緩；其喜心感者，其聲發以散；其怒心感

---

⑰ 李學勤，〈先秦儒家著作的重大發現〉，收入《郭店楚簡研究》（《中國哲學》第二〇輯；瀋陽：遼寧教育出版社，一九九九年），頁一三—一七。

⑱ 見本書第三篇〈思孟傳統〉第五節所論。〈性自命出〉與公孫尼子的可能關係，陳來亦已從其性情論的關點作過論述；見陳來，〈荊門竹簡之《性自命出》篇初探〉（收入《郭店楚簡研究》，頁二九三—三一四），頁三〇七—三〇八。〔國外學者當中，亦有美國學者 Paul R. Goldin 曾提及，見其"Xunzi in the Light of the Guodian Manuscripts," *Early China* 第二五輯（二〇〇〇年），頁一一三—四六。關於〈性自命出〉內「性」、「情」、「道」等範疇，可參陳麗桂，〈郭店儒簡〈性自命出〉所顯現的思想傾向〉，《中國學術年刊》第二十期（一九九九年三月），頁一三七—一五〇；丁原植，《楚簡儒家性情說研究》（臺北：萬卷樓有限公司，二〇〇二年五月）；郭梨華，〈中國哲學的起源與本原之探究——「文」與「情」的哲學思惟〉，大阪大学中国哲学研究室編輯，《中国研究集刊：特集号「戦国楚簡と中国思想研究」》騰号（第三十六号），頁二九—三〇；李天虹，《郭店竹簡《性自命出》研究》（武漢：湖北教育出版社，二〇〇三年一月）；及 Michael Puett, "The Ethics of Responding Properly: the Notion of Qing in Early Chinese Thought," 收入 Halvor Eifring 編，*Love and Emotions in Traditional Chinese Literature* (Leiden: Brill, 2004 年)，頁三七—六八。〕

⑲ 孫希旦，《禮記集解》，頁九八四。

⑳ 同前注，頁九九八。

者，其聲粗以厲；其敬心感者，其聲直以廉；其愛心感者，其聲和以柔。六者非性也，感於物而后動……[21]

人民有所感動，便將發出相應的聲音；而此種聲音發展成有和聲、有節奏、有「文理」的音樂，乃亦可以反應較為複雜的人心處境，乃至其國家政治的臧否：

> 凡音者，生人心者也。情動於中，故形於聲，聲成文，謂之音。是故治世之音，安以樂，其政和；亂世之音，怨以怒，其政乖；亡國之音，哀以思，其民困。聲音之道，與政通矣。[22]

凡此皆是直接而無偽的心情表現，因而聞其聲即可以知其志，如吳公子季札在魯觀周樂以推知各國興衰之理那樣；[23]確是聽其音、觀其樂，「人焉廋哉？」然而音樂既已可以為人心感受外物刺激時所反應出的表現，同時本身亦可以反過來為所以感動人心者的外「物」之一。[24]因而在「夫民有血氣心知之性，而無哀樂喜怒之常，應感起物而動，然後心術形焉」一句之後，便接著以「是故志微、噍殺之音作，而民思憂；嘽諧、慢易、繁文、簡節之音作，而民康樂……」等語。[25]所謂「心術」，即是人心「所由也」（鄭玄注），亦即人們之具體感情，而音樂的影響力特別深入，所以很容易使人們的心裡形成各種不同的「心術」，如「憂」、「樂」、「剛毅」、「肅敬」、「慈愛」乃至「淫亂」等情感。於此當中，音樂顯然可以讓人心往正、邪兩種極端的方向走，因而為了使人民趨於前者而不為後者所引誘，必須由具備先見之明的聖人來創作合乎正音的音樂，以便給人心之情感以正當的指導。「是故先王慎所以感之者，故禮以道其志，樂以和其聲」，「是故先王之制禮樂，人為之節」，[26]而《樂記》又於「心術」彼段之後緊接著的下一段講得最清楚：

是故先王本之情性，稽之度數，制之禮義，合生氣之和，道五常之行，使之陽而不散，陰而不密，剛氣不怒，柔氣不懾，四暢交於中，而發作於外，皆安其位而不相奪也。然後立之學等，廣其節奏，省其文采，以繩德厚；律小大之稱，比終始之序，以象事行；使親疏、貴賤、長幼、男女之理皆形見於樂。故曰，「樂觀其深矣。」㉗

於此，「本之性情」一語最為關鍵。人民之「音」與君子之「樂」，其不同在於「音者，生於人心者

㉑ 同前注，頁九七六—九七七。

㉒ 同前注，頁九七八。

㉓ 《左傳·襄二十九年》：見楊伯峻編著，《春秋左傳注》（北京：中華書局，一九八一年；修訂本，一九九〇年五月），頁一一六一—一一六六。

㉔ 如楊儒賓所指出，此種情感與音樂的相互關係是反覆無窮的：「由於人是一種感通的存在，而且一生下來就處於『與世同在』的交互結構中，因此，人與音樂關係，基本上是樂聲從心而生—心隨樂聲而變—樂聲從心而生—心隨樂聲而變的無限辯證、彼此加強之返復過程。由『心隨樂聲而變』一轉，我們知道：要使政治上軌道，釜底抽薪之計，莫如轉化音樂的展現。」見其〈論公孫尼子的養氣說〉，收入氏著《儒家身體觀》（臺北：中央研究院中國文哲研究所籌備處，一九九六年），頁八五—一二八（原刊載於《清華學報》新二二卷第三期，一九九二年），頁一〇一。

㉕ 孫希旦，《禮記集解》，頁九九八。

㉖ 同前注，頁九七七、九八六。

㉗ 同前注，頁一〇〇〇。

也；樂者，通倫理者也」，㉘然而此「樂」亦未嘗不是以「音」為基礎的，因而此君子、聖人之「樂」自然亦是「本之性情」而加以適當的節制，即「稽之度數，制之禮義」也。如此方可以反過來以教導人民而使之向方。此種由「音」以至於「樂」的昇華過程，唐代孔穎達形容得好：「樂出於人而還感人，猶如雨出於山而還雨山，火出於木而還燔木。」㉙音樂之於性情，便是如此的一種辯證關係。

現在回到〈性自命出〉，乃可以更清楚的瞭解「道始於情，情生於性；始者近情，終者近義；知【情者能】出之，知義者能內（入）之」之義。郭店楚簡儒家逸書中，針對於當時逐漸形成而威脅傳統社會體制的法治思想，處處強調君上若要順利而成功的治理人民，則祇有一條正當而可行的道路可以走，那就是順著人民於其基本倫理關係中所產生的各種感情，而加以適當的節制、協調與指導，亦即所謂「禮」、「樂」是也。㉚如前幾篇所述，此即〈六德〉篇所謂「君子如欲求人道，〔□□不〕由其道，雖堯求之弗得也」㉛；或〈尊德義〉篇所云「不由其道，不行」，「教其政，不教其人，政弗行矣」；㉜及〈成之〉篇所說「上不以其道，民之從之也難。是以民可敬道（導）也，而不可弇也；可御也，而不可牽也」。㉝再如〈尊德義〉篇所謂：

> 聖人之治民，民之道也。禹之行水，水之道也。戚（造）父之御馬，馬也之道也。后稷之藝地，地之道也。莫不有道安（焉），人道為近。是以君子人道之取先。㉞

皆是如此的說法。然則所謂「民之道」，正是本之於人倫之情理關係而藉之以傳揚君上之德業的禮教、樂教：

為古（故）率民向方者，唯德可。德之流，速乎置郵而傳命……德者，且莫大乎禮樂。㉟

此乃郭店簡儒書的一個共同趨向。君上是眾人的模範：「上好是物也，下必有甚安（焉）者矣」㊱；禮樂正是令其德業發揚光大的管道，因而君上制定禮樂時，千萬「不可不慎也。」禮樂對人之影響力有如此之大，乃正是因為其本來即是直接來自人情本身的，祇是必須經過聖人之手才可以使此種人情的展現無所過與不及，以便維持一種正當和諧的人際關係。此一過程，〈性自命出〉一篇講得最明白，不妨再引述一下：

凡道，心述（術）為主。道四術，唯人道為可道也。其參術者，道之而已。詩、書、禮、樂，其

㉘ 同前注，頁九八二。

㉙ 《禮記正義》（中華書局一九三六年《四部備要》本），卷三八，頁三反。

㉚ 郭店楚簡儒書之於當時法治思想的關係，請參本書第一篇〈禮教與刑罰之辯〉與第二篇〈戰國「民道」思想〉。

㉛ 《郭店楚墓竹簡》，頁一八七，〈六德〉簡六、七。此「不」字是依據裘錫圭按語補。筆者將此二簡視為一簡，「不」前舊曾逕補「而」字，然再次仔細看之後，「不」前似乎該容二字。關於〈六德〉簡序之編排，請參本書第六篇〈排列調整芻議〉第二節。

㉜ 《郭店楚墓竹簡》，頁一七三，〈尊德義〉簡三、一八—一九。

㉝ 《郭店楚墓竹簡》，頁一六七，〈成之〉簡一五—一六。「牽」字是依據裘錫圭按語改定。

㉞ 《郭店楚墓竹簡》，頁一七三，〈尊德義〉簡六—八。

㉟ 《郭店楚墓竹簡》，頁一七四，〈尊德義〉簡二八—二九。

㊱ 《郭店楚墓竹簡》，頁一七四，〈尊德義〉簡三六、三七。與此大致相同的一句亦見於〈緇衣〉簡一四—一五，頁一二九；〈成之〉簡七，頁一六八；以及《孟子．滕文公上》第二章。

> 始出皆生於人。詩，有為為之也。書，有為言之也。禮、樂，有為舉之也。聖人比其類而侖（論）會之，觀其之＜先＞後而逆訓（順）之，體其義而即（節）文之，里（理）其情而出內（入）之，然後復以教。教，所以生德于中者也。禮作於情……[37]

「詩、書、禮、樂，其始出皆生於人」，人民本來即由於為種種外物、種種處境所感動，因而將通過各種管道使其情感展現出來，此即詩、書、禮、樂等人文創作之萌芽。然而「樂勝則流，禮勝則離」[38]，必須由「聖人」在此基礎之上，比較其種類而加以「論會」，觀察其輕重次序而加以排列，體會其中之義理而加以「節文」，按照人們所表現出之情感，而加以治理，乃反過來以便教導人民，通過其「民之道」來「生德於」其「中」，以便達到一種倫理關係井然有序的和諧社會。此亦即上面所引《樂記》單論音樂時所謂「本之情性，稽之度數，制之禮義」，「然後立之學等，廣其節奏，省其文采，以繩德厚；律小大之稱，比終始之序，以象事行；使親疏、貴賤、長幼、男女之理皆形見於樂」的意思。

以音樂而言，《樂記》亦強調「樂由中出，禮自外作」[39]；聲音既是直接自人們的內心而發的，因而其反過來也是直接向人們的內心而進攻，所以聲樂的影響力乃是特別神速而深入的。〈性自命出〉講聲樂之道亦是如此：

> 凡聲，其出於情也信，然後其內（入）拔（撥）人之心也厚。[40]聞笑聲，則鮮如也斯喜。聞訶（歌）謠，則舀（陶）如也斯奮。聖（聽）琴瑟之聲，則悸如也斯歎。觀《賚》、《武》，則齊如也斯作。觀《韶》、《夏》，則免（勉）如也斯僉（斂）。羕（詠？）思而動心，蔚如也。其居即（節）也舊（久），其反善復始也慎，其出內（入）也訓（順），司（治）其德也。[41]

凡聲音、音樂既是直接而無偽的來自人們心中的深處情感，因而其反過來感動撥開人們的心情也是具有最直快而深厚的效力。音樂之道（如同禮、詩、書一樣），即是其最初即生於人性之「情」，而經過「聖人」的謹慎「論會」、排列、潤飾，以便使之合乎「義」的標準之後，乃可以順利的「反善復始」，令人民「聽其音而樂其道」，使之不知不覺而心甘情願的莫不趨向於「義」的標準。「義也者，群善之蕝也」㊷，也可以說是人類倫理關係中至善至正的標準，而此種義道亦未曾不是奠定於人們心性之情以為其基礎的。這便是音樂之所以為「德」也。正如《毛詩．大序》所云：「故變風發乎情，止乎禮義。發

㊲《郭店楚墓竹簡》，頁一七九，〈性自命出〉簡一四—一八。「逆順」二字分據陳偉及李零之說，「文」字依李天虹說。見陳偉，〈郭店楚簡《六德》諸篇零釋〉，《武漢大學學報（哲學社會科學版）》一九九九年第五期（總二四四期），頁二九—三三；李零，〈郭店楚簡校讀記〉，收入陳鼓應主編，《道家文化研究》第十七輯（北京：三聯書店，一九九九年八月），頁四五五—五四二；李天虹，〈釋楚簡文字〉，《華學》第四輯（二〇〇〇年八月），頁八五—八八。

㊳《樂記》；孫希旦，《禮記集解》，頁九八六。

㊴同前注，頁九八七。

㊵此語頗類於《荀子．樂論》之語：「夫聲樂之入人也深，其化人也速」；見王先謙，《荀子集解》（沈嘯寰、王星賢點校；北京：中華書局，一九八八年九月），頁三八〇。

㊶《郭店楚墓竹簡》，頁一八〇，〈性自命出〉簡二三—二七。此段諸字的讀法，多依《郭店楚墓竹簡》裘錫圭案語，以及李零，〈郭店楚簡校讀記〉，頁五〇八—五〇九；「節」、「蔚」及「治」之讀則依筆者意。此段釋讀亦可參看劉昕嵐，〈郭店楚簡《性自命出》篇箋釋〉（收入武漢大學中國文化研究院編，《郭店楚簡國際學術研討會論文集》〔武漢：湖北人民出版社，二〇〇〇年五月〕，頁三三〇—三五四），頁三三八—三三九。劉氏彼文亦將《禮記》中有關「禮」與「情」之關係的章節作了一個記錄（頁三三一—三三二），可參；於此，亦可參龔建平，〈郭店楚簡中的儒家禮樂思想述略〉（《郭店楚簡國際學術研討會論文集》，頁一四九—一五四），頁一四九—一五一。

㊷《郭店楚墓竹簡》，頁一七九，〈性自命出〉簡一三。

乎情，民之性也；止乎禮義，先王之澤也。」[43]《樂記》亦有以「情」、「義」的關係言之者：

德者，性之端也。樂者，德之華也。金石絲竹，樂之器也。詩，言其志也；歌，詠其聲也；舞，動其容也。三者本於心，然後樂器從之。是故情深而文明，氣盛而化神。和順積中，而英華發外，唯樂不可以為偽。

樂者，心之動也；聲者，樂之象也。文采節奏，聲之飾也。君子動其本，樂其象，然後治其飾……樂其志，不厭其道；備舉其道，不私其欲。是故情見而義立，樂終而德尊。君子以好善，小人以聽過。故曰：生民之道，樂為大焉。[44]

「樂」即是以詩歌、舞蹈、音樂三者為其組成部分，然以中國早期儒者而言，此三者亦本即人們心志的引申，其性情所藉以向外發揮的主要管道。音聲、詩詞、舞容都可帶有象徵意義，可將人們心中的內在世界直接表現於外，而將我們的各種情感加以文飾處理之後，亦可通過此外在表現、藉由此理想化的詩歌、樂舞所帶來的美感，以便反過來帶動我們自己的情感而使之往正當的方向去發展。「是故情見而義立，樂終而德尊」：「樂」之所以為「樂」，正是因為其將通過樂舞的美聲美觀，以使人的情感自然而樂於趨向仁義之方；將道德規範寓於五音之中，以便達到一種盡善盡美、至德至樂之境地也。

參、結語：樂者，樂也

西方美學理論的著名開拓者康德（一七二四—一八〇四年）分析美學判斷力時，將「審美判斷」的愉快與以「利害關心」判斷的那種愉快加以嚴格的區分。純粹的「審美判斷」是完全以一個事物或藝術品的「形式」或「文理」為準，而與人家的「情感」或「意願」並無絲毫關係：「激情是完全不合於美的。」㊺「審美判斷」祇是「靜觀默賞的」，而「對於一對象之存在是不關心的。」㊻然以〈性自命出〉、《樂記》、〈大序〉等早期中國文獻而言，音樂、詩歌既是「出於情」，而此「情」又是「待物而後作」的，則在其基本概念上，音樂、詩歌乃是根本即離不開「情感」與「對象」的。「樂者，樂也」：「樂」的定義即是以快樂（或悲哀）等情感為內容的，此便是早期儒者所普遍接受的通論，而於〈性自命出〉、《樂記》等著作乃特別突出。直到嵇康（二二四—二六三年）的〈聲無哀樂論〉為止，似乎才有思想家較明確的以「靜觀默賞」為其音樂審美判斷標準，而將傳統的「情聲合一」之說加以排斥。㊼

但以康德而言，以「利害關心」判斷的愉快，尚有愉快於「適意」與愉快於「善」之分，㊽而類似於此種不同層次的分法，正是中國早期儒者論俗樂與雅樂之區分的關鍵所在。荀子講得最為扼要：「樂

㊸《毛詩正義．國風．周南》（《四部備要》本），卷第一，頁八反。

㊹孫希旦，《禮記集解》，頁一〇〇六—一〇〇七。

㊺康德，《判斷力之批判》（牟宗三譯註；臺北：臺灣學生書局，一九九二年），頁一九七。以 Meredith 的英文翻譯而言，"judgement of taste"是跟"interest"無關而祇是一種"contemplative"的判斷。見 Immanuel Kant, *The Critique of Judgement* (1790年); James Creed Meredith 英譯 (1928年; Oxford: Oxford University Press, 1952年)，頁四二—四四，六三—六四。

㊻康德，《判斷力之批判》，頁一七二。

㊼當然，嵇康此種思想的萌芽尚可以遠追溯於莊子等先秦「道家」之言論；在茲不贅述。

㊽康德，《判斷力之批判》，頁一六六—一七一。此英譯為"delight in the agreeable"與"delight in the good;"見 Kant, *Critique of Judgement*，頁四四—四八。

者，樂也。君子樂得其道，小人樂得其欲。」[49]所謂「樂」便是有個具體的對象，一種想得到或實現的目標，但此種對象或目標又有「大體」與「小體」、「君子」與「小人」所「樂」之不同。無論「樂」的對象是卑鄙無恥的抑是崇高至善的，「樂」的特徵便是其所追求到的目標乃是由一種中心最深處的內在需求而追的，是如同人性本來即有的生理慾望一樣強烈的一種全力以赴、志在必得的追求，而其得到此目標後所生的「快感」，乃等同於一種實現了其性情需求一樣深厚的滿足感。孔子嘗歎道：「吾未見好德如好色者也」；如此說來，其理念便是人們追求道德的心願能夠修到比他們追求色情等生理慾望更強烈的境地。然而「好之者不如樂之者」：修到了登峰造極之境，道德已不光是一個嚮往的愛好，而是完全體現於己身之內的一種心理滿足。做為一個美學範疇而論，「樂」也就是最能夠體現此種德境的藝術；最高尚的詩歌、樂舞，即是能夠體現仁義道德於其五聲之中的和諧、八音之間的節奏，以及其歌詞之寓意、舞容之象徵等，以便「生德」於其觀者、聽者之「中」。「子在齊聞《韶》，三月不知肉味。曰：『不圖為樂之至於斯也！』」（《論語．述而》）孔子一聽了《韶》的演奏，便已忘了他對食色等生理慾望的樂趣，因為此高尚的樂舞已經不知不覺使其「心所欲」昇華到與道德規範完全等同的境地，令其內心需求不外乎仁義所在。此蓋即《韶》之所以「盡美矣，又盡善也」（《論語．八佾》）。

如康德所云，「審美力可因著理智的愉快與美感的愉快之相結合而得到增進」，以便「建立審美與理性之合一，即建立美與善之合一」，而「因此，當諧和流行於兩種心靈狀態之間時，這便對於我們的表象力之全部機能造成一種好處。」[50]此已不是個純粹的審美判斷，講的不是一種「自在美」，而是一種「依待美」，是某種存在於「對象之圓滿性」條件下的美，[51]也可以稱之為「美之理想」：「理想存於道德之表示，離開道德，對象必即刻不會普遍地而且積極地……令人愉快。」[52]不管先秦儒家所講的「美」與「善」是否可以理解為類似於康德所分析的「美」與「善」那樣的概念，然而毫無疑問，早期儒者對於「美」的理想，對於所有詩歌、樂舞、美術、文藝的要求，是一定要其文質彬彬的盡美盡善方可算是升堂而入室矣。此種「美」與「善」的結合亦即「樂」的理念之核心所在：「故惟得道之人，其可與言樂乎！亡國戮民，非無樂也，其樂不樂。」[53]誠然是「人而不仁，如樂何？」；禮、樂等人文創作必須依待於仁義道德的實質內容方可以圓滿而升入「樂」的境地，而反過來說，仁義道德亦必須通過詩歌、樂舞等人文藝術的體現與表達，才能發揚光大而達到人倫和諧之極致。[54]

接於康德之後，黑格爾（一七七〇—一八三一年）論及美術，則強調其為人類為了人類自己，將其對自我的瞭解呈現於外而加以對象化的，以便藉之而更進一步增進其對人類自我的認知：

---

[49] 王先謙，《荀子集解》，頁三八二。

[50] 康德，《判斷力之批判》，頁二〇四—二〇五。

[51] 同前注，頁二〇二。此英譯為"free beauty"與"dependent beauty"之分；見 Kant, *Critique of Judgement*，頁七二。

[52] 康德，《判斷力之批判》，頁二一二；"The Ideal of beauty," Kant, *Critique of Judgement*，頁七五—八〇。

[53] 《呂氏春秋．大樂》；見陳奇猷，《呂氏春秋校釋》（上海：學林出版社，一九八四年四月），頁二五五—二五六。

[54] 徐復觀說得好：「樂與仁的會通統一，即是藝術與道德，在其最深的根底中，同時，也即是在其最高的境界中，會得到自然而然的融和統一；因而道德充實了藝術的內容，藝術助長、安定了道德的力量。」見其《中國藝術精神》（臺北：臺灣學生書局，一九六六年），頁一七。李澤厚、劉綱紀主編的《先秦美學史》（臺灣版：臺北：金楓出版社印行，一九八七年七月），論述「中國美學思想的基本特徵」時，亦以「高度強調美與善的統一」以及「強調情與理的統一」為首，而於後者則言其正是「美善統一這一特徵在藝術問題上的具體表現」（頁三〇）。此種「美善統一」之境，高柏園稱之為「一種後道德之境」：「須注意的是，最高的道德境界卻也不再只顯道德相了，此其與藝術境界相似，亦為道德之自我超越」；見其〈《論語》審美意識的哲學意義〉（收入淡江大學中文系所，《第六屆文學與美學國際學術研討會論文集》，頁三七一—三八七），頁三八四。

故人類對於藝術展現的普遍要求，在於其欲以讚揚其內外世界，而使之成為一種為了自己的精神意識、一種可藉以自我認識的對象。其一旦將所有內在自己已清楚之事，以相對的方式將此其清楚的自我實現於外，即可滿足此種精神自由的要求。通過此種自我複製，乃可以將其內在之事，呈現為一種給其自己以及他人的景象與知識。55

黑格爾雖就「藝術是為了引導情慾」、「藝術是為了道德教育」等「文以載道」式的說法加以否認，則與中國傳統樂論、詩論有所牴觸，然而光就其所論的辯證過程而言，亦可與先秦儒家的「情義終始」之說遙相輝映。人類的音樂等藝術活動，本來即是一種自我展現，而人的情感既已體現於詩歌、樂舞等美術作品當中，便已是一種「自我認識的對象」，已「呈現為一種給」我們「自己以及他人的景象與知識。」但以先秦儒者而言，關鍵則在於要先經過「聖人」之「論會」、「節文」等加工潤色，使此外在的人情表現莫不合乎仁義的要求，以便使我們所認識到的自我無非是人類之「大體」而已，乃可以通過此詩歌、樂舞所給予的樂趣而修養人類之至尊焉。

「詩」雖然可說是「樂」的一部分，但是「詩」的重點究竟在於歌詞而不在於音聲，此乃「詩」之所以可與「樂」平列的原因。然而恰因如此，「詩」亦乃算是「樂」的一個最為不可或缺的成分。先秦儒家相信五音本身即已具有某種程度的象徵功能，而佩著道具的群體舞蹈當然也有相當高的象徵意義；然而凡是表達意義的管道，自然莫過於語言為詳盡，而此乃正是詩詞的功能。詩詞固然要依靠於音律才能盡其對人的美感，然而音樂同樣也有依待於詩詞方可盡其表達善意的功效。詩歌的特點，便是其為一種既可盡美、又能盡善的音律、歌詞俱備的綜合藝術，因而中國先哲乃特別加以重視。先王設有採詩之官，以收集各國的「國風」，然而既已收集之後，顯然又是經過了一番選擇及整理的過程，使之整齊劃一而「思無邪」，才得以納入《詩》的經典之內。56且孔子「自衛反魯，然後樂正，雅頌各得其所」（《論語・子罕》）——此或即是「聖人比其類而論會之……體其義而節文之」之謂歟？詩本來即是由人們深切的感情所形成，莫非來自人們的自然稟賦，故其當初已有種天地所賜予之美；然而尚待經過聖智的修潤，使其所通過以給人快感的審美規律，與仁義道德的規範完全結合，方能達到更高一層的美學境地，即盡美盡善之「樂」的境界也：

> 君子美其情，【貴其義】，善其即（節），好其頌（容），樂其道，悅其教，是以敬安（焉）。57

即此之謂也。然則詩歌到了此種境地時，於先秦儒家的心目中，誠然可以通過「美」與「善」的結合，以便達到一種天經地義的教導效應，而確實堪稱「正得失，動天地，感鬼神，莫近於詩。」

---

55 Georg Wilhelm Friedrick Hegel, *The Introduction to Hegel's Philsophy of Fine Art* (Bernard Bosanquet 英譯：London: Kegan Paul, Trench & Co.，一八八六年)，頁六〇。

56 屈萬里曾按照國風的形式、文辭、韻部、語助詞、代詞等用法，以得出國風是經過雅言翻譯等整理過程後的民間歌謠，而非民間歌謠本來面目的結論。見其〈論國風非民間歌謠的本來面目〉，收入林慶彰編著，《詩經研究論集》（臺北：臺灣學生書局，一九八三年十一月），頁一九—三八。

57 《郭店楚墓竹簡》，頁一七九—一八〇，〈性自命出〉簡二〇—二一。

微觀篇

五、古今文獻與史家之喜新守舊（註）

壹、前　言

《論語・八佾》載孔子之言曰：「夏禮，吾能言之，杞不足徵也；殷禮，吾能言之，宋不足徵也。文獻不足故也，足則吾能徵之矣。」此古今文獻學者所推以為宗之名言。誠然，欲徵求乎前代之典章制度，圖借鏡於古人之歷史經驗，固非以其文獻為途徑不可。然古代文獻之不足徵者多矣，而其所以不足之故亦非一端。或以古籍既缺，而指津者亦寡；或以古文難曉，而今字乃乖戾；或以師徒相承，增益不休，而時序先後相混；或以歷代相傳，抄錯遺漏，而篇章不成文義。要之，今日所面對之傳代文獻，已遠非昔日所目睹之原作，而今人對古文之體會與理解，亦無法與古者相比。然而通過嚴謹的文字、音韻及訓詁等學門，再加以文本的校勘與句法的分析，庶幾古人之言與先聖之制尚可考徵其一二焉。

（註）本文首次發表於二〇〇四年一月八日上海佘山舉行的「中國上古史：歷史編纂學的理論與實踐」國際學術研討會（上海大學古代文明研究中心、芝加哥大學東亞語言文化系、上海博物館及《歷史研究》編輯部共同舉辦）。後來又發表於二〇〇四年三月大阪大學文學院舉辦的「国際シンポジウム戦国楚簡と中国思想史研究」；收入大阪大学中国哲学研究室編輯，《中国研究集刊：特集号「戦国楚簡と中国思想研究」騰号》（第三十六号），頁五七—七四。

然我們當今研究上古文獻比起歷代學者顯然具有兩種條件讓我們能夠佔到某種優勢。其一是我們可以利用歷代前賢已有之成果，其二則是我們正處於考古發掘的簡帛文獻大量出土之際。自從王國維提出所謂「二重證據法」以來，即「紙上之學問賴於地下之學問」，研究中國歷史之學者乃特別重視出土資料。基於王氏之認識，如李學勤、裘錫圭等當代名儒亦經常指出今日所出的簡帛古抄本之發掘正如過去孔壁中書、汲冢竹書的發現一樣，而我們當前對之所進行的整理工作亦好比西漢、西晉時儒者用此古文資料來與傳世的今文文獻相互校讎那樣。❶眾所周知，西漢惠帝四年（前一九一年）「除挾書之律」而「大收篇籍，廣開獻書之路」之後，當時通行文字已與秦以前的六國文字有所隔絕，且因「書缺簡脫，禮壞樂崩」之局面，而武帝乃「建藏書之策，置寫書之官。」❷到了孔壁書發現時，古文字學已為一種專門學問，用六國文字寫的古書必須加以隸定才可為一般學者所能讀，故《史記．儒林列傳》形容孔安國之整理孔宅《尚書》曰：「孔氏有古文尚書，而安國以今文讀之，因以起其家。」❸《漢書．藝文志》形容稍後（宣帝時）的京兆尹張敞之古文特長則曰：「《蒼頡》多古字，俗師失其讀，宣帝時徵齊人能正讀者，張敞從受之，傳至外孫之子杜林，為作訓故，并列焉。」❹此皆足以說明西漢時人讀古文字已相當困難（更何況西晉時）。❺再及成帝河平三年（前二六年）「求遺書於天下」後❻，劉向校中秘內外古今文書，而「多誤脫為半字，以『趙』為『肖』，以『齊』為『立』」，或「以『芺』為『芳』，『又』為『備』，『先』為『牛』，『章』為『長』」❼，此劉氏所見古今書間之假借及形近誤字的狀況，正如我們今日所看到的一樣。然則前人對於先秦書籍的整理事業確實有的與我們今人對出土文獻之工作相比。

然則我們當今面對新出土的古本資料而以之進行對傳世今本的校讎整理時，應該採用何種的處理方式，該以何種標準而定兩者之間的善惡是非？此問題即涉及一種雙面性的複雜事實。一方面，傳世本皆或多或少早已經歷了一種整理過程，再加上後代傳抄者的誤抄與「妄改」，而當今的傳世本中所存在的問題堪稱比比皆是，確實值得與出土本相對校讎。然另一方面，則我們今日整理出土文獻的能力與基本條件不見得要比過去的人好，而我們亦必須經歷與他們相同的整理過程，遇到相同的困難，因而為了避

---

❶ 見裘錫圭，〈考古發現的秦漢文字資料對於校讀古籍的重要性〉（一九八〇年五月著），收入氏著《古代文史研究新探》（江蘇古籍出版社，一九九二年六月），頁一；李學勤，《簡帛佚籍與學術史》（一九九四年十一月編寫；南昌：江西教育出版社，二〇〇一年四月），頁三。夏含夷指出，經過考古發掘而得的、與傳世文獻相應的古本，其最可貴之處並不在於其可借以糾正傳世本錯誤的「直接證據」本身，而在於其對於我們瞭解古人著書與傳書的過程所提供的「間接證據」與訊息；此堪稱中肯之論。見Edward L. Shaughnessy, *Rewriting Early Chinese Texts* (Albany: State University of New York Press, 2006年)，第一章。本文多受此三位學者在此方面之論著的啟發。

❷ 見《漢書・藝文志》所敘及《漢書・楚元王傳》所載劉歆〈移太常博士書〉；〔漢〕班固撰，《漢書》（北京：中華書局，一九六二年六月），頁一九六八。

❸ 《史記・儒林列傳第六十一》；〔漢〕司馬遷撰，《史記》（顧頡剛等標點；北京：中華書局，一九六三年），頁一二一。參看王葆玹，〈今古文經學之爭及其意義〉，收入《中國哲學》編輯部編（姜廣輝主編），《經學今詮初編》（《中國哲學》第二十二輯）（瀋陽：遼寧教育出版社，二〇〇二年六月），頁三〇〇—三〇一。

❹ 《漢書・藝文志》；亦參錢穆，《兩漢經學今古文平議》，（一九五八年；臺北：東大圖書公司，三版，一九八九年十一月），頁八。

❺ 《晉書・束皙傳》謂汲冢書之初況及其整理曰：「初發冢者燒策照取寶物，及官收之，多燼簡斷札，文既殘缺，不復詮次。武帝以其書付祕書校綴次第，尋考指歸，而以今文寫之。皙在著作，得觀竹書，隨疑分釋，皆有義證」（列傳第二十一）。〔唐〕房玄齡撰，《晉書》（北京：中華書局，一九七四年），頁一四三三。

❻ 《漢書・成帝紀》；《漢書》（見注❷），頁三一〇。

❼ 分見劉向〈戰國策書錄〉及〈晏子書錄〉佚文；〔清〕嚴可均輯，《全漢文》（任雪芳審訂；北京：商務印書館，一九九九年一〇月），頁三七九、三八二。可參余嘉錫撰，《古書通例》（上海：上海古籍出版社，一九八五年七月），頁九九—一〇一。

免種種誤解，亦非將傳世本拿來與出土本相互校勘不可，如此才能確切地瞭解出土文獻中的「肖」、「立」、「芳」、「長」究竟應該如何釋讀。本文擬針對古今兩本間差異性的處理此一問題進行進一步的探討，希望藉此考慮如何避免某些至今仍然見到的學術偏見與障礙。

貳、喜新與守舊

清末學者張之洞（一八三七—一九〇九年）曾寫過一段頗饒興味之文曰：「讀書一事，古難今易。無論何門學問，國朝先正皆有極精之書。前人是者證明之，誤者辨析之，難考者考出之，不可見之書采集之……此皆積畢生之精力，踵纍代之成書而後成者，故同此一書，古人十年方通者，今人三年可矣。」❽是說良是，今一讀新出土之書，其難度之於今本則一目瞭然。然其所以古難而今易者，其理由有二：一則以此「證、辨、考、采」之功夫實已明是非而揭難曉，其二則以原不誤者誤非之，實微妙者簡化之，以致今之校定本雖易讀，而實已非其本然面目。然而儘管第二種情況時時有之，亦未足以磨滅前賢在此校讎及考證上的雄偉成績。因而我們今日用出土資料來校對傳世文獻，與其說是為了糾正前人之錯誤，無寧說是為了繼續前賢的這番工作，接踵於歷代所累積而成者。然為了正確地利用出土文獻而進行這番工作，所該持的研究心態究竟如何？

竊謂當我們開始校讀今古兩本時，必須事先做一番「心齋」的功夫，好讓我們將兩種不同的、自然而有的成心給消除，以便以實事求是的心態而進。此二種成心，其一謂之「喜新厭舊」，其二謂之「忠貞不渝」。❾「喜新厭舊」之心，謂新見的古文出土本一出，乃竭力執之以糾正傳世本之非，以追求新意為尚，以不顧傳統之成說為心，不考慮出土本本身的缺點，而一力推新以代舊。譬之若人一目及未曾見過的美貌姑娘，乃想輕易罷休舊妻以盡力追求新愛，忘懷往情舊恩而一心皆以新愛為是，全不顧及前妻的好處及其累年所積來的貢獻，而同時又忽略新妾的種種缺陷。「忠貞不渝」之心，則謂一心一意擁護舊有的今文傳世本，祇想強迫出土本服從於其早已奠定的標準，因而一概忽視出土本的長處，不容任何新意侵犯到傳世本的寶座。又譬若人之因為懷念舊情之故，乃全心誇張己妻之美麗與賢慧，無法認識妻子之短處或其他女子之優點，不敢承認愛妻有任何可向之學習之處。此二種心理確實有時會不知不覺地作怪，因而我們不得不時而加強防備。在茲先用兩種實例說明之，然後再加以進一步的探討。

《上海博物館藏戰國楚竹書（二）》中的〈民之父母〉篇❿，有相當篇幅與《禮記．孔子閒居》（以及《孔子家語．論禮》）重複，似可視為同一篇（或同一個故事）在傳授過程中的不同演變。篇中孔子提到「民之父母」必須「至（致）『五至』」、「行『三亡（無）』」，而當子夏問到何謂「五至」時，依楚簡〈民之父母〉孔子的答案如下：

孔子曰：「『五至』乎！勿（物）之所至者，志亦至安（焉）；志之〔所〕至者，豊（禮）亦至安

---

❽ 此從余嘉錫，《古書通例》轉引；見余嘉錫撰，《古書通例》（上海：上海古籍出版社，一九八五年七月），頁三—四。

❾ 裘錫圭曾舉過類似的對比，將前者稱為「立異」、後者稱作「趨同」：「趨同」「主要指將簡帛古書和傳世古書中意義本不相同之處說成相同」，而「立異」則「主要指將簡帛古書和傳世古書中彼此對應的、意義相同或相近的字說成意義不同。」見其〈中國古典學重建中應該注意的問題〉，《北京大學中國古文獻研究中心集刊》第二輯（北京：北京燕山出版社，二〇〇一年）。承蒙裘先生向筆者指出此文。

❿ 見馬承源主編，《上海博物館藏戰國楚竹書（二）》（上海：上海古籍出版社，二〇〇二年），頁一七—三〇：濮茅左釋文，頁一五五—一八〇。

> （焉）；豊（禮）之所至者，樂亦至安（焉）；樂之所至者，哀亦至安（焉）。哀樂相生，君子以正。此之謂『五至』。」⓫

〈孔子閒居〉相應的一段則云：

> 孔子曰：「志之所至，詩亦至焉；詩之所至，禮亦至焉；禮之所至，樂亦至焉；樂之所至，哀亦至焉。哀樂相生。是故正明目而視之，不可得而見也；傾耳而聽之，不可得而聞也。志氣塞乎天地。此之謂『五至』。」⓬

案，今本〈孔子閒居〉實有兩種大誤，正可通過〈民之父母〉來糾正。其一是「正明目」至「塞乎天地」二十八字，實與「五至」無關，而該如〈民之父母〉將之排到「三無」的敘述當中，此顯為錯簡所致。⓭〈民之父母〉的「哀樂相生，君子以正」，亦正好以韻文結語（「生」、「正」皆耕部），與下面「三無」之言「君子以此，皇（橫）於天下」的情形相近（「此」即支部，「下」乃魚部，旁轉可通韻）。其二則是〈孔子閒居〉的「志」、「詩」、「禮」、「樂」、「哀」的次序頗難說通，似不如〈民之父母〉的「物」、「志」、「禮」、「樂」、「哀」之為簡樸好解。如季旭昇指出，傳抄者將原屬第二至的「志」字寫成「詩」而又將第一至的「物」改為「志」以便牽合於「詩」、「禮」、「樂」三經之目頗有可能，⓮而相反的情況則可能性不大。濮茅左於〈民之父母〉釋文直接用括號表示「勿」讀為「志」，「志」讀為「詩」，以附和於傳本；而於注釋中則但云「『勿』，疑『志』之誤寫，但『勿』讀作『物』，似亦通。」即使傳本與簡本兩者之優劣尚屬見仁見智之問題，然「勿」與「志」實非形近之字，並無相互訛誤之理，因而像濮氏那麼嚴謹的學者，其釋文該以簡本原文為準，而於注釋中再說明傳、簡兩本間的異同才是。至於顯而易見的錯簡問題，則濮氏並未正面論到，於此傳世本的大缺陷絕口不提，似可說是過份尊重傳本。⓯

再討論郭店楚簡的〈窮達以時〉篇。此篇極短，而大部分內容亦見於《荀子·宥坐》、《韓詩外傳》卷七、《說苑·雜言》及《孔子家語·在厄》等文。其中有一段論及呂望之遇周文王云：

> 呂望為牂⿱來止瀳，戰監門⿱來止陘。

顏世鉉詮釋此文，將「牂」讀為「藏」（如裘錫圭說），解為「守藏小吏」，又將「戰」隸定為「獸」，

⓫ 同前注，頁一九—二〇、一五八—一六〇。

⓬ 《禮記·孔子閒居》；（清）孫希旦撰，《禮記集解》（沈嘯寰、王星賢點校；北京：中華書局，一九八九年八月），頁一二七五。

⓭ 此點陳劍已指出過；見其〈上博簡《民之父母》「而得既塞於四海矣」句解釋〉，原載於《簡帛研究》網站（二〇〇三年一月）。錯簡之字數為二八字，而若假定〈孔子閒居〉當時竹簡字數為平均二七至二八字的話，則該簡恰好錯放於第五簡之後。

⓮ 見季旭昇主編，《《上海博物館藏戰國楚竹書（二）》讀本》（臺北：萬卷樓圖書股份有限公司，二〇〇三年），頁七注一〇。

⓯ 然而雖對其以上的判斷提出質疑，亦不可徑謂濮氏本人為「忠貞」之輩，如其於「五起」之說所指出：「竹書的出現，使我們看到『焚書』之前孔子說『五起』的原序」，就是其對簡本的價值之肯定的一例（《上海博物館藏戰國楚竹書（二）》，頁一五二）。先秦古本勝於今本的例子很多，本文祇舉其一以略見一斑。其他例子，請參看裘錫圭，〈考古發現的秦漢文字資料對於校讀古籍的重要性〉（見注❶）。

讀為「守」，似可從。然有趣的是其對「瀌」及「陞」二字的解釋。「瀌」字雖（如裘氏說）可讀為「津」，然顏氏指出「瀌」字本可訓為水氾濫之義；而「陞」雖可釋為「地」，然顏氏則讀之為「阤」，即《說文》所謂「小崩也」。然則他將整句釋為：「呂望不遇之時……去看管倉庫則遇到水災，去守城門則遇到城牆崩塌，此正可見其當時時運之不濟。」⓰此說頗饒趣味，以兩句對稱為文，確可錄以備一說。然而顏氏自己終已不採此其初說。⓱其道理何在？因為傳世文獻處處皆以「棘津」為呂望未達時所活動之地，而「棘津」與「來瀌」聲近可通假，因而若以「來瀌（津）」與「來地」為地名，則不用任何曲解而完全可說明簡、傳兩本之間的異同關係。⓲反過來，若以此種新的解釋為是，則祇能將傳世文獻中所有讀「棘津」為地名的文句視為訛誤，或將「棘津」與「來瀌」的通假關係視作莫大的巧合，方能說得通；然而相對之下，此種可能性小得多，且並無必要如此讀之。然則顏氏已認識到此其初說或為過份新穎，雖可備一說，而並不足以代替與傳世文獻之對校所得來的解釋。

以上是兩種「守舊」與「喜新」之小例。下面將再舉一個更加複雜的例子，以便進一步分析我們校對古今文本而進行選擇時所必須考量的因素及該採用的標準。然在作此分析之前，先就校勘學的一些基本原理略加以必要的探討。

參、誤誤而不誤於誤

清代大儒王念孫，於其《讀書雜志．淮南內篇》之後記中，曾對《淮南子》內篇各本中之錯誤進行分類，曰：「凡所訂正，共九百餘條，推其致誤之由，則傳寫譌脫者半，馮（憑）意妄改者亦半也。」接著又將「傳寫譌脫」及「憑意妄改」者分為細目，前者十六種，後者二十八種；此外又在一般「失其義」、「失其句讀」之外者亦特列了因譌脫或妄改而「失其韻」者十八種；凡六十二種。⑲若將相近者以類相聚，則大略有如下幾種情況：

有不審文義而妄改、妄加（包括妄加字而失其句讀者、妄加數字至二十餘字者）或妄刪者

有因字不習見而誤／妄改者

有因古字、隸書、草書或俗書而誤者

有因〔不識〕假借之字而誤／妄改、妄加、妄刪或〔妄〕顛倒其文者

有因兩字誤為一字或誤字與本字竝存而誤者（及旁記之字而闌入正文者）

有衍／脫至數字或至數十字者

有錯簡者

有因誤〔字〕而致誤／誤〔妄〕改；既誤而又妄改、妄加或妄刪者；既脫／衍而又妄加或妄刪者

有正文誤入注或注文誤入正文者（及〔正文〕誤而〔注〕兼脫者；失其句讀而妄移注文〔入正文〕者；既誤而又改、增或移注文者；既改而復改、增或刪注文者；〔正／注文〕既脫且〔注文〕誤、〔正〔／注〕文〕既誤且

⑯ 顏世鉉，〈郭店楚墓竹簡儒家典籍文字考釋〉，《經學研究論叢》第六輯（臺北：臺灣學生書局，一九九九年三月），頁一七六—一七七。

⑰ 此據顏世鉉與筆者私下討論。顏氏初說頗有創意，然他終尚願意改變初見，可見其實事求是之心。

⑱ 《韓詩外傳》卷七曰：「呂望行年五十，賣食棘津」；《說苑．雜言》相同，唯「棘津」前多一「於」字。均未涉及「為藏」或「守監門」之事，然地名似乎指的是同一所在。

⑲ 〔清〕王念孫撰，《讀書雜志》：中國訓詁學研究會主編，《高郵王氏四種之二》（南京：江蘇古籍出版社），志九之二十二，頁一—二九，總頁九五九—九七六。王氏自數「六十四事」（頁二六上），比筆者所數的多兩種。

〔正文〕改及〔正文〕誤且衍而又妄增、改或妄加注文者）

有因字誤、脫、倒而失其韻者；因句倒而失其韻（且或又移注文）者；錯簡而失其韻者；改字或加字而失其韻（或改以合韻而實非韻或反失其韻〔且或又改或刪注文〕）者；句讀誤而又加字以失其韻者；既誤且脫、倒或改而失其韻者；既誤或脫而又加字以失其韻者

若是不管是無意識之「誤」還是有意識之「妄改」，不管此誤是否涉及韻文，且撇開涉及注文者及誤上加誤者不談，則大致上此「致誤之由」可以分為五大類：⑴因不審文義而誤；⑵因不識形體而誤；⑶因不識假借而誤；⑷因衍文或脫文而誤；⑸因錯簡而誤。王氏所分析的對象雖為西漢時的作品及其於後代傳抄過程中所發生的種種錯誤，然卻很容易看出，我們整理先秦竹簡時，以上五種情況也通通都要面對。衍文、脫文、誤寫，甚至殘損、佚失等等，皆為出土竹簡中所客觀存在的障礙。再加上我們自己因為學識或資料之不足而對簡帛古本中的文義之不理解、字體之不認識及假借之不熟悉等，則我們自己對古本將有誤解或妄改的可能並不在歷代抄傳者之下。我們閱讀簡書，不識者固然多，而即使祇單純加以隸定時也很容易犯上同樣的錯誤，更何況有望文生義之心的時候。因此，沒有傳世本可對照的簡書，經過不少專家的努力之後，而至今多處仍然文不成義，無法正確釋讀，正可說明我們之「不習見」或「不識」假借及古字等問題。然而有傳世本可對照者，自然比較沒這個問題，因為傳世本有許多處恰可以幫我們解決疑問，使我們對假借之由來、古字之釋讀及文義之脈絡都一目瞭然。然則歷代傳抄者固然有其不識不習之缺失，而傳世今本乃不足全信；然我們自己亦有相同的不認不熟之缺，而出土古本亦有其錯亂及無法解釋之處。因而我們必須進行的仍然是一種校讎的功夫：既要拿古本以糾正今本之訛誤，而又要拿今本以探究古本之奧秘。不可偏愛，亦不可偏廢。

試問此校讎之功夫，其目的何在？顯然是以文本中有不可通之處，而將經過對諸本的校勘以使其窮者復通，恢復此文本的本來面貌。此其不可通者，即王念孫所謂「失其義」、「失其句」及「失其韻」者等。此目的之中已含有個假定，可識作文本整理的一個最基本的原理，即是文本所載的話語，當其最初寫成文字時，應該即具有比較完整的意義，足以使讀者能明白其內涵。這並不是說此文義必須是完美無缺的；古人著書，對語句之對稱、韻律之均勻等要求，或並不如後人嚴謹。我們若是硬要其完美的對稱、均勻等，乃容易踏上「妄改」、「妄加」或「妄刪」的陷阱。然而若是文本中有文不成義、語不成韻或文氣未足等現象，則至少可說文本中有訛誤的嫌疑，或字形及假借之未識的可能，因而必須經過一番校讎的功夫，試圖給這些現象以某種合情合理的解釋，以便恢復文本的原貌。

然而今本對於古本的價值以及文本原貌的可讀性這兩個前提最近受到西方某位漢學家的挑戰。此一挑戰可說是持之有故而言之成理，因而使得我們不得不正面迎戰以待之。下面分別加以說明。

美國漢學家鮑則岳最近寫過一篇論文提醒我們：「凡是我們對有關『錯字』及書寫上的差異之類的問題有不成熟的假想時，我們都必須先用其他可能的解釋去檢驗一下我們的推測。」⑳即是說我們遇到出土本與傳世本有差異字時，不管是異體字還是假借字，都不要太隨便去認定此古本字即為彼今本字的異體、假借或錯字而已，而更要謹慎考慮到其是否該讀為另外一個詞，所代表的意思是否不一樣。換句話，鮑則岳勸我們不要自己輕易犯上因「古字」或「假借」之「不習見」而「憑意妄改」古本之罪。此固然可以說是一種恰當的勸戒，然而話說回來，我們同時也要防備「喜新」之心理作怪，千萬不可走到

---

⑳〔美〕鮑則岳（William Boltz），〈古代文獻整理的若干基本原則〉，收入〔美〕艾蘭（Sarah Allan）、〔英〕魏克彬（Crispin Williams）原編，邢文編譯，《郭店〈老子〉——東西方學者的對話》（北京：學苑出版社，二〇〇二年九月），頁五七。

另一個極端，即因同樣的「不習見」而憑意否認今本。鮑則岳多處強調，凡是傳世本所定的字「很可能只是一人之見、一家之說，只不過從某種角度講，這個說法後來習以為常地變成了權威」，「無非是因為古代某一整理者所作的決定，後來在歷史上變成了權威……但是他實際上不比別的觀點更帶有甚麼權威性，因為它本身並不是那麼肯定。」[21]鮑則岳此說言之有道理，然同時我們尚有一點必須考慮到，即是此一「古代整理者」所憑藉以作決定的資料很可能比我們現在所能見到的豐富多了。何以知其然？按，在古代整理先秦書籍之人士當中，無疑可以先推西漢的劉向為最重要的代表人物。劉向〈孫卿書錄〉云：「所校讎中《孫卿書》凡三百二十二篇以相校。除複重二百九十篇，定著三十二篇，皆已定」；〈晏子書錄〉云：「凡中外書三十篇，為八百三十八章。除複重二十二篇，六百三十八章，定著八篇二百一十五章。」[22]然則劉氏所見《晏子春秋》平均每章該有四本可以相互校對，而《荀子》甚至每篇有接近十五本之多。如此以類推，則劉向當時書籍之豐富絕匪夷所思，對因此所「習見」之古文字的認識可能遠比今日雄厚，其權威性固非全是歷史光陰的荏苒所贈與的，焉可斷然否認其在古籍校勘史上的特殊地位？其所校古今書籍中固然蓋亦偶有單篇零章，再加上後世傳抄過程中所介紹的訛誤等因素，因而即使定於劉向之手者，確實不可過於尊重而盲然信從，更何況出於晉代汲冢之中者。然而儘管如此，由於古代整理者在若干方面所特有的優勢，也就不可不給予適當的尊敬，謹慎考慮到其所下過的「決定」、所給予的「今讀」，也許並非那麼的「不肯定」。此種考慮出於情理所推，並非徒為了「好古」而尊之。

如此說來，傳世本之好處在於，其早已經歷過校勘者的「今讀」，早已加過隸定而按照漢代已規劃而成的文字系統以「正確」的偏旁寫定，而此其「今讀」雖未必全是正當無誤的，我們至少可較確切地知道漢人（或晉人等）對文本的理解如何，而此其理解很可能有比較豐厚的資料為依據的。然而至於戰國時人的竹書，因為是以未經規劃的文字而寫的，因而單憑一本則往往無法確定抄者對該書的理解如何，所以經過漢人整理的版本自然就成為我們讀起出土古本時所不可低估的參考依據——儘管此依據本身亦有種種不可忽視的不可靠之處。

然則傳世的今本與出土的古本皆有其值得我們尊重的地方，而正可以用來相互校讎，以便斷定其之間的訛錯與正確的讀法如何。然而當我們遇到古今兩本有差異字時，是否有甚麼可靠的標準可用來判斷其之間的先後是非？針對此種問題，鮑則岳又提出一種極其有趣的論點：「當有兩個或兩個以上的可能性時，比較或最偏僻、最難懂的讀法最有可能是最原始的讀法」（以下此說簡稱之為「難懂讀法」之說）。這一借自西方文本學理論的原理儘管表面上似乎未合常識，然卻有其較難以否認的道理在，即：「難解的文字比較有可能被整理者換成一個比較容易懂的文字，反之則非常少見，甚至根本不存在。」㉓其實此種「難換成簡」的過程亦即王念孫所謂「因字之不習見而妄改」之類，祇是王氏並未將之說成一種牽涉到可能性問題的原理。毫無疑問，當我們校對文本時，這個原理確實值得謹慎考慮到，然同時也不可以一律根據此原理而行，因為它本身也有不少問題存在。

這些問題何在？最根本的，乃是假若將此原理的邏輯推到極點，豈不是說最晦澀難懂的文本才是最可靠的嗎？然而上面已論過，一般的校讎功夫的目標在於將底本中難以理解或根本不可通之處，以他本所提供的證據來找出合理的「致誤所由」的解釋以便加以糾正。當然此種錯誤偶而也是因為抄者之「不

㉑ 同前注，頁五二、五五。

㉒ 〔清〕嚴可均輯，《全漢文》（同注❼），頁三八二—三八三。

㉓ 鮑則岳，〈古代文獻整理的若干基本原則〉，頁五三。前一句翻譯為「讀法」的英文詞為「variant」，其實也許該譯為「差異字」比較恰當。然在此仍沿原譯。

習見」而誤將意思給簡化了，然往往此「不習」之結果是適將意思弄得更難懂而已。然則鮑則岳彼「難懂讀法」的原理，與傳統校勘學的假定基本上可說是相背而馳的。前者也許在西方文本學中算是一種比較可靠的原理，然而古代中文跟西文有兩種很大的不同點使得這種原理遇到困難，也就是字形之多而容易混淆以及假借字之普遍運用兩點。鮑則岳固不是不瞭解中文的這兩個特徵，然其對「難懂讀法」的定義似乎還是不够嚴謹的，尚有待於更清楚的交代。遇到假借字時，至少必須先說明最「原始」的差異字並不一定是最「正確」的。比如郭店〈緇衣〉中的「好美女好茲衣，亞亞女亞巷白」，比傳世《禮記》本固然難懂，而「原始」該是較原始沒錯。然而以後代的觀點來看，則反而並不如《禮記》本「正確」，因為需要通過「假借」的解釋方能讀通。不然，難道先秦儒家會勸我們「好美女」嗎？「亞女」指的是哪一種？所以必須依賴於我們對古文中通假習慣的理解以及傳世本所給予的信息才能尋出正確的讀法，知道「女」之讀為「如」、「亞」之讀為「惡」等。[24]又如郭店《老子》甲第十三簡曰：「道恆亡為也，侯王能守之，而萬物將自化」，而第十八到十九簡則曰：「道恆亡名……侯王如能獸之，萬物將自賓」（此外第二十四及第三十八兩簡亦借「獸」字以為「守」）。[25]然則郭店《老子》中，「守」字時而如本字寫出，時則借野獸之「獸」以為之，其異同間毫無深義，並無規律可尋，皆由抄者隨心任意去挑選。以難度而論，「獸」字既難寫，又難成文義，然而「獸」字焉有因此而居為「原始讀法」之理？「守」字則商代金文即已有之，且顯明較符合《老子》此數章原始的詞意，而郭店簡屢借「獸」字為之，可見古人通假之任意性，並說不出個所以然。[26]以上二例的讀法，想必鮑則岳亦不會有異言。然這種例子，與鮑則岳自己所認同為「難懂讀法」之例，不知有何種實質性的差異？如果有，則此差異在於何處，鮑則岳似乎尚可加以進一步的說明。

至於字形之混淆，則如「天」之誤作「而」、「夫」之訛作「天」等，楚簡中此種訛錯比比皆是。

㉗如此種差異，尚屬顯而易見之誤，而明明無法套上「難懂讀法」之理，因為其皆屬於所謂「非常少見」的易讀字反而變成難通字之例（其實凡是真正的「誤」改，往往便屬於此類，而鮑則氏所唱的「難改為易」者，則多屬王氏所謂「妄改」之類）。實際上，楚簡到處證實，此種狀況並沒那麼「少見」。然有時則情況並沒那麼清楚，以至於差異字之由來是否屬於形近而誤之類，或者其中孰正孰誤等都會成為問題。然而同樣地，亦不能因此而一律以「難懂讀法」之原理視為判斷其是非的一準圭臬。在此再舉一個較為複雜的例子來說明。

還是回到〈緇衣〉的首章。郭店〈緇衣〉首章的全文如下：

夫子曰：「好媺（美）女（如）好茲（緇）衣，亞（惡）亞（惡）女（如）亞（惡）遳（巷）白（伯），則民臧（臧〈咸〉）放而埅（刑）不屯。《寺（詩）》員（云）：「𢘓（儀）埅（刑）文王，萬邦乍（作）

㉔ 再舉一個英文例子來說明：假若有一個英文劇本有兩句寫著「她愛你，她想要跟你結婚」的意思，而後來出土了一個古本卻以不同拼法而寫之，則按照後來英文拼音習慣或許竟得理解為「她愛母羊，她缺乏兩隻愉快的母羊」的意思。那我們雖然會認為後者較原始，而不太可能會說後者因為較難懂而正確，王念孫也絕不會說前者是經過抄者的「妄改」。祇是英文中比較不可能會發生這種狀況（儘管古英文中不同拼法也不少）。然而類似的情況，於先秦古本中則屢見不鮮。

㉕ 前兩例分別相當於今本的第三七、三二兩章中文。甲本第二四簡文是「至虛極也；獸中篤也」（第十六章前半）；第三八簡文則是「金玉盈室，莫能獸也」（第九章）。

㉖ 這種假借的習慣可能也牽涉到裘錫圭所謂戰國時「同一個詞在不同的國家裡或用本字或用假借字，以及不同的國家裡使用不同假借字的現象。」見裘錫圭，《文字學概要》（北京：商務印書館，一九九八年），頁五七。

㉗ 郭店及上博簡中此種錯寫或誤摹的字例實在不少；可參看裘錫圭，〈談談上博簡和郭店簡中的錯別字〉，收入《新出楚簡與儒學思想國際學術研討會論文集》（廖名春編；北京：〔北京〕清華大學思想文化研究所、〔臺灣〕輔仁大學聯合主辦，二〇〇二年三月），頁一三—二五〔後刊於《華學》第六輯：二〇〇三年六月〕。

孚。」㉘

《禮記》本〈緇衣〉（第二章）則作：

子曰：「好賢如〈緇衣〉，惡惡如〈巷伯〉，則爵不瀆而民作愿，刑不試而民咸服。〈大雅〉曰：「儀刑文王，萬國作孚。」㉙

兩本頗有出入，而有些字的釋讀會影響到如何理解全文的意義。李學勤以及筆者自己都曾經寫過文章，認為傳世本在某些方面要比郭店本佳㉚；而李零、夏含夷等人則多依據郭店本，來判斷他們認定為今本之訛誤或甚至其妄改。上海博物館藏楚簡本出來後，亦給我們一些新的信息與新問題要考慮，然為了敘述的方便起見，茲將上海本移到後面再講，而先來分析郭店、《禮記》兩本之間的異同。

郭店本之於今本主要的不同點有三：⑴「好賢」作「好美」，且「茲（緇）衣」與「巷白（伯）」之前各多了一個「好」或「亞（惡）」字；⑵缺乏「爵不瀆而民作愿」七個字；⑶「刑不試而民咸服」作「民緘放而坓不屯」。第一點，李學勤已提出一些理由，認為今本勝於出土本；而至於第二點，是今本所加還是古本所漏，也是一個極其值得探討的問題；然這兩點並非本文所要論述，今不贅述本人之見。先就第三點加以分析。按，緘放二字，李零〈校讀記〉說：「疑上字是『咸』之誤，下字讀為『力』（是盡力、竭力的意思）」㉛；上博本前字正作「咸」，亦可證郭店本之誤。如此說來，「民咸放」與《禮記》本的「民咸服」可說是大同小異，指的皆是人民服從於君主而為之效力的理想結果。然則關鍵在於如何解釋君上之「好美惡惡」的另一個結果，即所謂「坓不屯」。一種辦法當然便是按照《禮記》本來作解釋。按，古文中「刑」、「型」、「坓」三個字形本來即是完全可以互用的。連《禮記》本所引的「儀刑文王」之「刑」，雖然明當「模型」之「型」來解，然還是以「刑」字寫之。然而其「刑不試」之「刑」，如同其前一章「刑不煩矣」及後一章「齊之以刑」之「刑」一樣，顯明當「刑罰」之「刑」解，而《禮記》本「刑不試」乃為「刑罰不用」之義。然如果郭店本「坓不屯」之「坓」亦可當「刑罰」之「刑」解，則「屯」字如何處理呢？一種較合理的答案便是，因為楚文「屯」作「」，而

㉘ 荊門市博物館編，《郭店楚墓竹簡》（北京：文物，一九九八年五月），頁一七、一二九。「放」字右旁的隸定是按照裘錫圭按語。

㉙ 〔清〕孫希但撰，《禮記集解》，頁一三二二。

㉚ 李學勤，〈論楚簡《緇衣》首句〉，收入廖名春編，《清華簡帛研究・第二輯》（北京：清華大學思想文化研究所，二〇〇二年三月），頁二〇—二二：Scott Cook（顧史考），"*The Guodian Laozi: Proceedings of the International Conference, Dartmouth College, May 1998* 書評，" *China Review International* 9.2（二〇〇二年春季）。以下的分析多已見於筆者彼文。筆者當時未得看到上博簡資料，李氏之文則已提到上博簡〈緇衣〉篇與郭、《禮》二本間的異同。李氏該篇的結論是：「出土的簡帛書籍固然是古本，但不一定甚麼地方都勝於今傳本。今傳本每每是經過歷史上的學者整理校定，也會有許多優長。我們在研究中還是要比勘各本，兼收並取，才能做到持平無誤」（頁二二），亦堪稱中肯之論。〔關於〈緇衣〉今古兩本的關係，亦可參邱德修，〈湖北郭店楚簡〈緇衣篇〉考釋舉例〉，收入國立臺灣師範大學國文學系主編，《紀念許世瑛先生九十冥誕學術研討會論文集》（臺北：國立臺灣師範大學國文學系，一九九九年六月），頁六五—八二。〕

㉛ 李零，〈郭店楚簡校讀記〉，收入陳鼓應主編，《道家文化研究》（北京：生活・讀書・新知三聯書店，一九九九年八月），頁四八五。亦可參同書的增訂本（北京：北京大學出版社，二〇〇二年三月），頁六五，補注二。周鳳五亦已將「放」字解釋為「以力服人」的專字：見周鳳五，〈郭店楚簡識字札記〉，收入《張以仁先生七秩壽慶論文集》（臺北：臺灣學生書局，一九九九年一月），頁三五一。

「試」之音符「弋」作「[illegible]」，二字形體相近，而顯然有因形近而誤寫之可能。㉜然則若將「屯」字視為「弋」字之訛，將「弋」讀為「試」，則郭、《禮》兩本實際上可說是基本無所不同。

然如此斷然了事之前，固然必須先考慮到其他的可能性。按李零的釋文，「坓不屯」直接寫成「型不頓」，而於其校讀中，說此「坓」「疑應讀為『型』」，因為他認為此字應當相應於下文所引《詩》文「儀型」之「型」才對；至於「頓」如何理解，則未加以說明。㉝夏含夷對於「型」字之讀法給予相同的解釋，認為此章所推崇的風行草偃之理，與刑罰之用並無所涉，而對「屯」字及「頓」的讀法則加以進一步的闡發，認為「弋」是訛字、「屯」才是正字，而讀為「頓」之「屯」該解釋為「壞掉」或「粉碎」的意思；即是說如果君上所好所惡懇切而彰明，他的「模型」（模範）就不會瓦解。㉞此種說法有其一定的理由，值得我們給予充分的考慮。然其中亦有可以商榷之處，而以筆者之見，終不如「刑不試」說之有道理可講。其一是〈緇衣〉篇的作者，本來就是把君上之彰好彰惡、風行草偃的道理，與刑罰之可錯而不用，視作一體的兩面；這便是（郭店本）第十二章的「教之以德」與「齊之以刑」之分，以及第十三章的「教之不成」則「刑罰不足恥」的關係。所以「刑」之「不試」與「文王」之「儀型」相提並論實際上是很有道理的，因而讀此「坓」為「型」雖有其可能，但卻也沒有必要。至於「型不頓」之說，則問題在於模型儘管可以「壞」，而不一定就可以「頓」。「頓」雖然有時被訓為「壞」，但此種「壞」有其限定的意義，也就是因受到磨損而變得不銳利的意思（與「鈍」字通）。泛覽先秦古籍，所有形容為「不頓」的物體都是兵刃、屠刀等刀刃類的物件。如《孫子兵法．謀攻》云「兵不頓，而利可全」，《戰國策．趙策三》引趙王云「不鬥一卒，不頓一戟」，以及《左傳．襄公四年》之云「師徒不動，甲兵不頓」㉟，皆是其例。因而，「型不壞」雖可通，而「型不頓」則似乎有點牽強，因為模型並不是銳利之物。

然而假如理解為「刑不試」呢？乍看先秦及西漢文獻，即可看出「不試」是一種比較普遍的詞語，經常與「不用」一語搭配，而通常指的是刑罰、兵器等霸道的工具。如《鹽鐵論·世務》載文學之形容王者至德之治時云「兵設而不試，干戈閉藏而不用」，或如《禮記·樂記》描述「樂達」之境云「兵革不試，五刑不用」，皆是如此。再者，這些例子如同〈緇衣〉一樣，是以刑罰（或兵戈）之不試用當作德教（禮教、樂教）的自然結果，其思路是完全一致的。此一點，《荀子·議兵》講得最清楚：「下之和上也如影嚮，有不由令者，然後俟之以刑。……是故刑罰省而威流，無它故焉，由其道故也。……傳曰：『威厲而不試，刑錯而不用』，此之謂也。」[36]此不但以刑罰之不試用視作德教的美好結果，而且所用的詞語與郭店儒書的習慣語相當接近：「下之和上也如影響」便是〈緇衣〉篇的基本論調，而「由其道」乃是郭店儒書中常見到的套語，指的即是以禮樂為中心的德教。[37]既是如此，則〈議兵〉篇所引用的「傳」語，與〈緇衣〉之旨並無二致，而如果說此「傳」指的乃是〈緇衣〉之類的傳統文獻，似乎也無所不可。然則「刑不試」的讀法，既是相當合理的，又有其他文獻可相對，則無非是一種極有說服力的解釋，而傳世本於此確實可說有其勝於出土本之處。

如此說來，「型不屯（頓）」無論如何要比「刑不試」難懂，那麼按照鮑則岳的原理，最「原始」

---

[32] 周鳳五及李學勤亦皆認為「屯」是「弋」之訛，然周氏則將此「弋」讀為「忒」（「差也，過也」），不讀為「試」；見周鳳五，〈郭店楚簡識字札記〉，頁三五一。

[33] 李零，〈郭店楚簡校讀記〉，頁四八五。

[34] 見 Edward L. Shaughnessy, *Rewriting Early Chinese Texts*，第二章。

[35] 此「甲」因連於「兵」方以「頓」蓋之，非謂鎧甲本身可「頓」。

[36] 〈宥坐〉篇亦云：「是以『威厲而不試，刑錯而不用』，此之謂也。」上下文與〈議兵〉篇亦相當類似。

[37] 請參本書第三篇〈戰國「民道」思想〉。

的讀法該是「型不頓」才對。的確，鮑則岳不但贊同李零及夏含夷的說法，而甚至認為凡是不以此「坓」讀為「型」者，都是受到了傳世本的欺騙而犯了一種莫大的方法上之錯誤。㊳這應該可說是他喜新厭舊之心理作怪所致。李、夏二氏之解說固然有其合理之處，提出來當作可能的讀法給大家參考是應該的，但絕沒有理由說一定得如此讀方可。因為上面已提過，漢字之於西文的一個大不同點在於其字形容易混淆，所以將「弋」寫成「屯」這一類的錯誤本是常有的事，並不能說傳抄者將容易懂的文字「換成」難解的文字是件「非常少見」、「甚至根本不存在」的事。鮑則岳「難懂讀法」之說最根本的缺陷在於，他並未如王念孫將「誤」改與「妄改」加以區分，以至於沒有充分考慮到中文所獨有的一些「致誤之由」。

最後，我們考慮一下〈緇衣〉首章的另一種解釋。上博楚簡此章與郭店本是大同小異的；以剛討論的本句而言，「藏」作「咸」，「旇」作「秀」，「坓」作「型」，而「屯」作「⿰屯刂」，與郭店此句相近。㊴上博簡蓋出於與郭店簡相同或相近的地帶，因而兩本的傳承關係亦該是相當的緊密，假若有相似的訛錯則一點也不足怪。然問題是加「刀」字旁該不是件偶然之事，那麼上博本「屯」字又何以从「刀」呢？顯然，从「刀」之字該與模型之毀損毫無所涉，然同時又難以解釋「試」所从之「弋」如何既訛為「屯」而又會加「刀」字旁。然則是否尚可另找答案？我們前面的討論都是以「弋」、「屯」二形之相訛做為假設，到現在尚未充分探討「屯」字通假的各種可能，因而也未曾考慮到二字是否代表意義相近之詞。其實《郭店楚墓竹簡》的編者本來即是採用此種解釋，將「屯」讀為「蠢」而又將後者訓為「動」，那就與「試」之義不遠；然此通假本身雖沒有問題（「屯」就是「春」的音符），而讀法卻似乎有點勉強。後來劉信芳依照王逸注《離騷》之「屯余車」所云「屯，陳也」之說，認為「刑不屯」即「刑不陳」㊵；而上博楚簡出來後，顏世鉉亦依此說而加以申論，說明「刑不屯」即指「不用刑之意」

（或「不宣示法律之事」）。㊶不知為何諸家未曾指出，「陳」（定母真部）與「屯」（定母文部）為雙聲旁轉字，則亦有通假的可能。因此，這種解釋可說是相當合理的，祇是並未說明此讀為「陳」的「屯」字如何可以从「刀」；豈是如「列」之从「刀」同理歟？此二種說法之外，也許尚可通過通假關係而找出另一種解釋，即是將「屯」（或加刀）字讀為「懲」。按，「屯」為定母文部，「懲」乃定母蒸部，即雙聲通轉字，雖韻部關係稍疏，然而仍在通假的範圍之內。「懲」之初文或从「刀」㊷，正與懲罰之義相符，因而「屯」字若能借為「懲」，則加一個「刀」旁也是合理的。《周易・繫辭下傳》引孔子之謂小人曰「不見利不勸，不威不懲」，《禮記・表記》引子曰「以德報德，則民有所勸；以怨報怨，則民有

㊳ 此話是按照其於二〇〇一年美國亞洲研究年會第十四會組「地下禮儀」（"Underground Ritual"）所發的討論人演講。〔本文寫完後，亦得讀鮑則氏最近在德國所發表的一篇有關郭店〈緇衣〉的論文。彼文中，他將「屯」譯為"blunted"，乃等於明認其為「變得不銳利」之義，然而還是認為此可用來形容「模範」而大概為該文「原始」的讀法：祇是這次說得沒那麼絕對。見 William G. Boltz, "*Liijih* 'Tzy i' and the Guodian Manuscript Matches," 收入 Reinhard Emmerich、Hans Stumpfeldt 編, *Und folge nun dem, was mein Herz begehrt: Festschrift für Ulrich Unger zum 70. Geburtstag* (Hamburg: Hamburger Sinologische Gesellschaft e.V., 2002 年 [Hamburger Sinologische Schriften 8])，頁二一六、二一八。〕

㊴ 馬承源主編，《上海博物館藏戰國楚竹書（一）》（上海：上海古籍出版社，二〇〇一年一月），頁一七四—一七五。按李學勤的「揣測」，「放」可能本是「服」字，而「因形近論為楚文字的『放』，又被誤認為『施』，轉寫為（聲音相近的）『勇』。」見其〈論楚簡《緇衣》首句〉，頁二一。

㊵ 劉信芳，〈郭店簡《緇衣》解詁〉，收入武漢大學中國文化研究院編，《郭店楚簡國際學術研討會論文集》（武漢：湖北人民出版社，二〇〇〇年五月），頁一六六。涂宗流與劉祖信也默襲此說，釋「屯」為「屯列，猶陳列」；見其〈郭店楚簡《緇衣》通釋〉，收入同書，頁一八二。

㊶ 顏世鉉，〈上博楚竹書（一）、（二）讀記〉，《臺大中文學報》第十八期（二〇〇三年六月），頁六—八。

㊷ 見何琳儀，《戰國古文字典：戰國文字聲系》（北京：中華書局，一九九八年九月），頁一四〇。

所懲」，而《管子．內業》亦云「賞不足以勸善，刑不足以懲過」，則「懲」本可視作「勸」之反面，而此「懲」之管道便是刑罰。然則在此種推測之下，〈緇衣〉的「刑不懲」當然不是說刑罰是不足以懲戒的，而祇是說由於風行草偃的效果，所以刑罰就用不著了，根本即沒有懲戒的機會（同樣的句法，或見於上博簡〈容成氏〉之形容堯之治：「賞不勸而民力，不刑殺而無盜賊，甚緩而民服」；「賞不勸」與「刑不懲」句法相同）。[43]這種說法當然祇是一種嘗試性的推測，但因為其剛好可與其他先秦文獻相對而提供一種較合乎情理的解釋，所以尚可算是值得錄以備一說。然而儘管如此，或終不如將「屯」字視為「弋」之訛之為合理易解。[44]

以上的種種解釋有一個共同之處，亦即其皆以傳世本〈緇衣〉所給予的信息為出發點來尋求一種合情合理的讀法。這是因為若是不顧及此種啟示，不但將難以入手，而且等於是拋棄了一種值得尊重的珍貴參考依據。我們當然不可排除正確而原始的讀法在於今本之外的可能性，然在尚未於「今讀」之外找出合理而有說服力的解釋之前，絕不能事先放棄今本而專以晦澀難懂而新穎的解釋為務。「𡉚不屯」之正解固然尚無定論，然而無論如何，當我們當作現代的古籍整理者而遇到相類的問題時，必須先進行一番「心齋」的功夫，將「喜新」與「守舊」之心一概屏除，而以實事求是為要，方可望於將錯誤當作錯誤，而不反被錯誤所誤。

---

43 〈容成氏〉簡六；見馬承源主編，《上海博物館藏戰國楚竹書（二）》（上海：上海古籍出版社，二〇〇二年二月），頁二五四。釋為「賞」之字，下从「貝」而上部與其他「賞」字不似；然李零注文云：「據上文第四簡『不賞不罰』，疑是「賞」字之誤」，似可從。

44 上博本「屯」字之有刀旁，可能是其既已訛為「屯」字而或被理解為「頓（鈍）」字之後才加的；缺乏更多證據，也難以判斷其「致誤之由」。

六、郭店楚簡儒家逸書的排列調整芻議（註）

壹、前言

於一九九三年湖北荊門郭店一號楚墓所出的戰國竹簡當中，約有三三〇枚長度均為三二・五釐米左右，而這一批簡又可以分為兩類。第一類約一三五枚，兩道編線間距為一三釐米左右，而且簡中內容與已存的文獻有所重複，自然很容易分成三篇，即〈緇衣〉、〈五行〉、與〈老子〉甲。第二類約一九五枚則兩道編線間距為一七・五釐米，內容則很明顯全屬於儒家思想一路，然而因為沒有其他成篇相同的文獻做證，此一組的編序（此時上博簡未出，故其中與〈性自命出〉大致相同的〈性情論〉未能提及。）與分篇都成為一個非常疾首的問題。整理過程中，當初編者試圖把這一組簡當做一大篇來綴連，後來對排列的次序有所調整，且按照字體、文義等因素把這一「篇」又分為四篇，即《郭店楚墓竹簡》一書所載的〈成之聞之〉（成之）、〈尊德義〉、〈性自命出〉、〈六德〉等四篇。

（註）本文一九九九年六月定稿；收入《中國典籍與文化》編輯部編，《中國典籍與文化論叢》第六輯（北京：中華書局，二〇〇〇年十月），頁二〇六—二一八。（此時上博簡未出，故其中與〈性自命出〉大致相同的〈性情論〉未能提及。）

由於郭店一號墓曾為盜墓者所擾亂，發掘時竹簡已經像一疊洗過好幾次的牌一樣，原來的次序已經幾乎不存在痕跡了。若以〈老子〉甲驗之，其竹簡出土號包括下面幾個：一二二；一三八—一四七；二一八；二二八—二二九；二四二—二四七，二四九；二五四—二五七；五一五—五一八；六二八，六三〇，六三四—六三五，六三八—六四三。雖然可以說在分散的情況下尚有些集中的部分，然而集中部分內的竹簡又是相當分散的。即是說，若是按照〈老子〉甲的正確次序來排，則出土號為：六三四、五一六、六三〇、一四〇、一四一、二三九、二五五等等，簡直是亂得不能再亂。其他篇與此一例。連有文獻可驗的要重新排列也已經是一樁很煩惱的事情，何況與此混在一起的一九五枚無法與已存的文獻成篇對應的、不知該分為幾篇的儒家逸書竹簡呢？談何容易！好比將屬於幾幅不同拼圖的拼圖片亂丟成一堆，狠狠地踩在上面，然後叫人家在幾個小時之內從新拼起來給大家看，這項工作實在非同小可。整理者能夠在短短的時間之內，將此批亂散的竹簡拼成這幾幅這麼完整、逼真的「圖畫」，其成果相當驚人，其功勞令人敬佩不已。

當然，竹簡整理工作要達到盡美盡善的境界，蓋尚需要一段時間，與更多人的努力方可。《郭店楚墓竹簡》一書出版後，海峽兩岸皆有學者從事於竹簡編序調整方面的工作。特別是就〈成之〉一篇，周鳳五與郭沂二位皆分別寫過專文，❷其中有幾個結論是不謀而合的，似乎可以印證兩位的思路是很正確的，其成果匪淺。此後陳偉也試圖就〈成〉、〈尊〉、〈性〉、〈六〉等四篇，做些彼此之間較大幅度的調整，他工作的成果也是相當有意義的。❸

筆者於一九九八年冬天初拜讀了周先生有關〈成之〉編序一文之後，便開始對此方面的工作感興趣。當初就〈成之〉的排列也提出了自己的一、兩個拙見，後來細讀了〈六德〉一篇之後，也頗感到其編序有調整的必要，便開始提出自己對此篇的一些想法。接著對〈尊德義〉、〈性自命出〉也有若干意見。至於四篇之間較大幅度調整的可能性，則筆者雖然認為很值得考量，而基本上仍保持著謹慎的態度，因為四篇竹簡的字體與書寫風格畢竟有所不同，不容相混（而如裘錫圭先生所說，〈性〉、〈六〉二篇的字體最相似，〈尊〉與〈成〉則各有其特點）。尤其是〈成之〉一篇，從其中某一些常用字的獨特寫法來看，其與其他篇的區別是一目了然的。例如「者」字，其他篇一般寫如「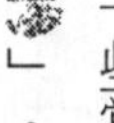」，此篇則多寫如「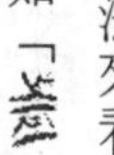」；「而」字，他篇一般寫成「」，此篇則都寫成「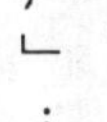」；「則」字，〈性〉與〈六〉都寫做「」，〈尊〉都寫做「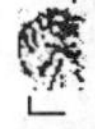」，此篇則一概寫做「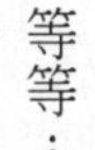」等等；除了「者」字的一、兩處，基本上都

❶ 荊門市博物館編，《郭店楚墓竹簡》（北京：文物出版社，一九九八年五月）。為了方便起見，本文一概採用《郭店楚墓竹簡》一書所定的簡號。

❷ 周鳳五，〈郭店楚簡《成之聞之》竹簡編序復原研究〉（初稿，未刊）；郭沂，〈郭店楚簡《天降大常》（成之聞之）篇疏證〉，《孔子研究》一九九八年第三期，頁六一—六八（亦載入《郭店楚簡研究》，《中國哲學》第二十輯〔瀋陽：遼寧教育，一九九九年第一期〕，頁二七八—二九二）。〔按，周氏彼文未刊，然其調整簡序後見周鳳五、林素清，〈郭店竹簡編序復原研究〉，收入周鳳五編，《古文字與古文獻》試刊號（臺北：楚文化研究會，一九九九年十月）。〕

❸ 陳偉，〈關於郭店楚簡《六德》諸篇編連的調整〉（待刊）〔按，後收入武漢大學中國文化研究院編，《郭店楚簡國際學術研討會論文集》：武漢：湖北人民出版社，二○○○年五月，頁六四—七四〕。筆者初稿寫完後，乃得讀陳偉此一文，並發現雖然其調整的方向與本文有所不同（其範圍亦大多了），然而不謀而合者亦有兩三處。本文在此相同或相似之處，以注腳的方式記之，並藉此表明雖然本是出於己意的，而既然別有言及之者，則大概可印證並非我各人之胡思亂想而已，而無論究竟是否正確，其中至少有一定的道理在。〔又按，關於筆者下面對〈六德〉篇之簡序調整，本篇當年投稿後幾個月，周鳳五、林素清的〈郭店竹簡編序復原研究〉（見前注）又出來，其中對〈六德〉之簡序與本文所論亦有部分相同之處，讀者亦可合看。〕

沒有一個例外。❹因此，這些特點毫無疑問的是很有助於將〈成之〉與其他三篇的竹簡區別開來。例如〈成〉簡三一至三二，即「天降大常」那段，從內容上看所講的「君臣、父子、夫婦」即是〈六德〉篇中的「六位」，那麼此二簡是否即該屬於〈六德〉呢？雖然似有可能，然而此二簡亦與同樣是講「天常」、「六位」的簡三七至四十又好像是屬於同一篇，而從該三枚中以特殊寫法出現的「而」（簡三七、三八）、「者」（簡三九）二字來看，該篇似當為〈成之〉無疑。這種情況表明，既不能光靠字體，亦不可能徒依內容，而必須二者兼顧方能就竹簡分篇的問題得到最合理的結論。❺

本文範圍很小，祇擬就〈六德〉等篇的竹簡編序提出一些經過了再三斟酌而得出來的拙見，以就正於讀者。蓋筆者從小即喜歡玩拼圖遊戲，如今雖早已過而立之年矣，而舊好未改，祇不過所玩者乃換成如竹簡排列、甚至諸子繫年之類的拼圖性學術項目而已。因而不揣淺陋，撰此小文，仰賴賢於己者加以指正焉。

貳、〈六德〉篇的排列調整二則

〈六德〉一篇目前的編序，基本上是可取的，《郭店楚墓竹簡》把簡一至簡五、簡八至簡十、與簡十三至簡四六分別繫連成三大段大概是正確的，沒有甚麼重新調整的必要（唯簡二二不知是否該屬於此位置，待考）。但是彼此之間的先後次序大概尚可加以釐定，而篇中有些散簡（或斷簡）似乎還可以與大段（或彼此間）繫連起來。經過己意而調整後的文句成為兩小段，在茲先列之於後，而個別加以解釋。❻

(1)簡六、七—一〇、四七、一—五

〔簡文〕：君子如欲求人道（六，下斷），〔□而不（或隔一簡）〕由其道，雖堯求之弗得也。生民（七，上斷）〔斯必有夫婦、父子、君臣：此〕六位也。有率人者，有從人者；（八，上斷）有使人者，有事人〔者；有教〕者，有學者：此六職也。既有（九）夫六位也，以任此〔六職〕也，六職既分，以別六德。六德者，（一〇）〔其為道也（？），大者以教〕人民，小者以修其身，為道者必由（四七，上斷）此。何謂六德？聖、智也，仁、義也，忠、信也。聖與智，就（雖）矣；（一）仁與義，就（雖）矣；忠與信，就（雖）矣。……（等等按照《郭店楚墓竹簡》原序至簡五底為止）❼

❹ 可以參看張光裕、袁國華編，《郭店楚簡研究．第一卷文字編》（臺北：藝文印書館，一九九九年一月），第一〇二五、一〇二六、〇一二八等條。〔郭店楚簡之字體分析，可參李零，〈郭店楚簡校讀記〉，收入陳鼓應主編，《道家文化研究》（北京：生活．讀書．新知三聯書店，一九九九年八月），頁四五九—四六〇；周鳳五，〈郭店竹簡的形式特徵及其分類意義〉，收入武漢大學中國文化研究院編，《郭店楚簡國際學術研討會論文集》（武漢：湖北人民出版社，二〇〇〇年五月），頁五七—五九；福田哲之，〈郭店楚簡『語叢三』の再檢討—竹簡の分類と排列〉，《集刊東洋學》第八六號（二〇〇一年十一月），頁一二二—一三七。周、李二文所分析的郭店簡四類或五類字體當中，〈成〉、〈尊〉、〈性〉、〈六〉等四篇皆歸為同一類字體，蓋自其同者而視之也。〕

❺ 〔針對筆者此所論，陳偉有所反應，可參：見陳偉，《郭店竹書別釋》（武漢：湖北教育出版社，二〇〇二年十二月），頁九〇—九六。〕

❻ 除了一、兩處之外，所引釋文全是按照《郭店楚墓竹簡》一書與其中的「裘按」語。為了方便起見，在茲盡量採用通行文字。釋文中的小體數字代表《郭店楚墓竹簡》原有的簡號；方形括號代表因闕文而補的文字；大圓形括號內為可能通假的字。

❼ 〔筆者於簡六後本來祇補「而不」二字，然實該補三字，今以「□」來增補一字之位。第九簡「教」、「學」二字本篇原缺，今依陳偉說而補（見其〈郭店楚簡別釋〉，《江漢考古》一九九八年第四期）。〕

〔解釋〕：〈六德〉篇是以何章何句開頭的很難知道，但至少知道簡一顯然不是本篇的首簡（《郭店楚墓竹簡》已以「……」的符號表明了這一點），而且似乎應該將簡一至簡五這一段移到簡十的後面為宜（說見下）。當然，不能完全排除本篇的開頭被排列到其他篇之內或根本就已散佚的可能性，但如果限於「本篇」的範圍之內求之，似乎以「君子如欲求人道……」為最合理的選擇（雖稍嫌有點突兀）。然而此簡（簡六）為斷簡，祇存上面一小部分，接下來的是哪些文字很難確定。大概因為祇存下半部分的簡七亦講「道」、講「求」，所以《郭店楚墓竹簡》才將這兩簡排在一起，然而為了謹慎起見，並沒有合併成一簡。假如要排成同一簡，則二者之間祇差三個字之距離，❽而裘錫圭先生已經指出「由」上當有「不」字才是，那麼其前一字似乎該為「而」一類的虛詞較有可能。問題是，這樣讀起來有沒有甚麼道理？雖然有點重複之嫌，然而說是說得通，即可以如此解釋：「君子如果想要尋求治人之道，然而不按照人之本性所必然而走之道來求之，則就算像堯那種聖智的人要如此求也是求不到的。」在〈六德〉篇之內，「其道」指的當然即是「六位」、「六職」、「六德」的人倫規範之道，不過與強調禮教、樂教的〈尊德義〉，和強調「窮源反本」的〈成之〉亦有所輝映，如：「不由其道，不行」（〈尊〉三），「聖人之治民，民之道也」（〈尊〉六），「上不以其道，民之從之也難」（〈成〉一五）等。蓋「由其道」為當時用語，意思為「以正當的道理而為」，因而《呂氏春秋．功名》竟然是以此語開頭的：「由其道，功名之不可得逃，猶表之與影，若呼之與響」；《呂氏春秋．貴當》亦有類似的首句：「名號大顯，不可彊求，必繇其道」，且以「彊求」與「繇其道」相對。❾因此，〈六德〉若也是如此開頭的也似乎為不足怪的。

那麼人民之道如何？此乃從人類所必然而然的講起，即：「生民〔斯必有夫婦、父子、君臣；此〕六位也」（此簡八祇存下半，上半十字依裘錫圭所補）；人類既然如此在倫理關係上有必然的定位，那麼君民者乃不得不順著這個道理而為。❿「生民」既然有此必然的六位，就不得不各自有所分配的相輔相成的六種職責，即「率」、「從」、「使」、「事」等等。那麼「既有夫六位也，以任此〔六職〕也，六職既分，以別六德」（「別」字依李學勤先生說）。值得注意的是，按照自然的文勢來讀，似乎文章到了此處才第一次介紹「六德」這個觀念，即「六位」之「有」與「六職」之「分」的邏輯性結果。若是依目前的安排將簡一至簡六、即說明「六德」的那一段留在本段的前面，那麼在文勢上似乎有所顛倒，因而將之移到此段後面為宜。⓫然而問題是，若是將簡十與簡一直接連在一起，那麼祇能讀如「六德者，此何謂？六德：聖、智也……」，極為不順，古代漢語恐怕無此讀法，其間本來必有其他簡夾入才是。那麼本篇之內有沒有哪一枚可以解決這個問題的呢？請先看簡四七至四八那一小段：「……人民少者，以修其身。為道者必由（四七，上斷）此。親戚遠近，唯其人所在。得其人則舉焉，不得其人則止也。（四八）」大概如此安排是因為「為道者必由」與「此」相連很自然就能順利通讀，但是這裏就有兩個可疑之處：第一是「人民少者，以修其身」一句文不成義；第二是從內容上講兩簡之間看不出甚麼關係來。

❽〔本篇原云「兩個」字，見前注；今改正。〕

❾ 又如《孟子・滕文公下》講「仕」：「古之人未嘗不欲仕也，又惡不由其道；不由其道而往者，與鑽穴隙之類也」，或《論語・里仁》子曰：「富與貴，是人之所欲也；不以其道得之，不處也。貧與賤，是人之惡也；不以其道得之，不去也」，等。（「由其道」之含義，詳本書第二篇〈戰國「民道」思想〉。）

❿ 先講明人類之必然，再據此論治理人民之正道，為先秦諸子中偶見的修辭手段，如《荀子・樂論》：「夫樂者、樂也，人情之所必不免也。故人不能無樂，樂則必發於聲音，形於動靜；而人之道，聲音、動靜，性術之變盡是矣。故人不能不樂，樂則不能無形，形而不為道，則不能無亂。先王惡其亂也，故制雅頌之聲以道之……」

⓫ 廖名春，〈荊門郭店楚簡與先秦儒學〉（收入《郭店楚簡研究》，《中國哲學》第二十輯〔瀋陽：遼寧教育出版社，一九九九年一月〕），頁六二，亦有類似的主張，祇不過尚未進一步說明為何要如此安排罷了。

此句本來的句讀應該是「（大者以教）人民，少（小）者以修其身」，⓬是很廣泛地講某一個概念的用處，而就因為其有如此之用處，所以「為道者必由此。」恰如簡四八一樣，簡一也是以「此」開頭的，那麼若是將簡四七移到簡十與簡一之間，所講的概念乃就是「六德」，而整個文勢便讀得很順：先介紹「六德」，再講其大用，然後再說明其細目，即聖與智、仁與義、忠與信（「就」字可讀如「讎」是裘錫圭先生向我提示的，意思大概是「為一對的。」）。⓭本段開頭以必「由其道」之說，此處乃接著以「為道者必由此」，乃算是給了君子所「求」之「人道」以答案。

「六位」、「六職」、「六德」為〈六德〉篇的特殊用詞與概念，在此附帶地講一下其與其他先秦儒家著作的關係。眾所周知，先秦儒家文獻中強調夫婦、父子、君臣等倫理關係者到處可見，而僅以此三對並稱者有如《禮記．哀公問》：「公曰：『敢問為政如之何？』孔子對曰：『夫婦別，父子親，君臣嚴。三者正，則庶物從之矣。』」；《禮記．昏義》：「男女有別，而后夫婦有義；夫婦有義，而后父子有親；父子有親，而后君臣有正。故曰：昏禮者，禮之本也。」；《荀子．天論》：「若夫君臣之義，父子之親，夫婦之別，則日切瑳而不舍也。」等。然而《禮記》、《荀子》二書多以「兄弟」夾入此三者之中而並不拘於「六位」之數。⓮以六為倫理關係之數目者可能祇有《呂氏春秋．處方》：「凡為治必先定分，君臣父子夫婦。君臣父子夫婦六者當位，則下不踰節而上不苟為矣，少不悍辟而長不簡慢矣」，是既講「六者」，又講「當位」的。此外，除了講易卦或醫學的六位者不算，古代文獻中以「六位」為詞者似乎祇有晚出的《莊子．盜跖》一篇：「子張曰：『子不為行，即將疏戚無倫，貴賤無義，長幼無序；五紀六位，將何以為別乎？』」唐代成玄英《疏》云：「『五紀』，祖父也，身子孫也，亦言金木水火土五行也，仁義禮智信五德也。『六位』，君臣父子夫婦也，亦言父母兄弟夫妻。」陸德明《釋文》亦云：「『六位』，君臣父子夫婦。」以文義來看，成、陸二家完全可從，祇不過不知其解釋「六位」是以何為據的？無論如何，「六位」在古代文獻當中是極為罕見的一詞，因此若是上面所講的〈成之〉篇中出現「六位」一詞的竹簡確實屬於該篇沒錯，那麼似乎足以證明〈成之〉與〈六德〉兩篇有非常密切的關係。

至於「六職」與「六德」這兩個用詞，先秦至兩漢的文獻當中雖然也出現，然而其意旨則基本上都不同於本篇。前者指的是「治職、教職、禮職、政職、刑職、事職」（見《周禮・天官・冢宰》）或「六府」（司土、司木、司水、司草、司器、司貨）所典司的六種職務（見《禮記・曲禮下》）。後者則有如「知、仁、聖、義、忠、和」（《周禮・地官・大司徒》）；「信、仁、智、勇、衷、淑」（《國語・楚語下》）；「道、仁、義、忠、信、密」（賈誼《新書・道德說》所論的「德之六美」），等等。其中以《周禮》所述的「知、仁、聖、義、忠、和」顯然為與本篇的關係最大的，祇不過是「和」與「信」的不同，而若是以「和」來代替「信」之為「婦德」，從意義上並無所不可。

但是與〈六德〉篇的關係最為密切者，則似乎當推《大戴禮記・本命》：

> ……知可為者，知不可為者；知可言者，知不可言者；知可行者，知不可行者。是故，審倫而明其別，謂之知，所以正夫德者。
>
> ……參之而後動，可驗而後言，宵行以燭，宮事必量，六畜蓄於宮中，謂之信也，所以正婦德

---

⑫ 陳偉，〈《六德》諸篇〉（見注❸）亦對此句的標點提出類似的修正，不過對此枚位置的安排則與本文不同。（此處所補「教」字，陳偉補「治」，或是。）

⑬ （依周鳳五說，此釋「就」之字或亦可譯為「通」。）

⑭ 其他相關的例子可以參看廖名春，〈荊門郭店楚簡與先秦儒學〉，頁六二—六五。

也。

既以「智」為「夫德」，又以「信」為「婦德」，與〈六德〉篇恰好相當。除此之外，唯有《禮記·郊特牲》亦講「信，婦德也」，其他先秦至兩漢的文獻中並沒有提到「君臣父子夫婦」之「德」為如何者。〈六德〉與此種種文獻的關係究竟如何，在思想史上為一個相當有意義的命題，但因為非本文的重點所在而不在茲贅述。

(2)簡四八、一二、一一

〔簡文〕：……此。親戚遠近，唯其人所才（在）。得其人則舉焉，不得其人則止也。（四八）雖在草茆（茅）之中，苟賢（一二，下斷）〔則必〕賞慶焉，知其有所歸也。材（一一，上斷）……

〔解釋〕：簡四八已經在上面提過，本來是與簡四七相連的，現在已將後者移到簡一的前面，則前者該接在哪一枚之後，目前不得而知，暫且存疑。然而後面本來亦沒有下文接連的此簡，反而似乎可以用本無所屬的簡一二當之；而簡一二此一斷簡，又似乎可以用本來獨立的簡一一為其下半簡。⑮既然是「唯其人所在」，那麼自然「雖在草茅之中」的賢者是一定要抬舉的，⑯亦即是要先加以「賞慶」來勸這些賢者歸屬於我也（或者使人民知道要「歸於善」）。當然「賞慶」一詞的對象多半是指已經有功勞的臣子或軍人，然而當時亦有所謂「賞賢使能」、「爵服賞慶」而「天下歸之」的說法（見《荀子·王霸》），則「賢」者即可以「賞慶」，不必待有功勞而後行之，此亦乃所以尚賢而富國的主要道路。

至於此小段在〈六德〉篇當中該屬於哪一部分，是否可與講「君德」的那一段連在一起，以現存的竹簡來看很難以進一步確定，在此祇好存疑。

參、〈尊德義〉篇的排列調整一則

〈尊德義〉一篇，以《郭店楚墓竹簡》目前的排列而言，由二枚竹簡以上連接起來的共有八段（最長的有十枚），亦有單簡三枚；各段之內的排列是完全可取的，但是段與段之間的先後次序極為難定。比如，簡三〇目前安放在簡二九之後，但並沒有排列成同一段，因為沒有甚麼必然的關係。假如將此簡接到簡一一之後，即「……善取，人能從之，上也。（一一）故為政者，或侖之，或羕之，或由中出，或設之外，侖求（?）其類（三〇）」，好像也無所不可，但這種排列同樣是沒有甚麼必然的，因而無法確定孰是孰非。然而其中至少有下面一種調整則是應該可以肯定的：

(1)簡二六—二七、一二—一六

〔簡文〕：……民五之方各（挌），（二六）十之方静（爭），百之而後服。善者民必福，福未必

---

⑮ 陳偉，〈《六德》諸篇〉（見注❸）亦將簡一二接在簡四八之後，不過將簡一一則另做安排。該文亦將《郭店楚墓竹簡》所姑且隸定為「山岳」二字改定成「草茅」二字，蓋可從，這一詞亦在〈唐虞之道〉出現，意思大概與「陋巷」差不多。〔按，陳偉此說已見其〈郭店楚簡別釋〉（見注❼），今從改。〕

⑯ 〔「才」字，陳偉〈《六德》諸篇〉（見注❸）讀「裁」，筆者如今已傾向於採此說，然今此仍其舊。〕

和，不和不安，不安不樂。（二七）善者民必眾，眾未必治，不治不順，不順不平。是以為政者教道（一二）之取先。（等等至簡一六底為止）

〔解釋〕：《郭店楚墓竹簡》本來將簡一一放在簡一二之前（但也沒有連成同一段），是因為兩者都是講「善」的；若是要直接連讀其實也是很順的。但是簡二七與簡一二講「善者」的那兩句，其為對文則是不言而自明，似乎應該連接起來才是。⑰值得注意的是「不安不樂」一句頗有似於〈五行〉篇的「不安不樂，不樂無德。」二篇均著重於「德」教以及「樂」的概念，而且如「不安不樂」之類的句子在其他古代文獻中也找不到第三例，此又似乎足以說明此兩篇的關係是非同小可的。

肆、〈成之〉篇的排列調整一則

如上面所述，〈成之聞之〉一篇的排列早已為周鳳五、郭沂二位所調整過的，其成果都是相當大的，把該篇所存的問題大部份已經解決了，讀者請參看彼文（另請參本書第八篇筆者之新補充）。⑱吾初拜讀了周先生大文，且仔細斟酌其內容後，便向周先生提出一個補充性的意見，今列之如下：

⑴簡二〇、三四—三六

〔簡文〕：……是故欲人之愛己也，則必先愛人；欲人之敬己也，則必先敬人。（二〇）君子衽席之上，讓而坐幼；朝廷之位，讓而處賤；所宅不遠矣。小人（三四）不逞人於刃（恩），君子不逞人於禮。津梁爭舟，其先也不若其後也。言（三五）語告之，其勝不若其已也。君子曰：從允釋過，則先者（諸？）余，來者（諸？）信。（三六）⓳

〔解釋〕：簡二〇本來就排為一大段的尾簡，簡三四至簡三六亦列為獨自的一小段，今將此二者合併起來。後者之禮讓，正是前者之「愛人」與「敬人」的表現；前者講的是要「先愛」、「先敬」，因而後者乃講的是「其先也不若其後也。」二者之關係極為密切，因此將之連在一起。⓴

⓱ 陳偉，〈《六德》諸篇〉（見注❸）亦有如此的調整。陳氏對此篇亦有別的值得參考的大見，如將簡二八接在簡一六的後面，即：「……先之以德，則民進善安（一六）為（化）。故率民向方者，唯德可……（二八）」，等。見該文第四節。〔按，基於彼段韻讀的考慮，陳氏此說似乎還是比較難以成立，詳情見本書第七篇〈讀〈尊德義〉札記〉第二節第四條。〕

⓲ 周、郭兩篇論文（見注❷）大體上是大同小異的，不謀而合之處居多。然而相同者之外，周鳳五一文又有一條是特別值得注意的，即是先將簡二一—二三那段之內的順序調為簡二二、二三、二一，然後再將整段接到簡二六—二八那段之後，而有如此一大節以後，便好理解所謂「疾之」之目的乃是為了達到「聖人」之境的。〔按，筆者對此幾枚簡之排序已有新說，見本書第八篇〈〈成之〉等篇雜志〉第二節第一條。〕

⓳ 〔「幼」字本篇原缺，今依多位學者之說而補；「刃」字原讀「仁」，今依陳偉說改；「語告之」三字誤漏，今補，「告」字參陳劍（讀「鞫」）與劉釗之說。末句之可能釋讀，參本書第八篇〈〈成之〉等篇雜志〉第二節第一條，今此仍其舊。〕

⓴ 陳偉，〈《六德》諸篇〉（見注❸）亦有如此的排列，見該文第五節。〔按，王博亦有同樣的說法，見其〈關於郭店楚墓竹簡分篇與連綴的幾點想法〉，收入《郭店楚簡與儒學研究》（《中國哲學》第二十一輯），頁二四七—二六二。至於〈性自命出〉一篇，本篇本未敢作過調整，而現在上博楚簡本出後，可藉以參照而得知〈性自命出〉確實沒有調整的必要。〕

伍、結　語

〈六德〉、〈尊德義〉、〈成之〉、〈性自命出〉等四篇，以及〈緇衣〉、〈五行〉等文，究竟是出於何時、何人之手，與子思、公孫尼子等思想家有何種關係，自然為學術界一項重要的命題，然而非本文的範圍所及，筆者將在別處論之（即本書第三篇）。但至少有一點是可以先加以肯定的。如〈緇衣〉、〈尊德義〉、〈成之〉皆有「上好此物也，下必有甚焉者矣」或極其類似的一句話，亦皆著重於禮教而對刑罰表達貶意；〈五行〉與〈成之〉一樣重視「天德」概念，與〈尊德義〉則同樣強調「樂」與「德」的關係；〈成之〉與〈六德〉均講到「六位」的觀念，等等；而此種種在其他先秦文獻當中多半都是罕見或根本就找不到的。這些現象，除非是出於莫大的巧合，則自然是意味著這幾篇彼此之間的關係實在是密不可分的，此則不可不察也。思想史上的大學問，需要奠定於踏實的小學基礎之上方能順利前進，故筆者撰此小文，想為後者錄以備一說而已矣。然而學識淺陋，不當之處在所難免，仰賴讀者賜教。

七、讀〈尊德義〉札記（註）

壹、前言

《郭店楚簡》儒家佚書中，共有四篇長度均為約三二·五釐米、兩道編線間距約一七·五釐米之竹書，即〈成之〉、〈尊德義〉、〈性自命出〉及〈六德〉四篇。如本書第六篇所述，從內容上看，四篇之間似乎皆有或多或少的關聯，且與若干儒家傳世文獻關係密切，同時亦有彌補遺缺的可貴作用，對戰國時代儒家思想史研究的意義巨大，因而頗為引起學者的注意。〈尊德義〉一篇思想內容之豐富不在其他三篇之下，然而因為難識莫名之字特多，且竹簡排列順序亦有不少不明之處，因而其思想內涵至今仍然無法澈底理解。文物出版社《郭店楚墓竹簡》之編者的釋文及裘錫圭先生的按語本已解決了不少問

（註）本文初篇首次發表於二〇〇三年十月香港中文大學：收入張光裕主編，《第四屆國際中國古文字學研討會論文集：新世紀的古文字學與經典詮釋》（香港：香港中文大學中國語言及文學系，二〇〇三年十月），頁三一九—三二九。其後則又增補第五條及若干注腳及某些遺漏或未及收進論文集之處，以〈讀〈尊德義〉札記（增訂篇）〉為題而收入楚文化研究會編，《楚文化研究論集》第六集（武漢：湖北教育出版社，二〇〇五年六月），頁五三八—五五一。

題❶，後來又有一些專家著有文字考釋方面的論文，其中偶有幾條提及〈尊德義〉，亦給予若干重要的補充解釋。李零的〈郭店楚簡校讀記〉則對整篇提供了一個新的釋文❷，而後來陳偉的〈郭店簡書《尊德義》校釋〉又以專文的形式集合諸家所得而又補以許多自己的見解❸，均對於〈尊德義〉一篇的釋讀有重大貢獻。今筆者試圖在諸位學者所奠定的基礎之上，以微薄之能就〈尊德義〉篇之釋讀提出一些新的看法，但願其中一二將稍有參考價值耳。

就竹簡編序方面而言，〈尊德義〉篇簡與簡不可明確接連之處甚多。《郭店楚墓竹簡》所排列之順序，在此限度之內基本沒甚麼明顯的問題，惟如陳偉、李零及筆者本人所指出過，第一二簡該排於第二七簡之後，將簡二六—二七、一二—一六視為一段，此外則雖多有其他排列調整的可能，然似乎均無法十分確定。❹李零所謂的編序，又將簡三〇移至簡三九之前而將兩者視為最後一段，而將簡二八—三八(除簡三〇外)提到簡一一與簡一七之間。陳偉則將簡二六—二七、一二—一六那一段接於簡一一之後，再將簡二八—三八接於簡一六之後，而又將簡二四—二五夾在簡二九與簡三〇的中間；此外又將簡一七—二三移至簡三九之後，而將〈六德〉篇第四九簡接於簡二三之後以為〈尊德義〉的最後一句。❺本文則如陳氏將簡三九那一簡排在簡一七之前，而又依李氏之將簡二八—三八中的第三〇簡拿掉而移至別處(姑接於簡一一之後)；不同的則是將簡三九、一七—二七、一二—一六那一大段放在簡一一(再加簡三〇)之後，而雖然簡二八如此乃接於簡一六之後，而不像陳氏之將兩者同屬一段(見下)。其他則均依《郭店楚墓竹簡》的順序。然則本文調整後的順序為：簡一—一一、簡三〇、簡三九、簡一七—二七、簡一二—一六、簡二八—二九、簡三一—三八。❻然而本文的重點不在於其編序而在於其文字的釋讀，以下則按照調整過的順序就其中幾條文句加以新的解釋。

貳、新釋讀若干條

下面逐條說明中的簡號均依《郭店楚墓竹簡》原序的簡號。

(1)「濟紛亂，改忌勝，為人上者之務也。」

〈尊德義〉簡一：

畬（尊）德義，明乎民侖（倫），可以為君。濉（濟）忿（紛）䜌（亂），改慎（忌）勝，為人上者之敄（務）也。（一）

---

❶ 荊門市博物館編，《郭店楚墓竹簡》（北京：文物出版社，一九九八年五月）。此書釋文由彭浩、劉祖信及王傳富所定。下面凡稱「《郭店楚墓竹簡》」則專對此書而言，云「《郭店楚簡》」則泛指該批竹簡本身。

❷ 李零，〈郭店楚簡校讀記〉，收入陳鼓應主編，《道家文化研究》（北京：生活·讀書·新知三聯書店，一九九九年八月），頁四五五—五四二。

❸ 陳偉，〈郭店簡書《尊德義》校釋〉，《中國哲學史》二〇〇一年第三期（總第三五期；二〇〇一年八月），頁一〇八—一二〇。

❹ 李零之調整見其〈校讀記〉（同注❷），頁五二一。陳偉第一次的調整見其〈關於郭店楚簡《六德》諸篇編連的調整〉，收入武漢大學中國文化研究院編，《郭店楚簡國際學術研討會論文集》（武漢：湖北人民出版社，二〇〇〇年五月），頁六四—七四；陳氏後著〈郭店簡書《尊德義》校釋〉（同前注）之編序承此前著而稍有不同。拙著則見本書第六篇〈排列調整芻議〉第三節。

❺ 此依陳氏之後著（同注❸）。

❻〔筆者如今於簡序上已另有所調動，且姑如陳偉說而將〈六德〉第四九簡接於〈尊德義〉第二三簡後。然於本篇所論並無直接關聯，今不贅言。〕

「⿰氵⿰舟隹忿⿰糹絲」，茲釋為「濟紛亂」，與前人解釋不同。頭一字，《郭店楚墓竹簡》隸定為「⿰氵⿰舟隹」，未提出解釋。顏世鉉最初提出說法將此字讀為「推」，即「退」、「排」之意，而將「⿰糹絲」（來母元部）一字讀為「⿰氵懣」（明母元部）（依周鳳五就郭簡〈性自命出〉篇中「⿰糹絲」字的解釋），將「推忿⿰氵懣」解釋為「排除內心忿⿰氵懣的情緒。」❼李零則將「⿰氵⿰舟隹」字釋為「濩」字省體（匣母鐸部），讀為「去」（溪母魚部），而將「⿰糹絲」字讀為「戾」（來母質部〔或按李氏音讀為來母月部〕），全句讀為「去忿戾。」❽陳偉接受李氏「忿戾」之說，而將「⿰氵⿰舟隹」則釋為⿰氵⿰舟隹，即「睢水之名本字」，在此讀為「沮」，即「終止、阻遏之意。」❾前此，何琳儀、顏世鉉皆不謀而合，指出「津」字《說文》古文作（「从舟、淮」，或依段注為「進省聲」），與簡文之體極近。何、顏二氏亦均將此「津」（精母真部）讀為「盡」（從母真部），說「盡」可有「止」、「絕、除」等意，而將「盡忿⿰氵懣」解為「抑止憤怒」或「去除內在忿⿰氵懣的情緒。」❿

按，「⿰氵⿰舟隹」一字，顏氏初說讀為「推」，李氏釋為「濩」、讀為「去」，雖皆可通，但不好解釋此「推」或「去」何必寫得那麼複雜。陳氏以「睢水」之字借為「沮」之說則較能說明此問題，但該字是否从「且」卻無法成為定論（而至於从舟抑是从肉，楚系文字中亦有「肉」、「舟」相混之例）。⓫何氏之解及顏氏後說頗有銳見，因為該字與《說文》「津」字古文確實十分相似，只是雖然與「盡」字聲近，而將「盡」字解為「抑止」或「去除」之意稍嫌未當。吾意為該字从舟、隹、水並不誤，然而在此不一定該釋為「津」字，而可能應釋為「濟」字才是。「濟」字从水、齊聲，本為水名，但後亦借為「渡口」及「渡河」之意，而渡河則須用船，故其字可加「舟」字旁，與「津」字（亦即渡口）古文之道理一樣。「濟」字為精母脂部，在此若換了個聲符為「隹」，即章母微部，乃是鄰紐旁轉，聲音可通假⓬（且不像「津」字〔精母真部〕之以「隹」為「進」省聲，而可直接以「隹」為聲符）。其實「濟」、「津」二字亦似本可相

通，若《尚書・說命上》云「若濟巨川用汝作舟楫」，《國語・楚語上》則引武丁曰「若津水用女作舟」，是其例。⓭

---

❼ 顏世鉉，〈郭店楚簡淺釋〉，收入《張以仁先生七秩壽慶論文集》（臺北：臺灣學生書局，一九九九年一月），頁三九三。周鳳五之說，見其〈郭店楚簡識字札記〉，收入《張以仁先生七秩壽慶論文集》，頁三六〇。何琳儀亦讀「忿懣」為「憤懣」：見何琳儀，〈郭店竹簡選釋〉，《文物研究》總第一二輯（一九九九年十二月），頁二〇二。本文所有音讀皆依郭錫良，《漢字古音手冊》（北京：北京大學出版社，一九八六年十一月）。

❽ 李零，〈郭店楚簡校讀記〉（同注❷），頁五二一、五二三。

❾ 陳偉，〈郭店簡書《尊德義》校釋〉（同注❸），頁一〇九。

❿ 見何琳儀，〈郭店竹簡選釋〉（見注❼），頁二〇二；顏世鉉，〈郭店楚簡散論（三）〉，《大陸雜誌》第一〇一卷第二期（二〇〇〇年八月），頁三〇（七八）。

⓫ 見滕壬生，《楚系簡帛文字編》（武漢：湖北教育出版社，一九九五年七月），〈序言〉頁四一。

⓬ 其韻部可通該沒問題，如《詩經・大雅・公劉》云：「篤公劉，于京斯依，蹌蹌濟濟，俾筵俾几，既登乃依」，「濟」、「几」（脂部）與「衣」、「依」（微部）為韻，是其例。脂微旁轉之同源字亦不少，如「饑」（見母微部）與「飢」（見母脂部）、「覬」（見母微部）與「冀」（見母脂部）、「媲」（滂母指部）與「妃」（滂母微部）等；見王力，同源字典（臺灣版；臺北：文史哲出版社，一九九一年十月），頁三九三—三九四、四二六。「齊」（從母脂部）與「隹」字聲系之關係又有如《廣雅・釋詁三》云「擠，推也」，或可視為聲訓。又《楚辭・九思・憫上》云：「魁壘擠摧兮常困辱」，「擠摧」即朱駿聲所謂「疊韻、連語」（見〔清〕朱駿聲，《說文通訓定聲》第十二，頁五三（北京：中華書局，一九八四年六月，頁五八一〕）。且聲母方面，「隹」字聲系本身即有舌音與齒音兩種。前者如「隹、錐、騅、誰」（舌面音）及「推、椎、堆、碓、魋」（舌頭音）；後者如「崔、催、摧、雖、睢」（齒頭音）（此外，亦有喉音，「淮」字即其例；然據高本漢之說，此字可能是會意字〔見瑞典高本漢著，陳舜政譯，《先秦文獻假借字例》（臺北：中華叢書編審委員會），頁一五〕）。然則「隹」之可代「齊」而為「濟」字聲符該沒問題。

⓭ 見高亨，《古字通假會典》（董治安整理；濟南：齊魯書社，一九八九年七月），頁八四。韋昭注此句曰「喻遭津水」，似以「津水」當洪水而言，與下句「若天旱，用女作霖雨」為對；然並無必要如此讀（前文「若金，用女作礪」亦非指自然災害），而「津水」一詞亦無他例可證，似以相當於〈說命〉之「濟巨川」為佳。

此說若能成立，則「忿緐」二字似該讀為「紛亂」較妥。按，顏氏及何氏「忿懣」之說，於聲極近，且於意也妥，也許並不誤；祇是「忿懣」（或「憤懣」）一詞雖於後代常見，但於先秦文獻中幾乎沒有前例。⓮至於李氏「忿戾」之說，於聲音亦可通，於意義也有道理，然而「忿戾」一詞雖於先秦文獻有兩例，但亦堪稱罕見。以「紛亂」為詞組雖也遲至《戰國策》才見，然而「紛」與「忿」均為滂母文部，「亂」與「緐」亦皆為來母元部（此「緐」視與「鑾」同），聲音完全一致，且「紛」與「忿」本即可通假，而「亂」與「緐」二字聲系亦有通假之例。⓯再說《孫子兵法·勢》云：「紛紛紜紜，鬥亂而不可亂也」，則已以「紛」來形容「亂」。《戰國策·趙策三》則引魯連之言曰：「所貴於天下之士者，為人排患、釋難、解紛亂而無所取也。」⓰彼以「解紛亂」為士者所貴，此則以「濟紛亂」為人上者之務。且「濟亂」一詞亦於先秦文獻中偶見，如《管子·君臣下》所云：「施舍優猶以濟亂，則百姓悅。」⓱然則此「濟紛亂」，或乃解紛救亂之意，即解救人民中之糾紛、濟拔百姓中之暴亂，與下句「改忌勝」，即改變人民中嫉妒好勝之心理，正可相互搭配。⓲

(2)「賞與刑，禍福之旗（基）也」至「殺戮，所以除辟也。」

簡二至簡三：

賞與刑，祡（禍）福之羿（旗（基））也，或前（？）之者矣。雀（爵）立（位），所以信其然也。正（政）欽（禁），所以（二）□□□（也）。□□，所以□（賞？）舉（舉／譽）也。殺戮，所以敘（除）舿（辟）也。不繇（由）其道，不行。

此段第三簡頭六個字於照片上若有若無，無法加以釋讀；第二簡「政禁」及第三簡「賞譽」之讀，則姑依陳偉之說。⓳第三簡「除舟旨」之「舟旨」字，李零云：「此字寫法較怪，疑是『害』字的誤寫。」⓴按，「舟旨」字，簡文寫法為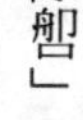，《郭店楚墓竹簡》隸定為从舟从卩从口。然而左邊並不十分似「舟」（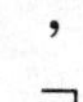），而似乎較可能為「刀」（、）（或「刃」）字的異體。㉑疑此字為「劈」字省體，在此讀為「辟」。《郭簡・五行》篇第四十七號簡「辟」（「譬」）字作，右邊「辛」下亦似是「刀」字。本簡此字則或許省去「辛」，「刀」（或「刃」）加一飾筆，左右兩邊互換而成。「辟」字本有刑法之

⓮ 唯《黃帝內經・素問》有類似之例，如〈痺論〉云：「師痺者，煩滿喘而嘔」等例。然〈素問〉之年代不明，或可能也是西漢以後所作。此外《楚辭・哀時命》中亦出現「煩滿」一詞，云：「惟煩懣而盈匈。」可參看姜亮夫，《楚辭通故》（昆明：雲南人民出版社，一九九九年十二月）第四輯，頁七〇四。感謝顏世鉉給筆者提供這兩項資料。

⓯ 《道德經》第四章及第四六章之「解其紛」，景龍碑均作「解其忿」：見高亨，《古字通假會典》（同前注），頁一四三。《說文》亦以「孌」為「亂（左部、从女）」之籀文（見《古字通假會典》，頁二一〇）。「紛亂」之「紛」與「紊亂」之「紊」（明母文部）蓋亦有很大的關係。「忿」若是讀如字，將「忿亂」理解為忿怒與爭亂，似乎亦可通。（亦該指出，《說文》「䜌」字即訓「亂也」，早已成為「亂」字之異文，而與此「孌」字極近。）

⓰ 《孫子》文，見郭化若譯，《十一家注孫子》（北京：中華書局，一九六二年四月），頁七二。《國策》文見何建章注釋，《戰國策注釋》（北京：中華書局，一九九〇年二月），頁七三七。

⓱ 見顏昌嶢著，《管子校釋》（長沙：岳麓書社，一九九六年二月），頁二六一。

⓲ 「改忌勝」的解釋，請合看顏氏、李氏及陳氏三文（見注❼、❷、❸）。茲姑依前人之說。顏氏以「改忌勝」為針對君上自己而說，吾則依李氏之說而以為是針對民情而言的。

⓳ 同注❸，頁一〇九—一一〇。

⓴ 同注❷，頁五二四。

㉑ 「舟」字及「刀」（或「刃」）二字的例字，分別為滕壬生所摹寫之包山二號墓一六八「舟」字、信陽一號墓〇一五「利」字之右旁及信陽一號墓〇二「型」（「刑」）字之右旁。見滕壬生，《楚系簡帛文字編》（同注⓫），頁七〇一、三四九、三五一。

義，其或从「刀」或「刃」有道理；當動詞時則亦有屏去之義，與「除」字同義。㉒然而左旁若不釋為「刀」，亦或可釋為「丮」（即「執」字右旁）之省。按包山楚簡「執」字或作，其右旁上部與字左旁相同。㉓《說文》解「辟」字曰：「法也，从卪、辛，節制其辠也；从口，用法者也。」「辛」訓罪，「丮」即「持也」，「執」乃「捕辠人」，意義皆與追捕罪犯相關，然則「執」字之「丮」或可以代替「辛」而為「辟」字所从歟？「除辟」一詞雖不見於先秦文獻，但倒過來之「辟除」則數見，如《荀子．成相》：「禹有功，抑下鴻，辟除民害逐共工。」㉔又有如「辟門除道」（《墨子．非攻中》）、「辟門除涂」（《荀子．議兵》）等套語。㉕「除辟」或正與「賞舉」（或「賞譽」）為對文。亦疑此「除辟」實即「辟除」之誤倒，因為「除」字正可與「舉／譽」字為韻（均魚部），而本篇多韻文（見下），固未嘗不可能。

至於「賞與刑，祡（禍）福之羿（旗（基））也」一句，陳偉將「與」讀為「譽」而以「祡（禍）」字屬上，將「賞譽刑禍，福之基也」解釋以「刑賞都是為了保障統治秩序（即『福』），不當反倒有『禍』。」㉖劉信芳則將「羿（旗）」字讀如字，云「『前之者』，以『賞與刑』居於前列也，猶出行以旗之居於前列。」㉗按，「旗」該讀如本字抑是讀若「基」字未可知，劉氏讀若本字未必不當，然謂此「賞與刑」乃為「居於前列」者，則似與本篇之宗旨不符。本篇既云「民可道（導）也，而不可強也」（簡二二），則「或前之者」該為「禮樂」之「德教」方是，因為「賞與刑」才算是強制百姓之具。且「賞與刑」既然「不由其道，不行」，則既可以為福，而又可以為禍，因此筆者認為將「禍」字屬下較有道理。陳氏舉《國語．晉語六》之「夫德，福之基也」為例固然頗饒興味，然「禍福之某」一類的詞組亦不乏其數，如《呂氏春秋．審分覽．慎勢》云「小大、輕重、少多、治亂不可不察，此禍福之門也」㉘；《淮南子．覽冥》曰「由是觀之，利害之路，禍福之門，不可求而得也」㉙；《大戴禮記．禮察》云「導之以德教者，德教行而民康樂；歐之以法令者，法令極而民哀戚。哀樂之感，禍福之應也」㉚等皆是。〈禮察〉篇之旨與〈尊德義〉尤近，特別值得注意。因此，陳氏之說雖然證據充足，而鑑於〈尊德義〉之宗旨，筆者認為原來的句讀並不誤。

(3)「學為可益也，教為可述也。」

簡三至簡六：

悬（仁）為可新（親）（三）也，義為可畚（尊）也，忠為可信也。學為可益也，𡥈（教）為可頪（述）也。（四）𡥈（教）非改道也，敎（教）之也。學非改侖（倫）也，學㠱（己）也。𡐦（禹）以人道訂

㉒ 此字若實為从刀，則自然亦可視為「卲」字。「卲」字包山楚簡或作，與該字字形略似（見張守中撰集，《包山楚簡文字編》〔北京：文物出版社，一九九六年八月〕，頁一四六，二〇三號簡）。但若識為「卲」則文義無法解釋。關於《郭店楚簡》他篇中所出現的「卲」字，可參看袁國華，〈郭店竹簡「卲」、「其」、「卡」（卞）諸字考釋〉，《中國文字》新廿五期，頁一六二——一六四。

㉓ 見張守中撰集，《包山楚簡文字編》（同前注），頁一六〇，一五號簡。

㉔ 見〔清〕王先謙撰，《荀子集解》（沈嘯寰、王星賢點校；北京：中華書局，一九八八年九月），頁四六三。

㉕ 見〔清〕孫詒讓，《墨子閒詁》（孫啟治點校；北京：中華書局，二〇〇一年四月），頁一三九；《荀子集解》（同前注），頁二八九。

㉖ 同注❸，頁一〇九。

㉗ 劉信芳，〈郭店竹簡文字考釋拾遺〉，《江漢考古》二〇〇〇年第一期，頁四三——四四。

㉘ 見陳奇猷校釋，《呂氏春秋校釋》（上海：學林出版社，一九八四年四月），頁一一〇八。

㉙ 見劉文典撰，《淮南鴻烈集解》（馮逸、喬華點校；北京：中華書局，一九八九年五月），頁二〇〇。

㉚ 見〔清〕王聘珍撰，《大戴禮記解詁》（北京：中華書局，一九八三年三月），頁二三。

（治）其民，桀以人道亂其民。桀不易（五）墨（禹）民而後亂之，湯不易桀民而後訂（治）之。

按，此前一部分疑為韻文。「新（親）」與「信」皆真部，「尊」為文部，旁轉可合韻。「益」為錫部，「類」，《郭店楚墓竹簡》釋為「類」，乃物部，錫、物兩部元音接近而韻尾同屬塞音，亦算可通轉。在此疑「類」該讀為「述」（亦物部）。《禮記．緇衣》：「為下可述而志也」，《郭店楚簡》〈緇衣〉篇（第三章）「述」作「類」，《郭店楚墓竹簡》編者讀為「述」（云「簡文中多以『類』作『述』」）㉛，而《上博楚簡》〈緇衣〉則作。㉜「可述」與「非改道」兩意正符，若釋為「統類」的「類」，雖亦可通，而其意義較無著落（然而《郭店楚簡》他處該字誠然該釋為「類」字較妥）。「教之」，宵部、之部，「學己」，覺部、之部，「之」、「己」固然押韻，「教」、「學」亦旁對轉略可合韻。然則從「仁」到「學己也」，似乎為一段參差不齊的韻文，讀起來有一定的節奏韻律可尋。此種特徵於本篇他處亦可見到。又按，「仁為可親也」一類的句型，亦見《禮記．檀弓上》：「夫禮，為可傳也，為可繼也。」㉝「為」字當讀去聲，意思蓋為「為的是」、「目的在於」之類。

(4)「教以禮」至「民進善焉」

簡十三至簡十六：

⿱文言（教）以豊（禮），則民果以巠（勁）。㉞⿱文言（教）以樂，則民⿰巿刂（弗）悳（得）〔不〕清。㉟⿰爿酉（將）⿱文言（教）（一三）以支（辯）兌（說），則民埶（褻）陸（陵〔凌〕）㊱，張（長）貴以忘。㊲⿱文言（教）以埶（藝），則民埜（野）以靜（爭）。⿱文言（教）以只（支〔技〕）㊳，（一四）則民少（小）以⿱吅文（吝）。

㊴孝（教）以言，則民話（訏）以夏（寡）信。㊵孝（教）以事，則民力𡿪（嗇〔穡〕）以衙利。（一五）

㉛ 同注❶，頁一三二，注釋一一。可惜編者並未指出其他例子在於何處。

㉜ 馬承源主編，《上海博物館藏戰國楚竹書（一）》（上海：上海古籍出版社，二〇〇一年一月），頁四六。「類」字亦似與「率」相通。《國語．楚語上》「心類德音」句，王引之云：「類之言，率也；率，循也；言其心常循乎德音也……率與類古同聲同義，而字亦通用。」見〔清〕王引之撰，《經義述聞》（四部備要本），卷二十一，頁二三—二四。感謝顏世鉉對此的提示。按，「類」字來母物部，「述」字船母物部，而「率」字則山母物部，皆為旁紐或鄰紐關係，確有通假之可能。〔按，上博楚簡該字徐在國、黃德寬及李零皆分析為从朮从頁，徐、黃讀為「述」。見徐在國、黃德寬，〈《上海博物館藏戰國楚竹書（一）》緇衣．性情論》釋文補正〉，《古籍整理研究學刊》（二〇〇二年三月），頁一；李零，《上博楚簡三篇校讀記》（臺北：萬卷樓圖書有限公司，二〇〇二年三月），頁五〇。〕

㉝ 見〔清〕孫希旦撰，《禮記集解》（沈嘯寰、王星賢點校；北京：中華書局，一九八九年二月），頁二一〇。

㉞ 「巠」讀為「勁」依李零說，同注❷，頁五二五。

㉟ 「𢐗」字，周鳳五釋作「弗」（幫母物部），讀為「弼」（並母物部），即「輔弼」之意（見注❼，頁三五九）。李零亦釋作「弗」，讀如字，將「清」讀若「爭」（同注❷，頁五二五）。張光裕等則釋為從弔之字，疑可能讀為「淑」；見張光裕主編、袁國華合編，《郭店楚簡研究．第一卷文字編》（臺北：藝文印書館，一九九九年），頁五七四。「不」字之說見下。

㊱ 依陳偉將「埶」（書母月部）讀為「褻」（心母月部）（同注❸，頁一一四）。「陸」字，依黃德寬、徐在國釋為「陵」，即侵犯、凌辱之意。見黃德寬、徐在國，〈郭店楚簡文字考釋〉，收入吉林大學古籍整理研究所編，《吉林大學古籍整理研究所建所十五周年紀念文集》（長春：吉林大學出版社，一九九八年十二月），頁一〇五。

㊲ 茲依李零將「張」字讀若「長」（同注❷，頁五二五）。「長貴以忘」蓋即指長幼貴賤之分互相踰越之意。

㊳ 「支（技）」字從劉信芳（見注㉗）依李家浩釋包山楚簡「枝」字之解。亦見黃德寬、徐在國，〈郭店楚簡文字續考〉，《江漢考古》一九九九年第二期，頁七五—七六。李零、張光裕及袁國華亦釋為「支（技）」字（李氏同注❷，頁五二五；張氏見注㉟；袁氏見其〈郭店楚簡文字考釋十一則〉，《中國文字》新廿四期，頁一四三—一四四）。周鳳五則釋為「僉」字之省，讀為「儉」，亦可通（見注❼，頁三五九—三六〇）。

㊴ 「少」讀「小」依周鳳五說（見注❼，頁三五九—三六〇）。

㊵ 「話（訏）」通「迂」，有誇誕之意，說見顏世鉉，〈郭店楚墓竹簡儒家典籍文字考釋〉，收入《經學研究論叢》第六輯（臺北：臺灣學生書局，一九九九年三月），頁一八〇。亦可參陳偉（同注❸），頁一一四，校釋六。

❹❶ 𠫑(教)以懽(權)悔(謀)，則民淫惃(混/惛)❹❷、遠豊(禮)、亡新(親)悬(仁)。先之以悳(德)，則民進善安(焉)。(一六)

此一段亦有韻律可尋。按「巠(勁)」、「清」、「靜(爭)」為耕部，「忘」為陽部，「陵」為蒸部，此耕、陽、蒸三部旁轉合韻。「醬(將)」、「倀(長)」二字亦屬陽部，然「倀(長)」字似該屬下，而「將」雖或可屬上為「清將」之類的複合詞之後字❹❸，然在此則將之視為屬下，用來表示有轉折(或選擇)之意，與「抑」之用法略同(因為「禮」、「樂」俱為教導之善者，而從「辯說」至「權謀」則皆為失教之例)。❹❹然則從「果以勁」至「野以爭」均屬一韻。從「少以吝」至「進善焉」則屬另一韻，即圍繞真部而來之韻。按「吝」、「惃」為文部，「信」、「仁」皆真部，而「安/焉」(以及「善」)則為元部，是文、真、元三部旁轉合韻。至於「利」字，則為質部，乃亦可與真部對轉通韻，而若以「遠禮」之「禮」亦視為韻字，則「禮」即脂部，亦正可與真、質對轉通韻。此種韻律固然不十分嚴謹，節奏亦不均勻，然其既非詩，則無須要求其盡善盡美，祇要其足以給學者一點輔助記憶之作用即可。

值得指出的是，陳氏將第一六簡下接於第二八簡，將後者之首字「為」讀為「化」而居於句尾，如此將末句讀為「進善安化」。陳氏此說有其道理，因為簡二八的內容似乎跟簡一六密密相關，而且若是將簡二八之頭兩字「為古(故)」視為句子的開頭，雖然完全可通(意或如「是故」一樣)，但此種說法畢竟比較獨特。然而鑑於以上的考慮，若以「為」(「化」)字視為前句的最後一字，則將會全失其韻，因而筆者終不採取陳氏之說，但從意義的連接上考量，仍然將第二八簡安放於第一六簡之後。

又按，「教以樂，則民𠕀悳清」一句，若「𠕀」字之釋「弗」並不誤，則疑「德」字該讀為「得」才是。「德」與「得」相通之例不勝枚舉，比如《論語》之〈泰伯〉篇子謂泰伯曰：「民無得而稱焉」，〈季氏〉篇謂齊景公則云：「民無德而稱焉」（本或作「得」）㊺，是其例（何況此處「悳」字，上部雖確為「直」而非「目（貝）」，然從照片來看下部並不十分似「心」，而倒略似「又」，不能排除其本為「得」字之異體）。假若釋為「弗得」，則「清」字或可讀為「輕」。《荀子・樂論》云：「樂在宗廟之中，君臣上下同聽之，則莫不和敬……出所以征誅，則莫不聽從；入所以揖讓，則莫不從服。」㊻國樂隆重肅莊，人民觀之而自然生威，因此心理乃無以輕視君上。然而又疑「清」讀如字，而「弗得」猶言「不得不」或「不得已而」，或許「清」字前漏了一個「不」字，讀為「弗得不清」。《荀子・樂論》又云：「夫

㊶ 「衜」字原作「面」，茲從劉信芳（見注㉗）依李家浩釋包山楚簡同字之解。亦見陳偉（同注❸），頁一一四，校釋七。

㊷ 「淫惃」二字依李家浩，〈讀《郭店楚墓竹簡》瑣議〉，《郭店楚簡研究》（《中國哲學》第二十輯）（瀋陽：遼寧教育出版社，一九九九年一月），頁三四三—三四四。「惃」字之隸定本亦可從其聲旁與〈六德〉篇「昆」字之形相同而得，見裘錫圭〈六德〉篇按語（同注❶，頁一八九，注釋一七）。「淫惃」蓋即「淫亂」之意。「惃」字（亦通「惛」）之說，亦見黃德寬、徐在國，〈郭店楚簡文字續考〉（見注㊳），頁七六—七七。李零（同注❷，頁五二五）則釋為「潯昆」，讀為「淫昏」。陳偉（同注❸，頁一一四）乃將前字讀為「愓」，後字讀為「混」。

㊸ 「清[爿+酉]」，周鳳五（見注❼，頁三五九）讀為「靖莊」（即「安且敬也」）；李零（同注❷，頁五二五）讀為「爭將」（云「疑同『將爭』」）；陳偉（同注❸，頁一一三—一一四，校釋二）讀為「清壯」。

㊹ 類似之句型不少，如《莊子・徐無鬼》：「君將盈耆欲，長好惡，則性命之情病矣；君將黜耆欲，掔好惡，則耳目病矣」；或《荀子・榮辱》：「將以為智邪？則愚莫大焉。將以為利邪？則害莫大焉。將以為榮邪？則辱莫大焉。將以為安邪？則危莫大焉。」這些「將」字皆有選擇及假設之用。

㊺ 見程樹德撰，《論語集釋》（程俊英、蔣見元點校；北京：中華書局，一九九〇年八月），頁一一六二—一一六三。陳斯鵬，〈郭店楚墓竹簡考釋補正〉（《華學》第四輯〔二〇〇〇年八月〕，頁八一）亦將該字讀為「得」，然其將全句讀為「弗得清商」則與筆者之理解不合：再謝顏氏對彼文此條釋讀的介紹。

㊻ 王先謙撰，《荀子集解》（同注㉔），頁三七九—三八〇。

聲樂之入人也深，其化人也速」[47]，樂教之效用如此之神，百姓聽之而身不由己地「足之蹈之、手之舞之」，其「惡可已也」，因而乃以「弗得（不）」來言之。「教以禮則民果以勁，教以樂則民弗得（不）清」或即《荀子．樂論》所謂：「樂行而志清，禮脩而行成」者歟？[48]此固然尚屬猜測，但於先秦儒者以禮樂為德教之論說驗之，亦未嘗不符也。

(5)「躬是物也」及「不可已」、「不可遏」、「不可止」

簡十九至簡二十：

古（故）共（躬）是勿（物）也而又（有）深安（焉）者，可學也而不可矣（已）也，（一九）可季（教）也而不可适（遏）其民，而民不可㞢（止）也。

簡一九字，《郭店楚墓竹簡》釋文用摩寫方式寫出而未直加隸定，字後則用括號加「（終？）」為釋，之所以如此不確定，乃因為此字上部雖略似「終」古文，而下部「廾」則與「終」字無關，[49]且釋為「終」則此句文較難以成義。按，字似該隸定為「共」字方是，而在此或該讀為「躬」。《郭店楚簡》中「共」字上部雖多半較似「廿」字之形，但楚係文字中亦多有「共」字寫法如此字之例，如長沙子彈庫楚帛書甲篇第七行第五字作是也。[50]此點，何琳儀及劉祖信等已指出過[51]，但均未指出此「共」字該如何理解。按，「躬」字為見母冬部，「共」字乃群母東部（而如「恭」、「供」等則為見母東部），聲母皆喉音，「冬」與「東」二韻部亦旁轉，可通假。《禮記．緇衣》引小雅（〈巧言〉）詩句：「匪其止共」（郭、上二本「共」字同），而《釋文》云：「『共』，皇本作『躬』」，是其明證。[52]此

「躬是物」之「躬」則如《毛詩・小雅・節南山》所云：「弗躬弗親，庶民弗信」，即體現於己身、親自為之，以為民榜樣之意。然則「躬是物而有深焉者」，不乃便是簡三六—三七「上好是物也，下必有甚焉者」之謂乎？如此解通，則下面之文便可一脈相承。民中之所以會「有深焉者」，乃因為君上所學無法止於其一己之身，而必為下民所效法，因而所教給民者，亦無法抑制阻遏，君上所好惡，下民必風行草偃，想要制止也無能為力。按，此中是將「矣」字讀為「已」，而將[illegible]字姑讀為「抑」或「遏」。「矣」字，《郭店楚墓竹簡》讀為「疑」，陳偉讀為「俟」[53]；此種諧聲通假固然可取，然於意義上則仍然不甚易解。今讀為「已」：「矣」、「已」均屬之部，語音相近，古書中「已」借為「矣」之例甚多，故「矣」之借為「已」亦容有之。《廣雅・釋詁三》云：「矣，止也」，此聲訓蓋亦有所本。[54][illegible]字，《郭店楚墓竹簡》隸定為「迪」，雖有其一定的道理，然而與《郭店楚簡》其他

---

47 同注24，頁三八〇。

48 同注24，頁三八二。

49 《郭店楚簡》其他「終」字，除了〈語叢一〉一例加「糸」於下外，均以「終」古字為之，且其垂下之勢多半比此字明顯。見張光裕主編、袁國華合編，《郭店楚簡研究・第一卷文字編》（見注35），頁三一七。

50 見滕壬生，《楚系簡帛文字編》（見注11）頁二〇七所摹寫。包山楚簡與楚帛書其他相同之例，亦可參看何琳儀，《戰國古文字典：戰國文字聲系》（北京：中華書局，一九九八年九月），頁四一七。

51 見何琳儀，〈郭店竹簡選釋〉（見注7），頁二〇二；涂宗流、劉祖信，《郭店楚簡先秦儒家佚書校釋》（臺北：萬卷樓圖書有限公司，二〇〇一年二月），頁一二三。

52 見高亨，《古字通假會典》（見注13），頁七。

53 陳偉，〈郭店簡書《尊德義》校釋〉（同注3），頁一一八—一一九。

54 見〔清〕朱駿聲，《說文通訓定聲》第五，頁二七（見注12，頁一七五）所引。

「迪」字兩例寫法並不相同[55]，似亦可隸定為「迼」。「迼」字在茲借為何字尚且不明，茲姑讀為「抑」或「遏」，乃因為於義為長，於音亦有通假之理。「吉」字見母質部，「抑」字則影母質部，此鄰紐疊韻，完全可通假（「影」、「景」二字亦影、見鄰紐，此其可諧聲通假之明證）。以「吉」為聲之「壹」字聲系，亦影母質部，而《詩．大雅．抑》之篇，《國語．楚語上》正引此詩名作「《懿》」，是「吉」（「壹」）、「抑」二聲系可通假之例。[56]「抑」有「遏止」之意，在茲從「辵」，則或以阻塞道路為喻，如「噎」字之為塞住咽喉（或門戶）同理。然而讀如「抑」字，或不如逕讀為「遏」字為宜。「遏」字為影母月部，與「迼」字韻部亦旁轉（而與「抑」字雙聲），亦可通假。「迼」字，《說文》未收，而在「趌」字條下則云：「趌趨，怒走也。」此「趌趨」之義雖與「迼」、「遏」之義不同，但其正朱駿聲所謂「疊韻連語」[57]，足見其在聲音上之密切關係。《管子．正》云：「法以遏之……遏之以絕其志意，毋使民幸。」其宗旨雖與本篇有別，但以「民」為「遏」（或「不可遏」）之對象則同。《爾雅．釋詁》曰：「遏，止也」。「遏」（或「抑」）正與「已」、「止」相承為文，而若釋為「迪」則不好解釋，因為「迪」即「導」之意，而〈尊德義〉簡二二已明言「民可道也，而不可強也」，然則何以在茲反謂「不可迪其民」？「不可遏（／抑）」正乃「不可強」之謂，與本篇宗旨完全符合，因而「迼」、「遏」二字之可互相通假儘管缺乏明證，而仍然有其值得考慮之因素在。

---

55 可參看張光裕主編、袁國華合編，《郭店楚簡研究．第一卷文字編》，頁三八八—三八九。

56 見高亨，《字通假會典》（見注13），頁四八六。

57 見〔清〕朱駿聲，《說文通訓定聲》（見注12），頁六四二。

八、郭店楚簡〈成之〉等篇雜志（註）

壹、前言

《郭店楚簡》儒家逸書，對孔孟之間人性論的形成，及此後荀子等流派的思想由來，皆給我們提供極其珍貴的訊息。如〈性自命出〉之言道之始於情而終於義，〈尊德義〉之以禮樂為率民之道，〈成之〉之論求己以用民，均與約同時及稍後的《孟》、《荀》與《禮記》中諸篇戰國間儒書，大有相互輝映之處，可藉以研究早期儒者對求己與治學、內聖與外王等重大命題的各種論述何以成立，其思想脈絡與學術背景究竟如何。然由於文字形體與通假之不識及簡序的錯亂等問題，其中不少關鍵段落尚缺完善的理解，乃至令我們對其所表達的確切涵義仍是茫然不知。本文將以〈成之〉一篇為中心，試圖就《郭店楚簡》中幾處尚屬難通的片段加以新解，望以能對其思想內涵有進一步的認識，給其對思想史上之意

（註）本篇首次發表於二〇〇五年三月二六日東吳大學哲學系舉辦、國立臺灣大學哲學系舉行的「新出土文獻與先秦思想重構」國際學術研討會，收入該會論文集（第二節內容則於二〇〇四年七月六日北京清華大學中國思想文化研究所首次發表）。此後部分內容又講述於二〇〇五年五月三〇日美國芝加哥大學東亞語言文明系舉辦的「中國古文字學：理論與實踐」國際學術研讀會上。最後轉刊於（北京）《清華大學學報》（社會科學版），二〇〇六年第一期，頁八〇—九二。

義的研究提供一些新的線索。此中所能獻的證據之外，猜測部份仍所難免，過當失誤之處，仰望方家指正。

貳、〈成之〉兩段新解

〈成之〉一篇，舊題為〈成之聞之〉，今以學者對簡序的調整（見注❹）為慮而改稱〈成之〉。此節分對〈成之〉中兩段相關的章節進行簡序上的調整而就其文字上的釋讀提出新解。

(1)〈成之〉簡三六、二九、二三、二二、三〇

依《郭店楚墓竹簡》原來的釋文，〈成之〉有兩段文如下：❶

簡二九—三〇：

《君奭》曰「㽙（襄）我二人，毋又（有）合才音」害（曷）？道不說（悅）之司（詞）也。君子曰：唯又（有）其亙（恆）而（二九）可能終之為難。槁木三年，不必為邦羿（旗）。害？言𡨦之也。是以君子貴（三〇）……

簡二一—二三：

是以智（知）而求之不疾，其迲（去）人弗遠悘（矣）。⿰甬戈（勇）而行之不果，其悘（疑）也弗枉

（往）㑇（矣）。（二一）是古（故）凡勿（物）才（在）疾之。《君奭》曰「唯尒不嚣爯（稱）悳（德）」害（曷）？言疾也。君子曰：疾之。（二二）行之不疾，未又（有）能深之者也。孛之述也，強之工也，陻之弇（弇）也，訋（詞）之工也。（二三）

此先看其中關鍵的兩句，即簡二九接三〇之「唯（雖）又（有）其亙（恆）而可能終之為難」，以及簡二二接二三之「君子曰：疾之。行之不疾，未又（有）能深之者也。」前一項，雖未嘗有人懷疑其相連，但卻有學者曾討論其標點。如李零、周鳳五都認為應在「可」後加逗點，❷而陳偉則引《禮記・祭義》中之「養可能也，敬為難」等句，認為「與此句式相同，因而得知應在『可能』之下斷開。簡文是說：雖然長久是可能的，但堅持到最終則是困難的。」❸陳氏此說頗有銳見，然而句式並非全同，其說亦有未盡之處（見下）。學者之所以如此紛紜，乃因為整句語法奇怪；但既不至於說不通，因而未曾有人對

❶ 本文所引原釋文均出荊門市博物館編，《郭店楚墓竹簡》（北京：文物，一九九八年五月）。

❷ 李零，〈郭店楚簡校讀記〉（收入陳鼓應主編，《道家文化研究》，第十七輯〔北京：三聯書店，一九九九年八月〕，頁四五五—五四二），頁五一一—五一六（李氏此篇以下簡稱〈校讀記〉；獨出其二〇〇二年增訂本者將另注）；周鳳五，〈讀郭店竹簡《成之聞之》札記〉，收入氏編《古文字與古文獻》試刊號（臺北：楚文化研究會，一九九九年十月），頁四三。

❸ 陳偉，〈郭店楚簡《六德》諸篇零釋〉，《武漢大學學報（哲學社會科學版）》一九九九年第五期（總第二四四期），頁二九—三三。陳氏後來另從周鳳五說（見前注，頁四二—四四；亦見注⓫）而釋「亙」為「亟」，說為「急切一時」。見陳偉，〈關於郭店楚簡《六德》諸篇編連的調整〉，收入武漢大學中國文化研究院編，《郭店楚簡國際學術研討會論文集》（武漢：湖北人民出版社，二〇〇〇年五月），頁六四—七四；及陳偉，《郭店竹書別釋》（武漢：湖北教育出版社，二〇〇二年十二月），頁一四四。

其接連本身提過質疑。至於「君子曰：疾之。行之不疾，未有能深之者也」，則情況相同：以「疾之」為指令式的單句頗為奇特，不過因為於意義上完全可與下句連讀，亦未曾有學者提出異議。

然則依原釋文簡二九接簡三〇的順序，調整簡序的學者對此並無異言，都將二九—三〇視為一組。至於其二一、二二、二三的簡序，雖然周鳳五曾主張將簡二一調到簡二三之後，而未有學者將二三接二三的簡序調動過。今筆者卻將簡二九與簡三〇破開，又將簡二二與簡二三之順序顛倒，以二九、二三、二二、三〇為序（簡二一的位置則稍後再說）。又以文章形式的考慮，姑將簡三六置於前（但亦無必然關係），重新排列且釋讀如下：

……君子曰：從允懌（釋）𢗼（過），則先者余（豫），𣥍（來）者信。（三六）〈君奭〉曰：「毀（襄）我二人，毋又（有）合才（哉）？」，音（言）害（何）？道不說（輟）之司（治）也。君子曰：唯（雖）又（有）其亙（恆），而（二九）行之不疾，未又（有）能深之者也。孛（勉）之述（遂）也，強之工（功）也；陣（陳）之穽（弇）也，訂（治）之工（功）也。（二三）是古（故）凡勿（物）才（在）疾之。〈君奭〉曰「唯伬（髟（冒））」，不（丕）嘼（單）爯（稱）悳（德）」，害（何）？言疾也。

君子曰：疾之（二二）可能，終之為難。「槁木三年，不必為邦畀（旗）」，害？言寷（寅）之也。是以君子貴（三〇）成之。……（一）❹

以上所謂讀起較怪的關鍵兩句，假若按照筆者所調過的簡序排列，則語法變得順暢許多，且於意義層面亦未有絲毫損失，反而邏輯結構顯得更加清晰。按，陳氏所引《禮記‧祭義》該段全文是：「教曰孝，其行曰養。養可能也，敬為難；敬可能也，安為難；安可能也，卒為難。父母既沒慎行其身，不遺父母惡名，可謂能終矣。」❺此段論行孝之道，從易行者到難行者遞增累進，而以「A可能也，B為難」的句式來表示這個過程。〈成之〉似亦以同樣的遞增累進過程為文：先以「君子曰」及〈君奭〉的引文來泛泛地表示「恆治」的概念，再進以「君子曰」的口吻發難曰「唯（／雖）有其恆，而行之不疾，未有能深之者也」，而既以又通過〈君奭〉引文來闡發「疾之」的概念，則又進而以「君子曰」之口再次發難曰「疾之可能，終之為難」，以便突顯出其「君子貴成之」之理。換句話說，乃是以一種「恆之可能，疾之為難；疾之可能，終之為難」的句法為其整段的邏輯結構。「疾之可能，終之為難」既較「雖有其恆而可能，終之為難」更貼近〈祭義〉的句式，「雖有其恆，而行之不疾，未有能深之者也」又比「疾之。行之不疾，未有能深之者也」順暢，則於各句的語法上亦顯得更接近於古人的語言習慣。

筆者對整段的詮釋則是圍繞著這個理解而來的。其中唯一稍微不安之處，在於前面的「君子曰」與「〈君奭〉曰」兩句所言，是否可以說就是「恆」的概念？前面已說過，簡三六之所以置放於此，是由於形式上的考慮，因為如此排則三個小段都是以「君子曰」開頭的（且前兩小段俱以「〈君奭〉曰」接後），但不見得有必然的關係。此句所言亦不甚明瞭，學者多認為所謂「先者」、「來者」指先前已在的本地

❹ 簡三〇接簡一依周鳳五及郭沂的排列。見郭沂，〈郭店楚簡《成之聞之》篇疏證〉，收入《郭店楚簡研究》（《中國哲學》第二十輯）（瀋陽：遼寧教育出版社，一九九九年一月），頁二八一—二八三；周鳳五、林素清，〈郭店竹簡編序復原研究〉，收入周鳳五編，《古文字與古文獻》試刊號（臺北：楚文化研究會，一九九九年十月），頁五六—五七。

❺ 見〔清〕孫希旦，《禮記集解》（沈嘯寰、王星賢點校；北京：中華書局，一九八九年八月），頁一二二六。

人民與慕名而來的外界民族❻，然則大致所言即是以誠信、寬政來鞏固政權的效用。至於〈君奭〉的引文，則所云更難把握。整理者本以「音」字屬上而為引文的最後一字（「毋有合在音」），而將「道不說之司也」讀為「道不悅之詞也。」前人已指出過，這個讀法大概是受到《書序》的影響，即其所謂：「召公為保，周公為師，相成王，為左右。召公不說（悅），周公作〈君奭〉。」或即如廖名春所說：「周公是指責君奭不能與更多的人合作，所以下文解釋說『道不說（悅）之司（詞）也。』所謂『不悅之詞』即『勿有合在言』，是周公對君奭的批評。」❼這種說法固然有其依據，然而問題在於，不管是召公「不悅」抑是周公「不悅」，且無論簡序如何排列，都很難看出此「不悅之詞」與任何上下文的可能關係。依筆者之見，此文所言應該是跟同簡下面所云「恆」的概念有直接的瓜葛才是。

按，裘錫圭按語已指出，〈君奭〉文「『言』字一般屬下讀。『才』似當讀為『在』。『毋有合在音（或是『言』之誤）』，其意與今本『汝有合哉』大不相同。」❽「音（／言）」字之意義與位置既已如此不明，似也不該排除其在此並非引文的部份，而或該屬下讀為「言何？」才是。此固然是破了文章中之慣例，且稍感不辭，然亦完全可通，或即是說「（周公此言）所指何謂？」那麼以「毋有合或？」當反問句，大概的意思即是說：「『我們兩個輔佐成王之治，豈不是志同道合的嗎？』（周公此言）所指的是什麼？所說的就是『不輟之治』。」下面既言「恆」，那麼「不說之司」所指應該便是「恆」的意思，因而在此做個猜測，將彼句讀為「不輟之治」。按，「說」字為書紐月部，「輟」為端紐月部，聲紐均舌音，韻部則疊韻，可通。文獻中「兌」與「叕」二聲系經常通假，如《韓非子．喻老》「倒杖而策銳貫顊」，《淮南子．道應》篇「銳」作「錣」；此外亦有「挩」作「掇」、「棁」作「棳」等例。❾《郭店楚簡》其他篇章雖然沒有此二聲系通假之明例，然〈忠信之道〉（簡四）之「大忠不兌」若讀為「大忠不輟」，亦堪稱一種相當合理的讀法。❿「不輟」正是永恆不變之謂，那麼既以「不輟之治」講

「恆」的概念，下面接著便加以深論，言「恆」之外尚需要「疾」的功夫方可。⓫

除了「不輟之治」符合「恆」之概念這一點以外，這個讀法亦出於對〈君奭〉本身之宗旨的考慮。即使〈君奭〉是周公因應召公之「不悅」而作的，然周公基本上是以「正面教育」的方式來勸他，並沒有明顯的自己「不悅」的口氣⓬，只不過是提醒召公天命無常，周朝不一定「永孚于休」，因而要「永遠念天威」，二人必須好好輔佐成王，「咸成文王功于不怠」，而最後亦特別強調「罔不能厥初，惟其終。」⓭然則所言無非是要經過不斷的合作與努力，維持一種永恆不息、長久不怠之治，如此方能有始

---

❻ 見顏世鉉，〈郭店楚墓竹簡儒家典籍文字考釋〉，《經學研究論叢》第六輯（臺北：臺灣學生書局，一九九九年三月），頁一七九—一八〇。

❼ 廖名春，〈郭店楚簡《成之聞之》篇校釋〉，收入廖名春編，《清華簡帛研究》第一輯（北京：清華大學思想文化研究所，二〇〇〇年八月），頁九七。

❽ 裘錫圭按語均出《郭店楚墓竹簡》（同注❶）。

❾ 見高亨纂著，《古字通假會典》（董治安整理；濟南：齊魯書社，一九八九年七月），頁六四二—六四三。

❿ 一則可與下一句「大信不期」相對，因為「不輟」與「不期」都是指一種時間上的永恆不變之狀態，指天地是永久不息的，不斷循環而不須期約。二則其前面已謂「大舊（久）而不俞（渝），忠之至也」，而「大久不渝」正是一種永恆不輟之謂。

⓫ 周鳳五釋「亙」字為「亟」，讀為「急」，則與「疾」相同，後來陳偉等人亦採取此說（見注❸）。此說當然可通，惟以今所主張的簡序考量，「亙」應該是與「疾」為不同的功夫才對，因而筆者仍以釋「亙」、讀「恆」為宜。且如《呂氏春秋・孟夏紀》形容沒有「恆心」的老師為「失之在己，不肯自非」，而真正有恆心之師則能「反己以教……所加於人，必可行於己」，與〈成之〉之宗旨相當接近。

⓬ 且如屈萬里所說：「經文皆周公勉召公之言，並無召公疑周公之語。」見氏著，《尚書集釋》（臺北：聯經出版事業公司，一九八三年），頁二〇三。

⓭ 《尚書・君奭》原文見屈萬里，《尚書集釋》，頁二〇三—二一二。

有終，使文王之德永垂不朽，世世代代永享其成。這正是所謂「不輟之治」。且先秦文獻當中，「不輟」亦正是用來表示這個意思。如《荀子・儒效》曰：「周公歸周，反籍於成王，而天下不輟事周」；《道德經》第五四章曰：「善建者不拔，善抱者不脫，子孫以祭祀不輟」（郭店簡〈老子〉乙「輟」作形似「乇」或「屮」之字）；《孔叢子・記問》云：「子曰堯舜之功，百世不輟，仁義之風遠也」，指的都是這個意思。如此說來，則「不輟之治」之正道，亦可說即在於前面「君子」所曰的「從允釋過」之效用。

至於講「疾」與「終」兩小段中所存在的詮釋問題，如「𡥉之述也，強之工也；陳之穿也，討之工也」及「槁木三年，不必為邦羿（旗）」等句的確切讀法與解釋，今且不準備另加以探討。現在祗指出，依周鳳五對前者的解釋，所指是為了改變物體形狀的兩種功夫⓮，而周氏此說若能成立，則直接接著以第二三簡的「是故凡物在疾之」便是很自然的。這點也牽涉到另外一個問題，即第二一簡的位置。該簡是可獨立成文的兩句話，即「是以智（知）而求之不疾，其法（去）人弗遠悘（矣）。敐（勇）而行之不果，其悘（疑）也弗枉（往）悘（矣）」，因而所排的位置有很多可能性。其一種可能當然就是排在簡二三與簡二二之間，但筆者認為或許排在本段之外，即在簡二八之後可能更為妥當。下一條所言即是。

(2)〈成之聞之〉簡二六—二八、二一

先將簡二六至二八原來的釋文列於下：

聖人之眚（性）與中人之眚（性），其生而未又（有）非之節於而也，（二六）則猷（猶）是也。唯（雖）其於善道也，亦非又（有）譯婁以多也。及其尃長而𡰥（厚）（二七）大也，則聖人不可由與墠

之。此以民皆又（有）眚（性）而聖人不可莫也。（二八）

此段頗為費解。關於「其生而未又（有）非之節於而也，則猷（猶）是也」一句，周鳳五、李零及李學勤皆於「非之」下斷句。然李零將「之」讀為「志」，謂「聖人與中材之人在人性上是相似的，他們生下來都沒有什麼壞心眼，中材以下的人，情況也是一樣的」⓯；周鳳五則讀「非」為「分」，亦即「別」義，而李學勤則以為此字實該視為「別」字古文。⓰至於「節於而也，則猷（猶）是也」，裘錫圭按語已以為「而」字可能為其他字之訛，然未指出該為何字。李零疑該讀為「此」，而讀「節」為「次」；周鳳五則讀「而」為「爾」，亦即「此」義，而將「節於爾」解為「偶然如此，即如此也」。劉信芳及李學勤皆讀「節於而」為「即於儒」，然劉氏似將「即於」當作「至於」來看⓱，而李氏則以「即於儒」為「入學受六藝之教」，以全句義則為「就學時也是一樣。」陳偉則讀「節於而」為「即於能」，意為「就是在才能方面，也是如此。」⓲

再往下看，「唯（雖）其於善道也，亦非又（有）譯婁以多也」一句，諸位對「譯婁以多」亦有種種

⓮ 見周鳳五〈讀郭店竹簡《成之聞之》札記〉（見注❷），頁五〇—五一。

⓯ 李零，〈校讀記〉（見注❷），頁五一五。

⓰ 周鳳五、李學勤二說，見周鳳五，〈郭店楚簡識字札記〉，收入《張以仁先生七秩壽慶論文集》（臺北：臺灣學生書局，一九九九年一月），頁三五七—三五八；周鳳五，〈讀郭店竹簡《成之聞之》札記〉（見注❷），頁五二—五三；李學勤，〈試說郭店簡《成之聞之》兩章〉，收入廖名春編，《清華簡帛研究》第一輯（北京：清華大學思想文化研究所，二〇〇〇年八月），頁二三—二四。

⓱ 劉信芳，〈郭店竹簡文字考釋拾遺〉，《江漢考古》二〇〇〇年第一期，頁四三—四四。

⓲ 陳偉，《郭店竹書別釋》（見注❸），頁一四一—一四三。

說法：陳偉前作讀為「澤數以多」，以「澤」指恩惠，「數」即計量，「以」猶「而」⑲；李零讀「懌，數」，於「懌」後斷句；周鳳五則讀「澤藪以多」，謂「聖人之成就，非依賴外在有利之環境如澤藪之孕育萬卉群生，而不斷的自我要求，自我提升」⑳；李學勤讀「擇婁」，即「取」、「牽曳」之義，而以「多」讀「移」；陳偉後作則讀「擇數」，分為「區別」、「疾切」義㉑；而劉釗則讀「擇」為抉擇之義。不論於意義或語法而言，此諸說當中多半仍難順通。至於「及其專長而乇（厚）大也，則聖人不可由與墨之」一句，同樣是眾說紛紜。「專長」云者，《郭店楚墓竹簡》原釋文連讀，而學者就此有如「專長」、「溥長」、「博張」等讀法，然對此句的詮釋皆不外乎顏世鉉所謂「至於深厚廣大的境界」之義。㉒然「由與墨之」則更為費解。「墨」字有兩種釋讀，其一為裘錫圭按語之釋為「墠」，李零謂即「除」的意思，而顏世鉉及陳偉則讀為「單」，分別訓為「盡」、「大」，即是說一般人無法「極盡」聖人之境或使自己的品質「跟著增強」。㉓另一種釋讀則是李學勤之釋為「嘼」（畜）㉔，讀為「斆」（效），其意則為「聖人便不是中人能夠追隨效仿的了」㉕；陳偉則就此讀為「守」，即保守或持有之義，則以全句之大義為「等到聖人的品質變得很大時就達到聖的境界，而一般的人（中人）則無從擁有這種品質。」㉖此種種說法，雖大義可通，然均未對「不可由與＋動詞＋之」的特殊文法加以說明。唯劉釗則對「由與」本身給予不同解釋，認為「由與」乃讀為「猶豫」，「單」則讀為「憚」，即聖人不可「猶豫不決」而「畏怕」（或「慢易」）的意思。㉗至於「此以民皆又（有）眚（性）而聖人不可莫也」句，裘錫圭按語疑「莫」讀為「慕」，而李學勤解「不可慕也」為「非勉強可得」，劉釗則釋為「不可仿效」；而陳偉則讀「莫」為「募」或「侔」。㉘

然則依照學者的解釋，此段大義蓋可理解為：聖人與一般人性本相近，然而聖人經過不斷的自我提升，因而到後來聖人乃遠超乎一般人之上了。在此段之簡序排列無誤的前提之下，此種理解該是正確的，衹是其中細節似乎猶有可論者。今再將簡二一接於此段之後，且按照筆者自己的釋讀、句讀而重列如下：

> 聖人之眚（性）與中人之眚（性），其生而未又（有）非之。節於而〈天〉也，（二六）則猷（猶）是也。唯其於善道也，亦非又（有）譯（捨/釋），婁（屢）以多也。及其尃（薄），長而厇（厚）（二七）大也。則聖人不可由（須）與（臾）壘（獸（捨/休））之。此以民皆又（有）眚（性），而聖人不可莫（無）也。（二八）是以智（知）而求之不疾，其迲（去）人弗遠悘（矣）；戠（勇）而行之不果，

⑲ 陳偉，〈郭店楚簡《六德》諸篇零釋〉（見注❸），頁二九。

⑳ 周鳳五，〈郭店楚簡識字札記〉，頁三五八。

㉑ 陳偉，《郭店竹書別釋》，頁一四二。

㉒ 「尃長」見顏世鉉，〈郭店楚墓竹簡儒家典籍文字考釋〉（同注❻），頁一七七—一七八；李零〈校讀記〉同。「溥長」見陳偉，〈郭店楚簡《六德》諸篇零釋〉，頁二九。「博張」見李學勤，〈試說郭店簡《成之聞之》兩章〉，頁二三。

㉓ 均見前注所引。

㉔ 依劉釗解釋，「古文字中『單』、『嚚』二字乃由一個字形分化而成……『嚚』可用為『單』。」見劉釗，〈讀郭店楚簡字詞札記〉，收入武漢大學中國文化研究院編，《郭店楚簡國際學術研討會論文集》（武漢：湖北人民出版社，二〇〇〇年五月），頁九二。

㉕ 李學勤，〈試說郭店簡《成之聞之》兩章〉，頁二三—二四。

㉖ 陳偉，《郭店竹書別釋》，頁一四二。陳氏於「聖」後斷句。

㉗ 劉釗，〈讀郭店楚簡字詞札記〉，頁九二。

㉘ 見李學勤，〈試說郭店簡《成之聞之》兩章〉，頁二三—二四；劉釗，《郭店楚簡校釋》（福州：福建人民出版社，二〇〇三年十二月），頁一四五；及陳偉《郭店竹書別釋》，頁一四二—一四三。

其恔（疑）也弗枉（往）恔（矣）。（二一）

按，此跟著周鳳五、李零及李學勤於「非之」後斷句，意蓋為以其本性而言則無所不同。然「節於而也，則猶是也」句，今以「而」為「天」之誤（郭店簡中此二字相混之例甚多，今不多舉〔陳寧亦有此說，見注[51]〕），亦即其天然本性之義。「唯其於善道也，亦非又譯婁以多也」，筆者以為該於「譯」字後斷句，且讀「譯」為「釋」或「捨」，謂聖人之於善道乃「無有所捨棄之時」。「譯」（余紐鐸部）與「釋」（書紐鐸部）同聲符，固可通假，而「舍／捨」乃書紐魚部，聲紐均為舌音（與「釋」則雙聲），而韻部則對轉。讀「釋」或「捨」於意義無別，且「釋」、「舍（捨）」二字經常通假，例不勝舉。㉙「婁」或讀為「屢」（或「數」），「屢以多」似為「以頻繁次數而積累」之謂。然則全句之意即是，就其天然而言，聖人雖與中人相同，不過其對於善道的追求則沒有捨棄的時候，因而其所以能達到聖人之境，乃是以頻繁不斷的追求之累積而成的。接著此後的一句，乃是對此道理的進一步說明。按，學者就此均以「及……則……」為結構，即是說等到聖人如何如何，則中人之於聖人乃如何如何也。筆者則以「則」以後為下一句，而以「及」至「大也」視為獨立一句話。關鍵在於以「尃」讀為「薄」，而將之視為「厚大」之相反詞。㉚「及」字除了有「逮」、「至」等義以外，亦有如「乘時」、「趁早」之義㉛，然則此句意思或是說，祇要乘其聖性尚且薄弱微小時即便開始修養善道而日夜不休，則等其成熟之時乃將已變得雄厚而浩大，此即其趁早而不捨的結果。

至於「則聖人不可由（須）與（臾）⿱異土（歎〔捨／休〕）之」一句，「則」字用法在此或猶「故」、「然則」㉜，而「由與⿱異土」則讀為「須臾捨」或「須臾休」。按，劉釗讀「由與」為「猶豫」，無論從聲韻角度或通假前例看之而皆能通，唯於語法上在雙音節動詞後再加單音節動詞頗嫌不辭（除非其中加

「而」字）。然依筆者之見，將「由與」看作雙音節連語此一點並不誤，衹是因為其後所接二字形成動賓結構，則此雙音節詞做為副詞的可能性較大。因而筆者則疑此處「由與」實藉為「須臾」一詞。「由」是余紐幽部（ʎĭəu），「須」是心紐侯部（sĭwo），余、心為鄰紐㉝，幽、侯旁轉，可通；而「與」是余紐魚部（ʎĭɑ），「臾」是余紐侯部（ʎĭwo），乃雙聲旁轉，亦通。然則「須臾」亦即《禮記．中庸》所謂「道也者，不可須臾離也」之「須臾」，在〈成之〉此句中即是說，欲成為聖人的，片刻也不能休息，片刻也不能停止或捨棄其對「善道」的修養（「捨」或「休」之讀法見下）。

再仔細看，「由與」雖該可藉為「須臾」，然「由與」實為雙聲連語（ʎĭəu—ʎĭɑ）（與「猶豫」聲音全同），而「須臾」實乃疊韻（sĭwo—ʎĭwo）。或者僅可說：兩種連語在楚語中有同樣的效果，而有時可當特種動詞來用，有時則當副詞來用。何以知其然呢？按，楚語中有一連串的連語，如「須臾」、「逍遙」、「容與」、「躊躇」、「猶豫」等，都是相關的。「須臾」當副詞之外，亦可當動詞（或形容詞）用，義為「從容」㉞，與「逍遙」通。「逍遙」二字分別為心紐宵部、余紐宵部（sĭau—ʎĭau），兩字聲母

㉙ 見高亨，《古字通假會典》，頁八三九—八四〇。此非衹意義通假，而兼為聲音通假，因為此外「余」字聲系中亦有「澤」藉為「舍」，「斁」與「塗」相通之例。

㉚ 此亦見於〈語叢一〉第八二簡：「𠪚（厚）於義，尃（薄）於悬（仁）」；見李零，〈校讀記〉，頁五三四、五三六—五三七。

㉛ 《史記．高帝紀》：「及其鋒而用之，可以有大功。天下已定，人皆自寧，不可復用」，是其例。

㉜ 《經詞衍釋》卷八：「『則』，猶『故』也。《左傳．昭二十年》：『夫火烈，民望而畏之，故鮮死焉；水懦弱，民狎而翫之，則多死焉。』『則』與『故』相對成文，是『則』、『故』同一義也。」

㉝ 前者是齒音，與後者舌音關係較遠，然「由」字聲系中亦有舌音者，如「袖」（邪紐［zĭəu］）。

㉞ 王念孫，《讀書雜志．史記第五．淮陰侯列傳》「足下所以得須臾至今者」，王氏按語謂「須臾，猶從容，延年之意也。」

均與「須臾」一樣，而其宵部則與「須臾」之侯部旁轉（亦與「由」之魚部旁轉）。《楚辭．離騷》：「欲遠集而無所止兮，聊浮游以逍遙」，王逸注：「『逍遙』、『相羊』，皆遊也……『逍遙』，一作『須臾』」是「逍遙」與「須臾」可通假，皆從容而遊之意。《楚辭．九章．哀郢》：「去終古之所居兮，今逍遙而來東。羌靈魂之欲歸兮，何須臾而忘反？」，是則二詞相對為文之徵。㉟「逍遙」亦與「容與」義近：《楚辭．九歌．湘君》曰「時不可兮再得，聊逍遙兮容與」；朱熹集注：「『逍遙』、『容與』，皆遊戲閒暇之意也。」《楚辭．九章．涉江》：「船容與而不進兮，淹回水而疑滯」；《楚辭．九章．思美人》：「固朕形之不服兮，然容與而狐疑」；《廣雅．釋訓》「『躊躇』、『猶豫』也」，王念孫《疏證》：「『容與』，亦『猶豫』也。」是「容與」既通「逍遙」又通「猶豫」（「容與」如「猶豫」同樣為雙聲連語：「容」是余紐東部〔ʎĭwoŋ〕，「容與」即ʎĭwoŋ—ʎĭa，與「猶豫」〔ʎĭəu—ʎĭa〕音近）。「躊躇」一詞（定紐幽部、定紐魚部〔dĭəu—dĭa〕），與「由與」、「猶豫」聲音幾乎一樣，而在《莊子》中，「躊躇」、「容與」均有「徘徊猶疑」及「安閒自得」兩義。㊱在此諸詞當中，習慣上雙聲連語者多用於「猶豫不決」之意，疊韻者則多謂「從容不迫」，然並非定律。此外尚有「斯須」（sĭe—sĭwo）（「斯」字心紐支部），用法與「須臾」一樣，但前者乃與「由與」（或「猶豫」）一樣為雙聲連語，且兩韻部之間均為旁轉關係，其實將「由與」直接認為「斯須」之變音似亦無所不可。《禮記》中〈樂記〉與〈祭義〉兩篇均曰：「禮樂不可斯須去身……心中斯須不和不樂，而鄙詐之心入之矣；外貌斯須不莊不敬，而易慢之心入之矣」，是之謂也。

今用表列諸詞之古音及施用範圍如下：

雙節詞	擬音	二字聲紐、韻部	詞意
猶豫、由與	ʎĭəu—ʎĭa	余幽—余魚	遲疑不決
躊躇	dĭəu—dĭa	定幽—定魚	遲疑不決、安閒得意
容與㊲	ʎĭwoŋ—ʎĭa	余東—余魚	遲疑不決、安閒得意、從容無為
逍遙	sĭau—ʎĭau	心宵—余宵	從容無為
須臾	sĭwo—ʎĭwo	心侯—余侯	片刻之暇、從容無為
斯須	sĭe—sĭwo	心支—心侯	片刻之暇

總之，此種種蓋皆「徘徊不進」之義，然在不同情況含意有別：無事時則以「從容不迫」為意，急迫時則以「猶豫不決」為意，而變為副詞時則以「以一片刻之猶豫」或「以一片刻之逍遙」為意。以後來用詞的習慣而言，則在〈成之〉此段讀為「須臾」（或「斯須」）似最為近之。

至於「罜」字，此依李學勤之見釋為「⿱罒昌」，然筆者則讀為「捨」或「休」。按，以「⿱罒昌」為聲之「獸」字是書紐幽部（ɕĭə），「捨」則是書紐魚部（ɕĭa），二字雙聲旁轉可通。《荀子·勸學》：「學

㉟ 或亦釋此「須臾」為「片刻」之義（見金開誠、董洪利及高路明，《屈原集校注》〈北京：中華書局，一九九六年八月〉，頁四九七）。然釋為「徘徊」亦通，或在此更為合理。

㊱ 〈養生主〉篇庖丁解牛而「為之躊躇滿志」（亦見〈田子方〉）；〈人間世〉篇則托孔子之語謂「案人之所感，以求容與其心」。至於「須臾」一詞，外篇〈知北遊〉曰：「自本觀之，生者，喑醷物也。雖有壽夭，相去幾何？須臾之說也，奚足以為堯、桀之是非！」；〈山木〉曰：「吾敬鬼尊賢，親而行之，無須臾離居」，亦有其不同用法。

㊲ 與「容與」、「逍遙」等聲、義均近之疊韻詞，亦有如從容（tsʻĭwoŋ—ʎĭwoŋ；清東—余東）、相羊（sĭaŋ—ʎĭaŋ：心陽—余陽）等詞，今不多舉。類似的雙聲連語亦有徘徊（buai—ɣuai：並微—匣微）、彷徨（baŋ—ɣuaŋ：並陽—匣陽）等。

惡乎始？惡乎終？曰：其數則始乎誦經，終乎讀禮；其義則始乎為士，終乎為聖人。真積力久則入，學至乎沒而後止也。故學數有終，若其義則不可須臾舍也。為之，人也；舍之，禽獸也。」是以求成為聖人之道中而言，以學問之「不可須臾舍」為文。此所謂「真積力久」，似亦可以當〈成之〉之「屢以多」注文。《荀子・天論》亦曰：「若夫君臣之義，父子之親，夫婦之別，則日切瑳而不舍也」，則更以「六位」之道言「不捨」之功夫。唯上面既已言「譯」或藉為「捨」，若同段中又藉「嘼」為之，無乃不可乎？其實此種「上下文異字同」現象，《郭店楚簡》中屢見不鮮，不足怪。㊳然而既已有之，則或不如看成是「嘼」藉為「休」才對。「休」是曉紐幽部（xĭəu），聲母與「嘼」字之書紐雖是較疏的牙音與舌音關係，但曉、書二紐確有同聲系中通假之例（如「曉」、「燒」是也），而二字韻母則疊韻，通假的可能性仍是不小。此「休」則即「日夜不休」之「休」，與「捨」意無甚別。《荀子・修身》曰：「故蹞步而不休，跛鱉千里；累土而不輟，丘山崇成」，亦即「不可須臾休之」之謂。

接著「此以民皆又（有）眚（性），而聖人不可莫也」句，「莫」字確可讀為「慕」、「模」或「侔」，而強調的則是在此長久「不休」的功夫之後，聖人之境已遠不是中人所能效法的了。然筆者則疑此「莫」讀若「無」㊴，所言乃聖人之所以「不可須臾捨／休」其對善道的自我修養，即因為其本性與中人仍然無別，何以獨能無此本性？此乃重申本段開頭一句所言。這種理解若是無誤，則再接著以第二一簡便是相當合理的：「是以智（知）而求之不疾，其迲（去）人弗遠恢（矣）；戠（勇）而行之不果，其恢（疑）也弗枉（往）恢（矣）。」所謂「求之不疾」即是「須臾捨之」之謂，而一旦如此，便「去人弗遠」，與中人乃無大分別：需要急切、果斷的求善而行事，才將往前邁進而超乎中人之上。

〈中庸〉謂「修道」為「教」，而道「不可須臾離」，此所以率本性而至於達道也。《荀子》強調修學之蹞步千里、小流江海之「功在不舍」之理，其義則終身積蓄而不可須臾舍之。均言教學對本性的薰染與自我修養之永不可廢。〈成之〉所言「恆」、「疾」、「終」等概念，蓋可視為這些後來儒書所憑的思想淵源之一。

參、〈唐虞〉、〈性命〉、〈六德〉等篇雜識

此節分對〈唐虞之道〉、〈性自命出〉及〈六德〉幾處加以新說。

(1)〈唐虞之道〉簡序重排：二八接一四、一一接二九及一三接二二

〈唐虞之道〉一篇，原編者所採簡序尚待調整，而周鳳五、李零、陳偉等學者已提出若干調整意見。其中簡一〇至簡一二之間，陳、周二位已指出一〇、一二兩簡講的是「禹治水，益治火」及至「夔守樂」之事，此兩簡該直接聯繫而簡一一則另有所屬[40]，此一說法甚確。然此外尚有可說者。按，原序中簡二七至二九如下：

---

[38] 見顏世鉉，〈郭店竹書校勘與考釋問題舉隅〉，《中央研究院歷史語言研究所集刊》第七十四本第四分（二〇〇三年十二月），頁六三五—六三九。

[39] 不但二字本義相近，二聲系亦經常通假，見高亨，《古字通假會典》，頁九二五、九二六。

[40] 見陳偉，〈郭店楚簡別釋〉，《江漢考古》一九九八年第四期，頁六九；周鳳五，〈郭店楚墓竹簡〈唐虞之道〉新釋〉，《中央研究院歷史語言研究所集刊》第七十本，第三分（一九九九年九月），頁七五〇—七五一；陳偉，《郭店竹書別釋》（見注[3]），頁六七—六八。

……《吳（虞）時（詩）》曰：「大明不出，完（萬）勿（物）虐（咸）訇。聖（二七）者不才（在）上，天下北（必）壞。」幻（治）之至，羧（養）不喿（肖）；亂之至，滅臤（賢）。忎（仁）者為此進（二八）[41]

女（如）此也。■（二九）

編者如此將簡二九跳行而排，正因為知其直接與簡二八相連則不順，而其所書三字後明有文章結束符號，故姑置之於此而已。然簡二九既如此孤立，簡二八又語氣不足，實二九他有所承，而二八另有所接。周鳳五疑此處缺簡，未加調整。李零則將簡一二接於簡二八之後，然此一連接既無必然關係可言，又明不如陳、周二位將一二接於一〇後之說；李氏另將簡二九接於二一之後，即「不禪而能化民者，自生民未之有也，（二一）如此也。（二九）」，然簡二一本語氣已備，如此接二九稍有畫蛇添足之感。[42]陳偉後項依李氏之序，前項則「雖然『進年不弋』語義未詳」而「試將一八號簡接於二八號簡之後」，顯是試探性的調整。[43]

今按，簡二八後實該以簡一四接之，其文如下：

……幻（治）之至，羧（養）不喿（肖）；亂之至，滅臤（賢）。忎（仁）者為此進（二八）幻（治）也。

古者堯生（升）於天子而又（有）天下，聖以堣（遇）命，忎（仁）以逵（逢）旹（時）……[44]（一四）

簡二八既言至治之效及至亂之弊如此，則「仁者為此進治也」當然便是其最為合理的結論。且依原序，非唯簡二八後無所接，簡一四前本亦無所承，而現在如此相連，則二八與一四皆有著落了。[45]

然則至於簡二九，若於簡一一末端補「禪者」二字，則簡二九實可接於今無所屬的簡一一之後，而將之置於自成段落末句的簡二一之「不禪（禪）而能蝺（化）民者，自生民未之又（有）也」之下㊻，可視為本篇的結論：

□卩（巽）㊼虖（乎）脂膚血旣（氣）之青（情），羧（養）眚（性）命之正，安命而弗実（天），羧（養）生而弗敡（傷）：智（知）【禪者】（二一）女（如）此也。━（二九）

固然，「知禪者」何以能有如此神妙的功效，未有進一步的說明，然似可視為簡二〇—二一所言上德則世明、禪賢以化民之道的結果。況且此種排法比李、陳所採者語順許多，而此篇他段中簡二五之「古（故）堯之禪（禪）虖（乎）舜也，女（如）此也」，亦是承其上之數句而以「禪」之功效為文，情況與此

㊶ 「吳陟」之讀「虞詩」，「完」之讀「萬」，及「枽」之讀「肖」均依裘錫圭按語。「虐」之釋為「咸」從周鳳五說（見前注，頁七五六）；周氏亦謂「訇」讀為「隱」，蓋是。

㊷ 李氏之說見〈校讀記〉，頁四九七—五〇一。

㊸ 陳偉，《郭店竹書別釋》，頁七二—七三。

㊹ 「生」之讀「升」，「坐」之讀「遇」及「遣」之讀「逢」均依裘錫圭按語。

㊺ 《郭店楚墓竹簡》釋文於一三、一四兩簡之間跳行分段。李零及周鳳五均將簡一四直接於簡一三之後，而李氏又將一三末所缺二字試補為「絕，夏」，讀簡一四頭字「幻」為「始」，今不取。陳偉則姑將一二、一四兩簡連讀，但亦謂此二簡「似難……直接連讀」，故又疑「其間或有缺簡」（見《郭店竹書別釋》，頁六八）。我則將簡一二與一三直接連讀，而將一四移至二八之後，如上所述。

㊻ 周鳳五亦將簡一一接於以簡二一結束的一段之後，然一一下所接則不同，並非全篇的末段。

㊼ 「□卩」一字，左偏旁不明，原釋文姑讀為「節」。周鳳五（見注㊵，頁七五四）隸定此字為「僎」，讀為「巽」；李零則隸定為「抑」，讀為「順」。

略有所同。

第一四簡誠若接於第二八簡之後，則第一三簡後所接者何？依筆者之見，可與以「之正者，能以天下禪矣」開頭的第二三簡連讀。李零讀「正」為「政」而將簡二三接於一一後，補簡一一末所缺二字為「天下」，讀「知『天下』（一二）之政者，能以天下禪矣」；然此雖是語氣順暢，但與簡一一前文則關係不明，儘管其中「養性命之正」一句亦有「正」字之可相應（李氏亦讀此「正」為「政」）。周鳳五亦將簡一一與簡二三連讀，然於簡一一末則另補了三字為「養性命」（陳偉依之，但以「養」一字去掉），與簡一一前文關係較明；然而今既以簡二九接於一一之下，故不取此說。按，第一三簡末端亦缺二字，而今若補之為「正義」二字，則簡一三接二三即如下：

【虞】（一二）用悳（威），虽（夏）用戈，正㊽不備（服）也。炁（愛）而正之，吳（虞）虽（夏）之紿（治）也。徸（禪）而不速（傳），義亙（恆）【正；義】（一三）之正者，能以天下徸（禪）歖（矣）。

古者堯之與舜也，……（二二）

「愛而正（或『征』）之」為虞夏之治，而欲以「威」、「戈」來「正（／征）不服」，則統治者非憑其本身之正義不可。然則下文「禪而不傳，義恆正」正承此其前文所云，而再接以「義之正者，能以天下禪」縱屬循環邏輯之言，然文字相扣，語氣順暢，正可視為禪義之週而復始之所以之謂也。

以上的簡序調整若能成立，則〈唐虞之道〉整篇已可連讀，依筆者推論，其簡序可改為：一－一〇、一二－一三、二三－二八、一四－二一、一一、二九。

(2)〈性自命出〉簡九—一二對人性之「砥礪」

〈性自命出〉簡九至簡一二有一段文如下：

> 凡眚(性)，(九)或𢾛(動)之，或逵(逆)之，或室之，或萬(礪)之……凡𢾛(動)眚(性)(一〇)者，勿(物)也；逵(逆)眚(性)者，兌(悅)也；室眚(性)者，古(故)也；萬(礪)眚(性)者，宜(義)也……(一一)……㊾

其中「室」字，原釋文隸定為「交」，然裘錫圭據上博楚竹書相應之字，已指出郭店此字「就是『室』字的誤摹。」㊿裘氏乃讀此「室」為「實」(或讀如本字，即給框架的意思)，而以「實性者，故也」之「故」則解為「故事」，其內容即「詩、書、禮、樂」等傳統。[51]

裘氏讀「室」為「實」或本字，皆可通，然今依其隸定而提出另一種可能，即讀「室」為「砥」。

㊽ 此與下一「正」字或可讀如「征」(周氏即如此讀)，然「征」本取以武正之義，與「正」本字相關。

㊾ 「逵」字之釋「逆」依黃德寬與徐在國之說及上博竹書〈性情論〉相應之字；見黃德寬、徐在國，〈郭店楚簡文字續考〉，《江漢考古》一九九九年第二期，頁七五—七五。「萬」字讀「礪」依陳偉，〈郭店簡書《人雖有性》校釋〉，《中國哲學史》第三二期(二〇〇〇年十一月)，頁三—一三。「室」字，原釋文隸定為「交」，此從裘錫圭之說(見下)。

㊿ 裘錫圭，〈談談上博簡和郭店簡中的錯別字〉，《華學》第六輯(二〇〇三年六月)，頁五二。

[51] 「故」字此說，陳寧亦有之；見陳寧，〈《郭店楚墓竹簡》中的儒家人性言論初探〉，《中國哲學史》一九九八年第四期。

「室」為書紐質部（其聲符「至」則章紐質部），「砥」乃章紐脂部，聲母為旁紐，韻部則對轉，聲音極近。且「至」、「氐」二聲系經常相通，如「至」與「砥」，「厔」與「底」，「鴲」與「鴟」，「荎」與「柢」等，[52]則二字之可通假無疑。「砥性者，故也；礪性者，義也」，「砥」、「礪」相互為文，其相配極順，而儘管二者涵義幾乎相同，然其間或有細微區別，亦未可知。《荀子．彊國》曰：「刑范正，金錫美，工冶巧，火齊得，剖刑而莫邪已。然而不剝脫，不砥厲，則不可以斷繩；剝脫之，砥厲之，則劙盤盂、刎牛馬忽然耳。……彼國者亦有砥厲，禮義、節奏是也。」〈性惡〉篇亦以「良劍」之「砥厲」為喻而言「人雖有性質美而心辯知，必將求賢師而事之，擇良友而友之」之理。此皆以「砥礪」為以禮義等良好模範為師而對人之心性乃至國性的某種薰染與修煉功夫，與簡文之以「故」、「義」為「砥性」、「礪性」者，正好相應，故或可錄以備一說。

(3)〈六德〉中「多」字新讀

〈六德〉一三至一九簡之間，有一段話是以以下的形式而寫的：

（以某某德行任職……）

……冐（謂）之君，以宜（義）叓（使）人多。宜（義）者，君悳（德）也。

……冐（謂）之【臣】，以忠叓（事）人多。忠者，臣悳（德）也。

……冐（謂）之夫，以智銜（率）人多。智也者，夫悳（德）也。

……冐（謂）之婦，以信從人多也。信也者，婦悳（德）也。

學者對其中的「多」字有種種解釋，但至今仍無令人說服的講法。其實答案或者很簡單，即是「多」字才不過是「者也」的合音。

按，粗略看上舉的幾句也不難看出，「者也」若放在「多」字所居的位置乃再合理不過，全段的基本意義便容易瞭解。若再看《大戴禮記·本命》及《禮記·郊特牲》對夫德與婦德的相當文句，則前者為「謂之知，所以正夫德者」及「謂之信也，所以正婦德也」，後者則是「夫也者，以知帥人者也」及「婦人，從人者也」，與本段攸關句子形式極近。以聲音求之，「者」字為章紐魚部（ȶia），「也」字為余紐歌部（ʎia），則二字的合音該是章紐歌部（ȶia，或縮短為ta）。「多」則恰好為端紐歌部（ta），與「也」字疊韻，與「者」字聲紐則幾乎一樣（準雙聲關係），可見其藉為「者也」二字之合音的可能性頗大。[53]

然則為何上列末句「信從人多」後還另加「也」字呢，難道古代漢語中有「……某者也也」的詞例嗎？然此一難題亦不難，因為公認常藉為「之乎」二字合音的「諸」字，亦往往有後面多加一個「乎」字的現象，如「有諸乎？」，此類不少，今不多舉。此道理與「多也」之道理相同，並不足怪。

〈六德〉二五—二六號簡亦有相同的句式：

---

[52] 見高亨，《古字通假會典》，頁五六四—五六六。

[53] 「也」、「多」二字聲系亦有通假之例，如「池」、「施」及「虵」都與「移」字通：見高亨，《古字通假會典》，頁六七九—六八一（然朱駿聲則以「池」等字實从「它」聲而將「也」字歸解（支）部；董同龢則歸魚部。「也」字歸部之分歧，見陳復華、何九盈，《古韻通曉》（北京：中國社會科學出版社，一九八七年十月），頁三四四—三四五）。《郭店楚簡》中一字藉為二字合音的現象，亦見〈五行〉篇簡三二「审（中）心兌（悅）𡘋」一句，馬王堆帛書〈五行〉作「中心說焉」，而「𡘋」一字，裘錫圭按語釋為楚文「禪」字右旁，讀為「之焉」的合音（亦如「旃」字），是其例。

(夫婦、父子、君臣六職之德……)雚(觀)者(諸)《时(詩)》、《箸(書)》……豊(禮)、樂……《易》、《春秋》則亦才(在)壴(矣)。新(親)此多(者(也))也，畬(敘)54此多(者也)，(二五)頻(美)此多(者(也))也。

此段中「親此多也」三句不易理解，然如將其中「多」字讀為「者也」的合音，則意思或者即是：六德之道既已寓於《詩》、《書》、禮、樂、《易》、《春秋》等六藝之教當中，那麼此六藝之教是何種經典、何種傳統呢？自然就是「親近、敘述及美化此六德之道者也。」至於三二—三三號簡：

敨(欲(容))之為言也，猷(猶)敨(欲(容))敨(欲(容))也，少而(三二)岦(慎)多(者(也))也。55

今不論其所言者為何，然語法上以句末之「多」讀為「者也」之合音則相當語順。

誠然，此「多」之讀為「者也」相當獨特，傳世先秦文獻中似未曾見過相同的例子。然〈六德〉篇本來即比較獨特，如其中「焉」一詞有時寫成「言」字，亦是極其罕見的。56「者也」二字，〈六德〉篇亦未見其一起出現過，而於其似乎該出現的幾處，卻都出現一個「多」字，亦或可說明後者確實藉為前者的可能性。57

肆、〈語叢一〉零釋

〈語叢〉數篇，以格言短語的體材概括與《郭店楚簡》他篇基本一致的儒家思想精髓。然由於其各自記載於一簡或兩三簡的形式，因而特難定其之間的正確簡序。儘管各語之間不一定有固定順序可言，然或該以物以類聚的排法視之，而更疾首的問題則是，一語之內的簡序亦往往難定，甚至何簡與何簡可

---

54 「酓」字之釋讀為「敘」，從顏世鉉，〈郭店楚墓竹簡儒家典籍文字考釋〉（同注❻），頁一八三—一八四。

55 「敀」字之釋讀，姑從陳偉說（《郭店竹書別釋》，頁一二七—一二八）；劉國勝釋為攺，顏世鉉讀納，亦通；見顏世鉉，〈郭店楚簡〈六德〉箋釋〉，《中央研究院歷史語言研究所集刊》第七十二本第二分，頁四七九—四八〇。「㒼」之隸定，從李零〈校讀記〉；顏世鉉讀「軫」（章紐文部；同書，頁四八〇），我則姑讀為與「軫」字讀音相近的「慎」（禪紐真部）。「㒼」與「慎」之關係，亦見廖名春，〈郭店楚簡《性自命出》篇校釋〉，收入氏編，《清華簡帛研究》第一輯（二〇〇〇年八月），頁六四注二三二（〈性自命出〉簡六五）。此句〈五行〉篇亦有之，作「匿之為言也猷（猶）匿匿也，少（小）而訪〈診（軫）〉者也」，「訪」字或以為「診」字之訛（馬王堆作「軫」），而學者多視「軫」為「眾多」意。然「軫」字亦有「隱也」之訓，讀音與「隱」亦相近，因而又疑此兩處之「訪〈診〉」、「㒼」或可讀為「隱」。無論如何，值得注意的則是，〈五行〉篇此處「者也」二字，恰好亦相當於〈六德〉篇「多」字的位置，似非偶然。

56 見三三—三四簡「男女，辨生言（焉）」等句陳偉《郭店竹書別釋》（頁一二九）的解釋。

57 〔芝加哥大學彼會前幾日，收到陳劍讀完拙作後的來信，乃知陳先生於即將發表的論文當中，亦提出類似的說法，將此「多」字讀為「者」，而於沈培最近寫的一文當中，亦提到陳劍提出其為「者也」之合音的可能性。陳劍彼文題為〈郭店簡《六德》用為「柔」之字考釋〉（待刊），沈培文則題作〈郭店簡《六德》「多」字舊說訂誤〉（待刊）（按，沈培自己則讀「多」為「是」）。陳劍與我不謀而合地提出相同的看法，至少可以顯出此一讀法的自然性。芝會本說發表後，又得到在座法國聲韻學家 Laurent Sagart 的贊同，說依他們自己所擬訂的系統，「多」字聲母中擬有“j”音（*t-lojʔ），亦正與其對「者」字聲母擬音相同，可視作另一種旁證。〕

構成短語又時而無從判斷。然則在此言語短暫而簡序混亂的情況下，進一步認定其中各別文字的正確讀法，更為難之又難之事。儘管如此，而同時又有邏輯可循，經過多人的推敲，庶幾或可解決其中大半之迷。今依於原編者及他人的基礎之上，就〈語叢一〉一篇的部分內容，提出一些新的推測。

(1)「有前有後」

〈語叢一〉簡一四—一五依原釋文即如此：

又（有）勿（物）又（有）容，又（有）𦘕（盡）又（有）㫗（厚），（一四）又（有）頻（美）又（有）膳（善）。▃（一五）

在此二簡確該連讀的前提下說之：有物就有物之容貌，此可視為一種本末或先後關係；有美則必有善為之素，此亦可視為一種（倒過來的）本末或先後關係。然則「盡」、「厚」一對亦該如是，但是以本字讀之則不可通。按，此二字疑該讀為「前」、「後」。「盡」是從紐真部，「前」是從紐元部，乃雙聲旁轉韻；「厚」字是匣紐侯部，「後」同樣為匣紐侯部，乃雙聲疊韻，且此二者亦有通假前例。[58]何以不用本字而藉此二字為之未可知，然於聲音完全可通假無疑。簡四—七亦云：

又（有）命有虔（文）又（有）名，而句（後）（四）又（有）緣（根）。▃[59]（五）
又（有）埅（地）又（有）型（形）又（有）𦘕（盡〔前〕），而句（後）（六）又（有）㫗（厚〔後〕）。▃（七）

其中天文與地形之相配關係，緐（根）一字的確切內涵等問題尚待進一步的解釋，然至少「有前而后有後」符合哲學的邏輯，如此讀則大致可理解一班。至於「而後」與「前後」之「後」如何於同句中用兩種字，則其用法既殊，其寫法之相異亦不足怪。

(2)「由中出者」與「由外入者」

〈語叢一〉簡二一與簡七六依原釋文本不相關，然如果並在一起，恰好或可構成一對文。今先冠以簡一八—二〇，列之於下：

> 夫〈天〉生百勿（物），人為貴。人（一八）之道也，或邎（由）中出，或（一九）邎（由）外內（入）。━（二〇）
>
> 邎（由）中出者，急（仁）、忠、信。邎（由）（二一）□□【者】，𢘓（義），肰（然）不肰（然）。━（七六）

---

58 見高亨，《古字通假會典》，頁三二四—三二五，「後」與「厚」，「后」與「厚」及「郈」與「厚」諸條。「前」雖似無與「盡」相通之前例，但其聲系卻與真部之「晉」系相通，如「箭」與「晉」，「翦」與「戩」等；見《古字通假會典》，頁八四、一九六。

59 「虔」之讀「文」依李天虹說；「緐」之讀「根」依陳偉武。見李天虹，〈釋楚簡文字「虔」〉，《華學》第四輯（二〇〇〇年八月），頁八五—八八；陳偉武，〈郭店楚簡識小錄〉，《華學》第四輯（二〇〇〇年八月），頁七六—七八。

簡二一之下顯然有所接，且該以「由外入者，某某某」的對文形式成句，然學者素以為此簡已消失。與「仁」相配的似乎該為「義」，而假如此對文所言為〈六德〉中之德目，則「某某某」可補為「義知聖」；但是此種內外之分法，則明已與〈六德〉篇之分法相背。李零則補「禮樂刑」❻⓪，而此也有一定的道理，儘管《樂記》等文有禮外樂內之說。然而今提出另一種可能，即是此所補簡並未消失，而或即可以簡七六當之。簡七六頭兩字已缺，第三字「者」祇存下半而大致可認；「𢘽」字原釋文未提出讀法，但簡九三之「𢘽」字讀「義」，此字亦該然。❻❶然則此若補「外內（入）」二字，則「外內（入）者，𢘽（義），肰（然）不肰（然）」，接於簡二一「遙（由）」字之後，恰好可以構成對文（且以章末符號結之）。誠然，「然不然」並不如「仁義忠信」之為德目，然既僅以「人之道」中之「外入」者為言，則「然不然」亦與「義」相近，是由外在條件作為其判斷的標準。身為子而父攘羊，於義所不取，而以仁為之隱，其行固所不然，而於心中則忠孝到底，此亦內外之分也。即使此篇外「然不然」未曾見其與「忠信」為對，但是二簡相並如此吻合，且義意上亦並非難通，似為一種合理的可能。

(3)「賢者」之「無物不物」

依原釋文，〈語叢一〉簡七一—七二有一段文如下：

亡勿（物）不勿（物），䖂（皆）至安（焉），而（七一）亡非㠯（己）取之者。━（七二）

此外有三枝若喪其耦的孤簡如下：

臤（賢）者能里（理？）之。■（五四）

　悲苲其所也，亡非是（七三）

勿（物）各止於其所，我行62（一〇五）

今試重排而讀之如下。先以簡一〇五、七三、七二為一章：

勿（物）各止於其所，我行（一〇五）悲（排）苲（錯）。其所也，亡非是，（七三）亡非㠯（己）取之者。■（七二）

如此排列，其義可理解為：萬物皆依其本性而皆有適當的用處，其所用由其功能取決，然亦必經過我們所進行的安排與錯置方可為人們所用。如五穀之為人所食，其本性宜然，但是人亦必先種之、長之、收之、藏之方能享而用之。此中「悲苲」或讀為「排錯」。按，後代文獻中出現「排笮」一詞，意猶「排擠」，或與此「悲苲」有關，然意義該亦有所別。此讀「排錯」，雖並非俗定成名所構成的一詞，然二字意義相近，在此並列頗有其理。「排」有安置、排列等義，「錯」（或「措」）亦有安置義（二字亦可有推擠、廢棄之義），則「排錯」蓋即安排而錯置，即我所加於萬物的整理（或採擇）功夫。君之於民亦然：《楚辭·九章·懷沙》云：「萬民之生，各有所錯兮」，與此「排錯」之「錯」義近。「悲」是幫紐微

60 李零，〈校讀記〉，頁五三三、五三六。

61 李零，〈校讀記〉亦讀簡七六此字為「義」。

62 原釋文將簡七三與七四及簡一〇五與一〇六並排，但未直接連繫。簡一〇五末稍斷掉，但未能多容一字。

部，「排」是並紐微部，讀音相近，且二字同聲符，固通。「笮」之聲符「乍」是崇紐鐸部（「笮」是莊紐鐸部），「錯」則是清紐鐸部，讀音極近，且二聲系通假之例比比皆是63，二字可相通無疑。再者，「物各止於其所」之「所」是魚部字，與「錯」為對轉，適可押韻；此外，簡七三之「其所」也，正承簡一〇五之「其所」成文，皆可視為此二簡連排的旁證。簡七三與七二之兩個「亡非」則亦連讀，句義蓋為：萬物所止，經過我們的安置，則無非是正確的，然亦無非是依據其本有的性質而取決的。

此說若能成立，則剩餘二簡，亦適可相連為一：

亡勿（物）不勿（物），虐（皆）至安（焉），而（七二）臤（賢）者能里（理）之。▌（五四）

意思與前一章並無二致：萬物各至於其所，而賢人聖者能加以適當的安置、處理，因而無物不物，無有一物不為人類所用。64

(4)「無為」與「刑非」

〈語叢一〉有三段文，李零已指出該相並而視為一組：65

人亡能為。▌（八三）

義亡能為也。▌（五三）

為孝，此非孝也；為弟，（五五）此非弟也。不可為也，（五六）而不可不為也。為之，（五七）此非也；弗為，此非也。【一】66（五八）

今按，此「人亡能為」之「人」或該讀為「仁」，則與「義亡能為也」相對。大義為仁、義、孝、悌等行為，當然要去作，但不能為外在的目的而刻意去作，不然乃不是真正的德行。然則「無為」便是一種美德。鑑於此，或許可將孤簡六二與七四兩簡相互連繫如下：

其生也亡為虖（乎）？其型（刑）（六二）之弗（非）也。▬（七四）

按，原釋文中簡六二本無標點，今試斷為問句；簡七四之「弗」字未破讀，今讀為「非」。「弗」是幫紐物部，「非」是幫紐微部，其聲母則同，其韻部則對轉，可通。《尚書·呂刑》之「苗民弗用靈」，《禮記·緇衣》引「弗」作「匪」，而《郭店楚簡》〈緇衣〉引作「非」，是其例。〈語叢一〉諸「型」字中，孰讀「形」、孰讀「刑」難以確知，然若以此字讀「刑」，則句意或為：假若此人的生活中未曾為了某種目的而刻意去做不該做的事，則加罪於其身而刑之是不應該的。此或可視為法律理論上對犯罪意圖之考量的某種表現。二簡究竟是否相關難知，今試並之以待後考。

63 如「乍」與「措」、「藉」；「作」、「昨」與「昔」；「齚」與「齰」；「胙」、「阼」與「藉」；「酢」與「醋」；「柞」與「諎」、「唶」；「笮」與「諎」、「矠」、「措」，「筰」與「唶」，「窄」與「措」等。見高亨，《古字通假會典》，頁九〇三—九〇五。

64 陳偉有種不同的排法，即將簡一八、一〇五、九九、七一、七二連讀，其說也有一定的道理，未知孰是，讀者可參看相較。見陳偉，《郭店竹書別釋》，頁二〇八—二〇九。

65 見李零，《郭店楚簡校讀記（增訂本）》（北京：北京大學出版社，二〇〇二年三月），頁一六〇、一六三。

66 此簡末稍已斷，章末符號缺，今補。

(5)「物」、「由」、「歸」與「教」

〈語叢一〉簡一〇—一一有一段文如下：

又（有）勿（物）又（有）繇（由）又綠，而句（後）（一〇）䛷（教）生。—[67]（一一）

其中「綠」一字，黃德寬與徐在國指出其右旁與「遺」之聲符相同，因而隸定為「繢」，但未說明在此該如何理解。按，此字從糸旁，絲綢等物常為禮尚往來的贈品，故頗疑此字通「饋」，而在此則讀為「歸」。「饋」是群紐物部，「歸」則是見紐微部，聲母為旁紐，韻部乃對轉，可通（而與「饋」同源的「餽」字則列為群紐微部，與「歸」疊韻）。[68]《論語》中〈陽貨〉篇「孔子不見，歸孔子豚」，〈微子〉篇「齊人歸女樂，季桓子受之」及〈先進〉篇「浴乎沂，風乎舞雩，詠而歸」，《釋文》均謂「『歸』，鄭本作『饋』」，並謂「魯讀『饋』為『歸』」[69]，楚地似乎亦仍之。「有物有由有歸而後教生」，即是說凡事物既有其起源、其由來，又有其後果、其歸宿，而這些都是教育攸關。遇到某種情況，而欲採取適當的行動，即必須考慮到其前因後果才行，此乃道德之要義，教學之核心所在。

伍、結語

以上諸條中的文字新釋讀與簡序調整，其所涉及的具體問題雖小，而給先秦思想史所帶來的意義卻不可低估。〈成之〉中的「恆」、「疾」、「終」等概念從何而來？其間的定義、分界及相互關係究竟如何？假如聖人之功在於「善道」之「不捨」，則其「求之於己」的功夫所指，畢竟是求之於本性而推廣之？抑是藉之於《詩》、《書》而砥礪諸己？〈唐虞之道〉極推禪道之用，為所以進治戡亂乃至養生安命，其作者如此大張其詞，為的是何種政治目的、何種思想對象？至於〈語叢一〉中的「前」、「後」及「由」、「歸」等概念，其哲學內涵大有可言，而同篇之「中出」與「外入」者，以及「無為」與「物物」等條，皆與《郭店楚簡》他篇所言，甚至與荀況老莊所論，皆有相互出入與遙遙相對之處。以上所推論容有過言失真之所，然若能藉此而引起對《郭店楚簡》思想內涵及思想史意義的進一步討論與推想，則此塊小磚不至廢拋。《郭店楚簡》的研究已進行七年之久，經過多位學者的不斷而急切的努力，而其中不少奧秘至今仍待探索。誠然是「疾之可能，終之為難」，此所謂者並非虛言。

67 「繇」字原釋文未讀，然該等於「由」字。「教」字，原釋文隸定為「諺」，然裘錫圭按語則隸定為「[illegible]」（教），今依之。

68 王力視「饋」、「餽」二字為一，均列為「微」部：見王力，《同源字典》（一九八〇年；臺灣版：臺北，文史哲出版社，一九九一年），頁三九五。

69 見程樹德撰，《論語集釋》（程俊英、蔣見元點校；北京：中華書局，一九九〇年八月），頁一一七四、一二五八、八〇六；高亨，《古字通假會典》、頁四九〇—四九一。

九、從《楚辭》韻例看郭店楚簡〈語叢四〉(註)

壹、前言

郭店楚墓竹簡，儒家著作居多，儒術傳自齊魯，因而就楚地而言，似為外來之物。❶然而郭店楚墓之下葬自孔子之時已有約兩百年之久，儒術蓋於楚地早已下根，楚簡儒書中固然容有部分楚地色彩，何況無法歸於儒家流者乎？〈語叢四〉篇，實屬郭店楚簡中最獨特的一篇，出儒入莊，似法非法，以俗話諺語為主，誠難以歸類。❷然而其至獨到之處，則在於其從頭到尾皆成韻文。❸基於此，〈語叢四〉是

(註) 本篇首次發表於二〇〇五年十一月輔仁大學中國文學系舉辦的國際《楚辭》研討會，收入該系編，《第四屆先秦兩漢學術國際研討會：上下求索——《楚辭》的文學藝術與文化觀照論文集》，頁二六三—二八九。後轉刊於《先秦兩漢學術》第五期（二〇〇六年）。本文刪節篇亦將刊於《簡帛》第一輯（上海：上海古籍出版社，二〇〇六年）。

❶ 郭店楚簡的概況見本書序言。郭店簡的圖板與釋文，見荊門市博物館編，《郭店楚墓竹簡》（北京：文物出版社，一九九八年五月）。以下凡云「原編者」或「原釋文」，均指此書編者彭浩、劉祖信等，以及其該書所隸定的釋文。

❷ 龐樸早已指出〈語叢四〉無論從內容或形式而言，皆與〈語叢〉一、二、三不類，而謂「《語叢四》既非儒家思想，亦非道家思想，而倒更近乎法家、縱橫家，這從它所宣揚的遊說之道和南面之術中，可以明白感知。」然筆者則以為其中遊說之道等不見得要視作法家或縱橫家之術，說見下。見龐樸，〈《語叢》臆說〉，收入《中國哲學》編輯部、國際儒

否楚地所產，雖就內容而言實不易下論，然或可期以從其韻文之例而得出線索。

《楚辭》中互押之韻類雖多與《詩經》相通，然亦有其特殊之押韻習慣以及孤立之韻例。前賢如江有誥、王力、傅錫壬、林蓮仙等皆有專門研究，❹本文則以此諸家之作為根基，將先分析〈語叢四〉各章中之合韻情形，再與《楚辭》之分韻情況相互比較，以便探求對於〈語叢四〉所出的方言韻文環境得出初步認識的依據。反之而言，通過此分析或亦可就《楚辭》韻讀之特例得出一些從所未見的印證。

然進行此種韻讀分析最重要的結果，則可能是對〈語叢四〉本身的正確理解可藉此而得到方向。裘錫圭先生早已指出此篇多為韻文，此後就本篇下注釋諸家亦偶爾會提及韻文的考慮，然忽略此方面者亦甚眾，乃至有種種無法成韻的誤解，而至今仍缺較有系統的研究。透過韻讀分析之後，〈語叢四〉多處的釋讀、句讀、文義及簡序等問題可藉以得到更加合理的解釋，甚至於簡文中或可能為誤抄或妄改之處，以及某簡反面著有文字之迷，亦可藉由韻讀分析而得出新解。然筆者學識有限，此中疏漏過當之處實在所難免，誠求方家予以指正。

貳、〈語叢四〉韻讀及新釋

〈語叢四〉諸章中，第五至七簡較像一篇之開頭，茲故依李零之說而將之移至篇首，❺他處則亦於簡序有所重排，各處理由將付於下面行文中。以下每段先錄《郭店楚墓竹簡》整理者之原釋文，而在敘述有關學者各說之後，再按韻文編排而接以筆者所採之釋文，以便藉此而就文義進行進一步的分析。以下凡云對轉、旁轉及通韻、合韻等，皆以王力系統為準，❻而凡引「《楚辭》」而不多加說明者，皆指漢代以前包括〈離騷〉、〈九歌〉、〈天問〉、〈九章〉、〈遠遊〉、〈卜居〉、〈漁父〉、〈九辯〉、〈招魂〉及〈大招〉諸篇而言。

本段簡序學者已有所調整，筆者今又有進一步的調動，下面再說。茲先按簡五至七原釋文而論之：

(1)說服之道（簡五、十五、六）

聯學術委員會編，《郭店楚簡研究》（《中國哲學》第二十輯：瀋陽：遼寧教育出版社，一九九九年一月），頁三二七—三三〇。李零之說與龐樸略同，謂其內容「與陰謀遊說、縱橫長短之術有關，類乎《太公》、《鬼谷》。」見李零，〈郭店楚簡校讀記〉，收入陳鼓應主編，《道家文化研究》第十七輯（北京：三聯書店，一九九九年八月），頁四五五—五四二（特見頁四七七—四七八）。

❸ 郭店楚簡除了〈老子〉甲乙丙多有韻文外，儒書〈尊德義〉篇亦多有之，但並不如本篇一律入韻。〈尊德義〉之韻文，筆者另於本書第七篇〈讀〈尊德義〉札記〉有所論述。

❹ （清）江有誥，《楚辭韻讀》，《續修四庫全書》第二四八卷（上海：上海古籍出版社，一九九五年），頁一二二—一四六（此據南京圖書館藏清嘉慶道光間江氏刻本影印；以下引頁數均指原書頁數）。王力，《楚辭韻讀》，上海：上海古籍出版社，一九八〇年五月。傅錫壬，《楚辭古韻考釋》，臺北：淡江文理學院出版指導委員會，一九七三年六月。林蓮仙，《楚辭音韻》，香港：昭明出版社有限公司，一九七九年五月。

❺ 李零之釋文見其〈郭店楚簡校讀記〉，頁四七七—四八一（見注❷）。以下單稱「李零」或「〈校讀記〉」者皆指此篇，不再引頁數。李氏後來有所增訂，見其《郭店楚簡校讀記（增訂本）》（北京：北京大學出版社，二〇〇二年三月），頁四四—五八。至於獨出其增訂本者（多出「補注」部分）將另加「（增訂本）」三個字以為別。

❻ 王力古音通假系統，見其《同源字典》（臺灣版：臺北：文史哲出版社，一九九一年十月），頁一二—二〇。本文所言各字韻部，皆以《上古音手冊》為據：唐作藩編著，《上古音手冊》（南京：江蘇人民出版社，一九八二年九月）。據王力之定義，凡陰、陽、入三聲「在元音相同的情況下，可以互相對轉」者為「通韻」，凡「元音相近，或元音相同而不屬於對轉，或韻尾相同」者（即其所謂「旁轉」與「通轉」者）為「合韻」；見其《詩經韻讀》（上海：上海古籍出版社，一九八〇年十二月），頁二八—三六。

凡敓（說）之道，級者為首。既得其級，言必又（有）及（五）之。及之而不可，必度以訛，毋（毋）命（令）智（知）我。皮（彼）邦芒（亡）（六）牆（將），流澤而行。

裘錫圭按語❼疑「敓」當讀為「說」，「級」當讀為「急」，「度」當讀為「且」，「訛」當讀為「過」。「級」之讀「急」，李零、林素清等學者皆採此說。林氏解釋此句謂：「這裡是說遊說者必須掌握對方最迫切需要與最緊急的困難，理解對方內心深處的想法。」❽李零（增訂本）則以「言」字屬上句而以「急言」連讀，謂：「指對方著急的話題或緊要的話題。」唯陳偉提出「級」讀為「及」的可能，即「達到」對方之心或者「談及」話題的時機；❾然如此說來，則「既得其級，言必有及之」似將稍有重複之嫌。「度」字，學者當初多讀為「度」或與「度」相通之字，後來李天虹指出此字該讀「文」，在此有「掩飾」義，其說今已成為共識。❿然則「文以過」之義或如李零所謂「巧為掩飾，盡量把話題繞開」。⓫至於「皮邦芒牆，流澤而行」，此句較為費解。李零把「芒（亡）將」看作「將亡」的倒文，謂「如果該國將亡，最好趕快離開」。⓬陳偉則讀「皮邦芒將」為「破邦亡將」；林素清亦依之，解為「覆軍殺將」之義。⓭「流澤而行」，林氏謂「如水澤流瀉」，顏世鉉則逕讀「澤」為「瀉」，⓮而陳偉則提出「流澤」讀為「絡繹」的可能，即「連續不斷的樣子」。⓯筆者曾據通假實例而得出「流澤」讀為「流涕」的可能，然亦未免是一種不得已的曲解。⓰其實，此句之所以如此費解，其原因或是很簡單，稍後將有說。

林氏、李氏對「急」的解釋大致可取，然而李氏以「急言」連讀則不可從，原因在於「言」字無法入韻。再者，與「急」相諧之字，應該是下面同屬緝部的「及」字而並非「之」字（此先以原釋文簡序為說）。按，第四句「言必有及之」，「之」字雖與上「級（急）」字可通轉而免強入韻，然此句為何多至

❼ 裘錫圭之按語皆出《郭店楚墓竹簡》一書（見注❶），以下簡稱「裘按語」。

❽ 林素清，〈郭店竹簡《語叢四》箋釋〉，收入武漢大學中國文化研究院編，《郭店楚簡國際學術研討會論文集》（武漢：湖北人民出版社，二〇〇〇年五月），頁三八九—三九七。以下凡引林氏者皆出此篇，不再引頁數。

❾ 陳偉，〈《語叢四》校釋〉，收入氏著《郭店竹書別釋》（武漢：湖北教育出版社，二〇〇二年十二月），頁二〇八—二一七；以下凡舉陳偉說而不多加注者均出此文，不再引頁數。此一文多本其一九九九年四月題為〈《言有殆（原名為〈語叢四〉）》考釋〉，當時似已多為學者所看過。

❿ 見李天虹，〈釋楚簡文字「廈」〉，《華學》第四輯（二〇〇〇年八月），頁八五—八八。李零（增訂本）則釋為「敏」字而讀為「文」，見其「餘論」第二條。

⓫ 陳偉、林素清則俱讀「訛」如字，指虛偽不實的話，亦通。

⓬ 至於「芒」字，李氏（增訂本）雖讀「亡」，然而就其形體的分析而言則「懷疑此字當是由『喪』字分化，而與『芒』字無關。」

⓭ 值得注意的是，「亡」字本已屬陽韻，可與下面「行」字相押，因而何必要與「將」字（亦屬陽部）倒裝，似難以解釋，因此李氏之說或不如陳氏「破邦亡將」之說。又《韓非子·五蠹》出現「破國亡主」一詞，其破亡之故在於「聽言談者之浮說」，若依陳氏之思路，則或可視為與此有關。

⓮ 「澤」為定紐鐸部，「瀉」為心紐魚部，鄰紐對轉可通。見顏世鉉，〈郭店楚簡散論（三）〉，《大陸雜誌》第一〇一卷第二期（二〇〇〇年八月），頁二六—三七（總頁七四—八五）。「流瀉」有流散之義，而或又與《楚辭》所見「流澌」一詞有關。「澌」為心紐支部，與「瀉」雙聲旁轉，與「澤」為旁對轉，相差稍遠，然同屬支部的「淅」字，亦有與「釋」字通假之例：見高亨，《古字通假會典》（董治安整理；濟南：齊魯書社，一九八九年七月），頁四七七。《楚辭·何伯》：「流澌紛兮將來下」，王逸注：「解冰也。……或曰：流澌，解散。」此「流澤」若有相近之義，在此或可釋為離開、分散一類的意思。

⓯ 劉釗則姑解此段大意為：「就會引來國破將亡之禍，德澤也將隋之而去。」劉釗對該篇校釋見其《郭店楚簡校釋》（福建：人民出版社，二〇〇三年十二月），頁二二三—二三五；以下凡引劉氏說而不多加注者均出此篇，不再注頁數。吳良寶亦提出「流澤」可有「沿著川澤」之義：見其〈讀郭店楚簡札記（三則）〉，《古籍整理研究學刊》二〇〇一年第五期，頁八—九。「流」字是否確該釋「流」，陳松長則提出異議，認為實該隸定為氵加二虫而釋為「混」，在此讀若「袞」或藉為「渾」：見陳松長，〈郭店楚簡《語叢》小識（八則）〉，《古文字研究》第二十二輯（二〇〇〇年七月），頁二五七—二六一。

⓰ 「弟」、「睪」二字聲係通假之例，有如《尚書·洪範》「稽疑」中之「曰驛」二字，《史記·宋微子世家》作「曰

五字，為何出「有及之」此種奇怪文法，仍然無法解釋。此「有」字實無義，純以湊滿四字之數而設，若本以「之」字為韻，云「言必及之」即可，再加「有」字又何苦？然無論如何，若依李零將屬元部之「言」字屬上句，乃無法成韻。

又按，「及（五）之及之」原寫為「及=（五）之=」，二字後加重文符號。假若簡五與簡六之連讀為是，自然祇能讀之為「及之。及之」了。然則第四個單句既定為「言必有及」，乃不得不將第六簡「之」字後重文符號視為誤衍。筆者當初便是持有此種想法，後來讀到陳劍所述趙鋒之說，乃知問題並不在於衍文而在於錯簡：第五與第六簡之間本該加有第十五簡（即：「之而弗亞（惡），必𦘔（盡）其古（故）。𦘔（盡）之而悘（疑），必攷鉻=」）方是。⑰凡「之」字後加重文符號者，本必於前面有動詞而成為雙字重讀，然經過趙鋒的調整之後，才知「之=」前所承原非第五簡末的「及=」，而實為第十五簡末的「鉻=」，而第五簡「及=」所接乃是第十五簡的（沒有重文符號的）「之」字。如此一來，第十五簡中的「（及）之而弗惡」及「盡之而疑」與下面第六簡的「（鉻）之而不可」相類，「必盡其故」又與上面第五簡的「言必有及」相應，文義極為順暢而有理。於韻方面，陳劍指出第十五簡「疑」字與第六簡「之」字成韻，而依筆者之見，上述「及」字押韻的問題可能更為關鍵。因此諸種原因，趙鋒此一調整，毫無疑問是正確的，陳劍已申說之，筆者今又從另外一個角度加以肯定。

今依韻類分小節而給頭五節新作釋文如下（〔〕號內者為該節韻腳所屬韻部，下同）：

凡敓（說）之道，

級（急）者為首。〔幽部〕

既得其級（急），
言必又（有）及。〔緝部〕
及（五）之而弗亞（惡），
必聿（盡）其古（故）。〔鐸魚通韻〕
聿（盡）之而悘（疑），
必攴（呻）鉛（吟）（一五）之。〔之部〕
鉛（吟）之而不可，
必廋（文）以訛（過），
母（毋）命（令）智（知）我。（六未終）〔歌部〕

涕」：《毛詩·齊風·載驅》「齊子豈弟」，鄭玄《箋》謂「弟，古文《尚書》以弟為圛」；見高亨，《古字通假會典》，頁五三四。然「涕」字屬脂部，與鐸部關係未免疏遠。《越絕書·越絕吳內傳第四》曰：「王乃夜迎周公，流涕而行」，此「流涕而行」之構成詞句之例。流涕本為君子遇上值得感傷的不德之事的一種慷慨表現，《楚辭》中亦往往見到。《楚辭·離騷》：「忽反顧以流涕兮，哀高丘之無女。」《楚辭·九章·抽思》：「望北山而流涕兮，臨流水而太息。」《楚辭·九辯》：「罔流涕以聊慮兮，惟著意而得之。」皆是詩人以流涕感歎遭遇或時運之例。一國之君不聽善言，乃至身死國亡，豈非足以流涕之事歟？然此解仍嫌迂曲，以下亦將有別說，今錄而不取。

⑰ 陳劍說見其〈郭店簡《窮達以時》、《語叢四》的幾處簡序調整〉，《國際簡帛研究通訊》第二卷第五期（二〇〇二年六月），頁一—六（特見頁五—六）。

此段每四字為韻（偶加否定字而成五字），每兩個單句換韻，末節則三個單句同韻。其中鐸、魚通韻，為《楚辭》中最常見的一種通韻或合韻⑱，其相韻不成問題。釋文方面，第十五簡「攸」字未釋，張光裕、袁國華隸定為「攸」，徐在國分析从「攴」、「十」聲而讀「執」。⑲陳劍從徐所釋，然讀為「審」，「谽」字則從裘錫圭意見而讀「喻」，以《禮記．文王世子》中有「審喻」一詞，意為「明白地告知。」陳氏此說或是，然筆者疑此二字可能讀為「呻吟」更當，即引經據典而朗誦其說的意思。按，「十」字本身為禪紐緝部，與書紐真部的「呻」字韻部關係較殊，然以「十」為聲符的「針」字則屬侵部，「攸」之讀音或相同，而真、侵二部通轉關係則是可以肯定的。⑳戰國晚期到漢代之間書，「呻吟」偶作「沈吟」，「沈」亦侵部字，亦可視為「呻」通侵部字之旁證。若是進一步考察，此字左旁似與郭店〈緇衣〉篇第十七簡「丨」字相同，而裘錫圭該字釋為「針」字之象形初文，又指出從「丨」聲而來的「弇」「往往讀為文部字或用作文部字的聲旁」，㉑而文、真二部之通假自然不成問題。裘先生又謂「慎」字或從「丨」、「十」得聲，而「慎」則正是真部字，則「丨」亦可以為「伸」、「呻」等字之聲符可知。至於「谽」字，學者皆以為从「金」、「谷」聲，我則疑乃从「谷」、「金」聲，而「谷」之為意符，與「山」相近，因而或可將此字視為「崟」字之異體。「崟」多通「岑」，如西漢楚辭〈九歎〉「觸崟石兮」，《考異》曰「崟，一作岑」，是其例。㉒「崟」、「嶔」等字亦通「唫」，而「唫」乃「吟」之古字，㉓足見「金」聲字之可以讀「吟」。此外亦有「谽」字（右旁或作「今」），如《史記．司馬相如列傳》：「谽呀豁閜」，《索隱》引司馬彪云：「谽呀，大貌」，或與本字有關。然則「吟」之作「谽」，或亦兼取谷中回響之義。「呻吟」一詞，《莊子．列禦寇》曰：「鄭人緩也，呻吟裘氏之地，祇三年而緩為儒」，郭《注》曰：「吟詠之謂」，《釋文》云：「謂吟詠學問之聲也。」㉔在此，似可釋為引《詩》、《書》之句以為重而朗誦其說，此亦儒家所以說服人之常道也。

陳、林二氏皆引《韓非子．說難》篇：「凡說之難，在知所說之心，可以吾說當之」，或即「凡說之道，急者為首」之義。然則同篇「夫事以密成，語以泄敗。未必其身泄之也，而語及所匿之事，如此者身危」，或亦即其「吟之而不可，必文以過，毋令知我」之原故。㉕若依照此種思路，以上整段之大意蓋可解為：凡說服人主之道，以摸準人主所急者為要。既已猜到其急事，便要言及此事。既言及之而君主尚不覺厭惡，願意聽下去，便要將其所以然之理講得明白詳盡。講完了而君主尚且猶疑不決，便要引經據典而朗誦其說。假若到此朗誦完畢而君主尚不贊同，乃祇好利用口才而掩飾過去，不讓人主瞭解己心，否則將危險。然而，所謂「急者」也許並非說服之對象所急，而不過是國家人民之要事。如《荀子．天論》：「無用之辯，不急之察，棄而不治。若夫君臣之義，父子之親，夫婦之別，則日切瑳而不

⑱ 據王力《楚辭韻讀》正文筆者所數魚、鐸通韻之例，至少有十四處。

⑲ 見張光裕主編、袁國華合編，《郭店楚簡研究．第一卷文字編》（臺北：藝文印書館，一九九九年一月），頁七三一—七三三（以下引此書不再加注）；徐在國，〈郭店楚簡文字三考〉，收入李學勤、謝桂華主編，《簡帛研究二〇〇一》（桂林：廣西師範大學出版社，二〇〇一年九月），頁一七九。

⑳ 如同源字「年」（真部）、「稔」（侵部）是也。見王力，《同源字典》，頁五三三（見注❻）。

㉑ 裘錫圭，〈釋郭店《緇衣》「出言有丨，黎民所訂」——兼說「丨」為「針」之初文〉，收入郭店楚簡研究（國際）中心編，《古墓新知——紀念郭店楚簡出土十周年論文專輯》（香港：香港國際炎黃文化出版社，二〇〇三年十一月），頁三。（同書李銳〈郭店楚墓竹簡補釋（二）〉亦對該字另有說，可參照。）

㉒ 漢代楚辭異文中至少三例，詳情見高亨，《古字通假會典》，頁二三二（見注⓮）。

㉓ 兩種情況亦見高亨，《古字通假會典》，頁二三二。

㉔ 又如《論衡．案書》：「劉子政玩弄《左氏》，童僕妻子皆呻吟之。」

㉕ 〔清〕王先慎，《韓非子集解》（鍾哲點校；北京：中華書局，一九九八年七月），頁八六—八七。

舍也」；《管子．正世》：「夫盜賊不勝，則良民危；法禁不立，則姦邪繁。故事莫急於當務，治莫貴於得齊」；《管子．八觀》：「故曰：『審度量，節衣服，儉財用，禁侈泰，為國之急也』」，皆以所「急」為道德上或政治上而非心理上之觀念。國君無法接受良言，則吞聲保身於儒家亦可也，即〈中庸〉之君子所謂「國有道，其言足以興，國無道，其默足以容」是也，不可據此「必文以過，毋令知我」而斷以必為法家或縱橫家彼種長短術之說。㉖

至於「破邦亡（六）將」云云，之所以難與本段掛鉤，依筆者之見，實乃因為第六簡與第七簡之相連是錯誤的。現在便說明其道理。

(2) 雌雄之數（簡六、二十六、二十七）

簡二十五到二十七，本有一段按原釋文如下：

古（故）悔（謀）為可貴。罷（一）（二五）豪（家）事乃又（有）貭，三駄（雄）一䮘（雌），三銙一甚，一王母（二六）保三殹兒。

「貭」字，原編者「疑讀作『祏』」，「銙」，「疑讀作『壺』」，而「甚」則「似借作『提』」。李零謂「貭」之原文「似從貝從石從刀」，以為與下「䮘」、「甚」、「兒」三字同韻而姑且讀為「抵」（《增訂本》讀「則」）。「甚」，李零讀「鍉」，「應是器物名……與甂、甌同類……一種粗陋的陶盆」，謂「在管理家務事上，一個女人卻頂得上三個男人，這就像一個破陶盆也能裝下三罐子水，一個老奶奶也能管三個小孫子」（見《增訂本》）。何琳儀讀「三銙一甚」為「三瓠一柢」㉗；劉釗則讀作

「三呱一媞」或「三弧一媞」，以「呱」或「弧」當作男兒的代稱，謂「三個男兒一個母親，即簡文前文所謂『三雄一雌』」㉘；陳偉讀為「一莩（華）一實」；林素清則讀「一華一柢。」「一王母保三殹兒」，劉釗讀「保」為「抱」，而何、劉、陳、林四位均讀「殹兒」為「嫛婗」，即嬰兒之異寫字。至於頭句「故謀為可貴」，諸家多屬上段之末句。

按，陳劍指出「罷（一）家事」一句是「有問題的」，又以其他原因而認為第二十五簡下面該接第三簡，今從其說（見下）。然陳氏又謂第二十六簡「可以單獨起讀，跟下文自成一段」，則是比較難以接受的。陳氏蓋以「乃」理解為「如此」，然而在先秦文獻當中，恐怕很難找到相類的開頭句，此句似該上有所承方是。今按，就此問題而論，「貭」字之讀法最為關鍵。此字或讀為「祏」，或讀為「度」（陳氏所引裘錫圭說），或讀為「石」（林氏所引周鳳五說），而除了李零讀「抵」或「則」外，皆以「石」（鐸部）為其聲符。值得注意的是，「家」為魚部字，恰可與以「石」為聲符的「貭」字陰入通韻，而此種長見之韻上面已見過（第十五簡）。且全篇多以四字句為常，故疑「家」為四字句的末字，與下面「事乃有貭」四字相成韻句。假若將此簡上接第六簡，恰好可以構成文順的韻句：「破邦亡家，事乃有貭」。《禮記‧禮運》曰：「故壞國、喪家、亡人，必先去其禮」，《孔子家語‧禮運》「壞國、喪家」作「破國、喪家」，與簡文「破邦亡家」相近。「破邦亡家，事乃有貭」，句法正如《管子‧版法》「三經既飭，君乃有國」，且同樣亦以末字成韻（「飭」、「國」均屬職部）。又如《左傳‧襄公九

㉖ 見注❷。

㉗ 何琳儀，〈郭店竹簡選釋〉，《文物研究》總第一二輯（一九九九年十二月），頁二〇四。

㉘ 劉釗說見其〈讀郭店楚簡字詞札記〉，收入武漢大學中國文化研究院編，《郭店楚簡國際學術研討會論文集》（武漢：湖北人民出版社，二〇〇〇年五月），頁七五—九三。

年》：「行之期年，國乃有節」，「年」、「節」或可視為真、質對轉通韻；長沙子彈庫戰國《楚帛書》：「東國有吝，□□乃兵，□于其王」，其間句法亦有類似之處。㉙

今依韻類分節而重作釋文如下：

事乃又（有）貨（託？）：〔魚、鐸通韻〕

皮（破）邦芒（亡）（六）豪（家），

三⿰馬厷（雄）一⿰馬比（雌），

三⿰大夸（虛）一萛（寔〔實〕七），

一王母（二六）保三殹（嫛）兒（婗）。〔支、錫通韻〕㉚

此分兩小節各自成韻。「貨」字若以「石」為聲符，則前二行成魚、鐸通韻，上面已提及；今姑讀為「託」，說見下。後三行為支、錫通韻（支、錫、支），《楚辭》中僅一見，即《楚辭·九章·悲回風》「愁鬱鬱之無快兮，居戚戚而不可解。心鞿羈而不形兮，氣繚轉而自締」，「解」為支部，「締」為錫部，是也。㉛然「寔」之聲符「是」本身為支部，若「萛」亦如此音，則與「雌」、「婗」同為支部，且足見同聲系中本有陰入對轉之例，故二部相韻自然不成問題。

「貨」字如何理解，實牽涉到第二小節所云為「破邦亡家」之起因抑是其後果這個問題（前者的話，「乃」字就當「便是」而非「於是」解），由於疑點過多，在此祇能提供一些猜測。假如是後果，則「貨」字或可讀為「託」，即託付家人之事的意思。「石」、「乇」二字聲系往往通假，㉜而「託」之所以寫成

「貭」者，或乃取於託財之義。「三」與「一」，蓋即多寡之謂，如《詩經·王風·采葛》「一日不見，如三月兮……一日不見，如三秋兮……一日不見，如三歲兮」是也。如此說來，則所謂「三雄」、「三嬰兒」等或為所託，「一雌」、「一王母」等為受託之人，託者多，收之者少，此乃破邦亡家之混亂局面。然儘管說得通，亦稍嫌無謂。故又疑「貭」字實乃「賈」字的訛變或異構，在此讀為「故」。

按，此字與他處所收戰國時代「賈」字相比，形體上有相似之處：

郭店楚簡本字	江陵天星觀一號楚墓卜筮簡	古璽彙編三〇〇九	古璽彙編二九八七

很容易看出，「賈」字聲符「襾」左右筆畫假若稍有偏差，則左邊一撇兩橫容易誤認而寫成「石」字形，右邊本已略像人字部分亦容易訛成「人」字形，以便成為構形不明的本字。若仍以「石」為聲符而

㉙《楚帛書》該文見饒宗頤，《楚帛書》（香港：中華書局香港分局，一九八五年九月），頁五〇—五二；李零，《長沙子彈庫戰國楚帛書研究》（北京：中華書局，一九八五年七月），頁五〇、五六。

㉚此以「寔」字為韻。其聲符「是」乃支部，與「雌」、「婗」同韻。若以「實」為準則是支、質通轉合韻。假若讀「柢」則是支、脂通轉合韻。

㉛王力，《楚辭韻讀》，頁五三（見注❹）。

㉜見高亨，《古字通假會典》，頁八九九（見注⓮）。

視為「賈」的異體字或許亦可，然「石」為禪紐鐸部，賈為見紐魚部，聲紐稍疏，似不如視為「賈」字之訛變為宜。「賈」、「故」兩字古聲一模一樣（均見紐魚部），且「賈」與「沽」、「估」、「酤」等字，依王力本可視為同源字，則「賈」藉為同聲系的「故」，原則上無礙。33且「賈/故」恰屬魚部，與「家」字同韻，足以見此讀法之可能性。34「破邦亡家，事乃有故」，或與〈禮運〉篇之「壞國、喪家、亡人，必先去其禮」義近，即是說國破家亡之事，就是有它的前因，並非一朝一夕之事，而此其前因，蓋在於倫理之亂，禮教之失，下面三事或乃指此。然而上面第十五簡「必盡其故」，「故」已用「古」字寫之，於此何以獨藉「賈」字則難以說明。此說所轉彎固然較多，因而僅錄以備考。

至於「⿰缶夸」字，疑為「虛」字異體，聲符「夸」為溪紐魚部，「虛」字亦溪紐魚部，雙聲疊韻可通，35而以「缶」為意符者，蓋取其瓦器腹中空虛之義。「⿱艹是」字，則姑讀「寔」，即「實」，如陳偉說。《管子．小問》：「祝曰：『除君苛疾，與若之多虛而少實』」，含意或與此相類。36至於本章虛多實少為「破邦亡家」的前因還是後果以及其確切意義，今不多加猜測。此章是否可與上章「說服之道」章在內容上直接連繫亦姑且存疑。該說明的是，本處調整雖然不見得就內容含意而言能提供更有說服力的解釋，然好處則在於「家事乃有貨」五字有較合理的處置，能兼顧到韻文的節奏、韻腳的諧和以及先秦語法的習慣，因而在若依原序為說而並沒有更好說法的情況下，筆者以為不如以調整後的順序做思考內容的出發點為佳。

至於第七簡「將，流澤而行」怎麼處理，下面即將有說。

(3)將行之時（簡二十七、七）

依原釋文，二十七簡接著便如下：

聖君而會，視𦣻（朝）而內（入）。〔內（入）之或內（入）之，

至之或至之〕，〔之〕至而〔亡及也已〕。（二七／〔二七背〕）

此簡反面上下兩處都有文字（即括號〔〕內文）。裘按語讀「聖」為「聽」，而對簡背文與正面文之關係加以解釋如此：「此簡反面文字，從其地位看，應是補在正面『而內』之下的。正面『而內』下的『之』字似是衍文」，而反面上端的「亡及也已」四字則視為續在正面之後的最後四字。裘先生此說固能說明背面文字的位置，然其中亦有三個難題竊謂值得從新考慮。其一，「內（入）之」至「至之」十個字漏掉了後又在反面補上去此種事頗有可能，然最後四個字為何不用新簡而偏要寫在反面，且末字後並不加章號或篇號，則較難以理解。其二，正反相補後，整段亦難成文義。㊲其三，補後文句亦毫不像韻文之句，與全篇不一致。因此，依筆者之見，也許不如將簡背文字視作某種不涉正文的筆記為宜，而儘將正面論正面。㊳

如此一來，第七簡正可接於第二十七簡後，以成兩對句式相同的韻句：

㉝ 見高亨，《古字通假會典》，頁八六五—八六六（見注⓮）。王力，《同源字典》，頁一二四—一二六（見注❻）。

㉞ 「貫」與「家」亦有通假前例。見高亨，《古字通假會典》，頁八六七。

㉟ 于、虎二字聲系亦有通假之例，如「雩」與「虎」、「虖」是也，見高亨，《古字通假會典》，頁八二七。

㊱ 然此句確切意義有爭議，見顏昌嶢，《管子校釋》（一九二四年；長沙：岳麓書社，一九九六年二月），頁四一七。

㊲ 唯陳偉之說略可通：「內」讀「入」或「納」，即入仕或委質為臣；「或」讀「又」；「至」或讀「致」，即致仕之義；而「亡及」乃「無極」，即無窮盡的意思。然則整段是「針對四處求仕、屢易其主而言的。」不過如此說來，則原書作者對此種情形似乎缺乏評論，究竟不知何謂，且仍然難成韻文句，因而筆者另採新說。

㊳ 正、反兩面的書法亦有所不同，足見容可視作讀者的筆記。

聖（聽）君而會，

視屆（朝）而內（入）。（月、物合韻）[39]

之（時）至而（二七）猶（將），

流澤（滯）而行。▌（七）（陽部）

此四句兩兩為韻。月、物合韻（此以「內」本字為說），《楚辭》中亦數見，如《楚辭・九章・哀郢》：「憎慍惀之脩美兮，好夫人之康慨。眾踥蹀而日進兮，美超遠而逾邁」，以「慨」（物部）、「邁」（月部）相韻；《楚辭・招魂》：「朕幼清以廉潔兮，身服義而未沫。主此盛德兮，牽於俗而蕪穢」，以「沫」（物部）、「穢」（月部）相韻；《楚辭・九辯》第八亦有一段以「慨」、「昧」（物部）與「帶」、「介」、「邁」、「穢」（月部）等字相互為韻，是其例。[40]

「會」字，可當相見、朝會解。「屆」字从苗聲，似可讀如「廟」。「朝」、「廟」均可「入」，在本文中實際差別也並不大，兩種讀法似都有可能。「之」字，疑讀「時」，即「時」字未寫下面意符「日」。「時至」為先秦常見語詞，如《管子・霸言》：「聖王務具其備而慎守其時，以備待時，以時興事，時至而舉兵」；《管子・桓公問》：「勿創勿作，時至而隨」；《管子・國准》：「時至則為，過則去」；《呂氏春秋・孝行覽・首時》：「時至，有從布衣而為天子者，有從千乘而得天下者，有從卑賤而佐三王者，有從匹夫而報萬乘者，故聖人之所貴唯時也」；《呂氏春秋・士容論・任地》：「貧富利器，皆時至而作，渴時而止」；《呂氏春秋・審分覽・任數》：「無言無思，靜以待時，時至而應，心暇者勝」；皆是其例，其中亦有以「時至而某」為韻文句者。前兩句「聽君」、「視朝」亦與

「時至」義近，皆謂看情況而行動：君不能說，朝不容已，時機不至，則不會不入不前往可矣。㊶《荀子·正論》：「彼將聽唱而應，視儀而動」，是亦「聽某而某，視某而某」之例。「視」字尤副此種含義，如《管子·國准》：「國准者，視時而立儀」；《管子·霸言》：「視時而動，王者之術也。」本章後兩句則似以時機之臧否為言，即時至則可以將往就業，時過則可以離去他行。按，末句「流澤」一詞，若依常義則難通，在此疑讀如「流滯」。「澤」為定紐鐸部，「滯」為定紐月部，聲母相同，韻部乃入聲通轉。㊷「流滯」如云水流或氣流凝滯不通，引申為流落不得志，亦作「留滯」（然「流滯」獨可分析為名動結構，與「時至」相同）。「流滯」、「留滯」似為楚地用語，西漢楚文多見，如西漢楚辭〈七諫·怨世〉：「年既已過太半兮，然埳軻而流滯」；《淮南子·時則》：「銳而不挫，流而不滯」；《淮南子·原道》：「不留于心志，不滯于五藏」；《淮南子·泰族》：「靜漠恬淡，訟繆胸中，邪氣無所留滯」；是其例。㊸「將」字，在此可作前進、行事解，與「行」義近而有別。《淮南子·兵略》：「君若不許，臣不敢將。君若許之，臣辭而行」，則同樣以「將」、「行」相對為韻腳。㊹「將」亦多訓「行」，然在本段則疑「將」、「行」乃反義詞，「行」在此可作「離去」解，是亦其常

㊴ 此以「內」本字為說，「入」則屬緝部。
㊵ 見王力，《楚辭韻讀》，頁四一、七二、七〇（見注❹）。
㊶ 此段若果與遊說有關，則林素清之說亦頗值得考慮：即「聖（聽）君而會」為「聖（聽）言而答」之訛，「視屆而內」即「視貌而納」（指納言），乃「察言觀色之意」。如林氏指出，古「答」、「納」均屬緝部，可相韻無疑。
㊷ 鐸、月通轉，有如《戰國策·燕策一》：「猶釋弊躧」，《馬王堆帛書·戰國縱橫家書》「釋」作「說」（「脫」）；見高亨，《古字通假會典》，頁六四二（見注⓮）。然此「脫」與「釋」亦可視作義近互換。
㊸ 其他例子可參姜亮夫，《楚辭通故》（齊魯書社，一九八五年）第四輯，頁七七六—七七七。
㊹ 然此「將」亦可以作「將領」解。

訓，如《呂氏春秋・先識覽・去宥》：「謝子至，說王，王弗聽。謝子不說，遂辭而行」，亦乃不得志而離去之義。

如此說來，則整段大義與《論語・泰伯》孔子所云：「危邦不入，亂邦不居；天下有道則見，無道則隱」，意義相近。要近邦入朝說服人君，該先加以適當的觀察再朝見，時機合宜則前往行事，流落不偶乃辭行離去。然則本段似乎又與前面說服之道那段互應，且四句以同樣句式而相韻，此處所拼兩簡於文、義皆相當吻合。類似句式，亦可參看《淮南子・精神》：「若夫至人：量腹而食，度形而衣，容身而游，適情而行」，是也。㊺

至於簡背文如何解釋，祇能妄作猜測。「內（入）之或內（入）之至之或至之」，似是讀者針對「視朝而內（入）之至而將」兩句的某種注文。或許是讀者看到「時」字寫成「之」而不解文義，故作筆記云：「入之」或該作「入之」（即句讀符號移至「之」字後），不然「之至」（此誤倒）或該作「至之」㊻——做為讀者修正正文的兩種猜測。「亡及也已」，或如云「亡及則已」，則可能與上面第五簡「言必有及」有關。即是說「聽君而會，視朝而入」云者，乃意味著假若急事無法言及，國君無法說服就罷了——乃做為讀者就正文含義的某種提示。然由於缺乏有力的線索，這種猜測幾近於無稽之談，今僅錄之以待後賢。

(4)言之報應（簡一、二、四）

先就第一至第三簡原釋文而說：

言以司（詞），青以舊。非言不讎，非惪（德）亡復。言（一）而狗（苟），牆（牆）又（有）耳。往言剔（傷）人，坓（來）言剔（傷）弖（己）。（二）言之善，足以終殜（世）。參（三）殜（世）之福（富？），不足以出芒（亡）。——（三）

「言以司（詞），青以舊」句，裘按語讀「青」為「情」，亦指出「詞」與「舊」可入韻。「司」字，李零、林素清皆讀「始」，「舊」字李、林及劉釗均讀「久」，今從。㊼「非言不𧶠，非悳（德）亡復」，裘按言讀「𧶠」為「酬」或「讎」。李零、劉釗、陳偉等指出，此言與《詩·大雅·抑》「無言不讎，無德不報」相似（此二句亦為〈表記〉與《荀子》所引用）。㊽劉釗、林素清以「復」通「報」，陳偉、林素清讀「非」為「靡」，今從。「言而狗（苟），𤖼（牆）又（有）耳」，裘按語指出與《詩·小雅·小弁》「君子無易由言，耳屬于垣」等文相類。㊾第三簡「言之善」與「三世之福」相對為文，因而筆者本疑「言」字前脫「一」字，後來讀到陳劍之說，指出第二十五簡末字恰好為「罷（一）」，故若將第三簡移至其後（而第二簡即接以第四簡），正可解決此問題，且將過於簡短的第四簡給以歸屬，今

㊺ 不過此「游」、「行」則無法入韻，與本文不同。

㊻ 或者是說：「至（之）」（「之」字衍）或該作「至之」。

㊼ 劉說見其〈讀郭店楚簡字詞札記〉，頁七七（見注㉘）。陳偉則讀「言以殆，情以咎」，謂「隨後是講言談的消極性後果」，又謂「『舊』與从『臼』之字可與『咎』字通假」而以「情」為「真實、真誠」之義。此說值得考慮，然謂「舊」从「臼」聲似未確，因為「舊」之「臼」形本為鷹類爪子之象，後來方與「臼」字相混；見陳復華、何九盈，《古韻通曉》（中國社會科學出版社，一九八七年十月），頁三三一—三三二。因為下面（若依原序）亦講到善言善報，故此「言」似亦可有積極後果，更何況真「情」。

㊽ 劉說亦見其〈讀郭店楚簡字詞札記〉，頁八七。

㊾ 劉釗讀「而」如「如」；陳偉釋「𤖼」為「牅」，今不取。

從。㊿第四簡即：

口不誓（慎）而床（戶）之閟（閉），亞（惡）言復己而死無日。▁（四）

如第三簡一樣可自成起訖，而與內容亦同樣可接於第二簡後，如陳氏所云。前句，陳偉讀「誓」為「順」，劉釗讀「而」如「如」，以「之」為「不」字之誤，51今不取。「戶之閉」，李零「疑指得罪人，被人拒之門外」，林素清則以為「即使緊閉門戶」之義。劉釗、陳偉乃當作比喻：劉氏謂「口舌不慎重猶如門戶不關閉」，陳氏則以「戶之閉」為「緘口不語」之謂。

今按韻文而將第一、二、四簡分為三節，重加釋文如下：

言以司（始），青（情）以舊（久）。

非（靡）言不疇（酬），非（靡）悳（德）亡復（報）。〔之、幽合韻〕52

言（一）而狗（苟），牄（牆）又（有）耳。

往言剔（傷）人，坐（來）言剔（傷）吕（己）。（二）〔之部〕53

口不誓（慎）而床（戶）之閟（閉），

亞（惡）言復己而死無日。▁（四）〔質部〕

此段兩個雙句一節，每節一韻，而第一節則每單句入韻，前兩單句韻之部，後兩單句韻幽部；第二節前兩單句亦可合韻（「茍」為侯部）；第三章則第一單句「慎」字（真部）亦可視為與質部通韻。之、幽合韻於《詩經》為常例，於《楚辭》亦有之，如《楚辭·天問》：「雄虺九首，儵忽焉在？何所不死？長人何守？」，「首」、「守」為幽部，「在」為之部；《楚辭·九章·惜往日》：「自前世之嫉賢兮，謂蕙若其不可佩。妒佳冶之芬芳兮，嫫母姣而自好」，以「佩」（之部）、「好」（幽部）為韻；《楚辭·遠遊》：「指炎神而直馳兮，吾將往乎南疑。覽方外之荒忽兮，沛罔象而自浮」，以「疑」（之部）、「浮」（幽部）為韻，是其例。54

---

50 陳劍說見其〈郭店簡《窮達以時》、《語叢四》的幾處簡序調整〉，頁四－五（同注17）。如陳氏指出，第二簡接第四簡這一可能，丁四新亦曾提出：見丁四新，《郭店楚墓竹簡思想研究》（北京：東方出版社，二〇〇〇年十月），頁二二一。陳氏之說雖然如此一箭雙雕，然而其中亦存在疑點。一來，第三簡「〔一〕言之善」若放在第二十五簡「故謀為可貴」之後，當然可通（因為「謀」故以「言」來表達），然就第三簡本身而言，似不如放在第一、二簡之後合理。二來，就書法風格而言，第四簡似乎與第一、二簡有所不同，而第三簡反而與之接近。如第四簡「不」、「而」兩個字，上端衹有一長橫，而第一、二簡中的「不」、「而」兩個字則上端均多加一短橫，第三簡中的「不」字亦如是；再者，第一、二、三簡的「言」字書法特徵相同，而第四簡的「言」字則筆畫較為輕細且彎曲。然第一種情況，因其他段落中亦有寫法不一致的情形而不足怪；第二種情況則或許乃為沾墨多少不一所致。似乎優點多於疑點，故筆者亦採其說。

51 劉氏說見其〈讀郭店楚簡字詞札記〉，頁八一（見注28）。

52 因為「復」本字為覺部，所以嚴格而言或該稱為「之覺合韻」，關係較疏然仍可入韻。

53 此句內或又以「狗（茍）」、「耳」為侯、之合韻。《楚辭·九章·惜往日》：「聞百里之為虜兮，伊尹烹於庖廚。呂望屠於朝歌兮，甯戚歌而飯牛。不逢湯武與桓繆兮，世孰云而知之。」此以廚（侯部）、牛（之部）、之（之部）為合韻，是其例。

54 見王力，《楚辭韻讀》，頁二六、五〇、五九（見注4）。若依「復」本字而視為幽、覺通韻，則有《楚辭·天問》：「受賜茲醢，西伯上告。何親就上帝，罰殷之命以不救？」，以「告」（覺部）、「救」（幽部）為韻；《楚辭·九章·抽思》：「道思作頌，聊以自救兮。憂心不遂，斯言誰告兮」，亦以「救」、「告」為韻。王力，《楚辭韻讀》，頁三二、四四；傅錫壬，《楚辭古韻攷釋》，頁八三、一〇四－一〇五（見注4）。

本段蓋言人間關係總是以言語開始，而以情感或誠實得以長久，因而所言必副其實，不可不以真情對待。因為言語便如德行一樣，種善者生善道，種惡者隨惡道，報應不爽，可不慎乎？假如過於隨便說話，宛若牆有縫、壁有耳，惡言外泄傷人，報復乃在眼前。末一聯則更加極度強調此意。「閉之戶」有何含義難以確定，但似不必看作比喻才能通。先秦文獻中，人家「閉戶」或「閉門」此一舉，有時是為了逃避或防禦外面之事，有時是為了私下說人壞話，亦有時是因為發生了事情而罷手不管。牆後既已有耳朵，即使門戶緊閉也沒有用，此則林氏之說可通。然而或者是說：若是話已亂講，或許尚可收拾，然已到此地步而再不去管，閉門不理，其後果更是不堪設想的——似亦可以如此理解。無論如何，此段視為儒家式的「慎言」之道、「忠恕」之德即可，亦似無必要看成權謀之術。

(5)諸侯之竊（簡八至簡九）

此段與第十到十一簡文思路相同（見下），似可將後者移至此段之前而視為同一大段，然為了敘述方便而先就本章加以說明：

𢼸（竊）鉤（鉤）者戓（誅），𢼸（竊）邦者為者（諸）侯。者（諸）侯之門，義士（八）之所𢊁（存）。■（九）

裘按語已指出，此段與《莊子·胠篋》一段名言基本相同：「彼竊鉤者誅，竊國者為諸侯，諸侯之門而仁義存焉。則是非竊仁義聖知邪？」55準此，裘氏讀「𢼸」字為「竊」（因已知彼字讀音與「察」字相近）56，以「戓」為「誅」之別體，而以「𢊁」字讀為「存」（謂「𢊁」字古有「薦」音）。此段釋讀，諸家無有異議。裘按語亦指出，「誅」、「侯」為侯部韻，「門」、「存」為文部韻，故其分韻情況如下：

數（竊）鉤者戜（誅），

數（竊）邦者為者（諸）侯。（侯部）

者（諸）侯之門，

義士（八）之所廌（存）焉。━（九）（文部）

即四個單句兩兩成韻。此段內涵已眾所周知，蘊藏深厚的諷刺意味。今不贅言，然竊謂宜與下面一段合觀。

(6)小大之見（簡十至簡十一）

車敂（弼）之荎（醢）酭（盍），不見江沽（湖）之水。佖婦禺夫，（一〇）不智（知）其向（鄉）之小人、君子。飤（食）韭亞（惡）智（知）終其菜（一一）。

55 《莊子．盜跖》篇亦出現類似之語，前面小異，而後面幾字正作「義士存焉」，則反與簡文更近。其間異同問題，見許學仁，〈戰國楚簡文字研究的幾個問題──讀戰國楚簡《語叢四》所錄《莊子》語暨漢墓出土《莊子》殘簡瑣記〉，《東華人文學報》第三期（二〇〇一年七月），頁三七─六〇（見頁四〇）。

56 許氏認為讀「竊」之字實从攴業聲。同前注，頁四一。

「敲」字，原編者謂「讀作『弼』，字亦通『第』。第，車蔽。」此字亦見〈緇衣〉篇第四十簡，裘按語兩處均疑讀「蓋」，林素清從之，謂「婦人所乘車則蓋下輿旁往往環繞帷幕以為屏蔽。」李零、劉信芳、陳偉等人則皆讀此字為「轍」，今從之。[57]「莖酭」，李零讀「醓醢」，即有汁的肉醬。林素清（參周鳳五意見）讀「密閟」，即「封閉阻隔」，謂「置身有幃裳的車中，視線被封閉阻隔，見不到車外浩瀚的江湖之水」，堪稱善解。[58]然劉信芳讀「莖酭」為「鮅鮪」，陳偉讀為「鮒鰌」（「鰌」通「鰍」），皆指《莊子·雜篇·外物》中無需「西江之水」而「得斗升之水然活」的「車轍中」之「鮒魚」。[59]按，劉、陳此說思路甚是，然劉氏所謂鮅、鮪均不類積水中小魚（鮪為熱帶海洋魚），陳氏讀「莖」為「鮒」又於韻部疏遠。[60]依筆者之見，或該讀為「鯢鰍」。「莖」字聲符「必」字聲系屬質部，有明（「宓」）、幫（「必」）、並（「佖」）等唇音聲母，而「鯢」字為疑母支部字，其聲母為鼻音，與邊音明母為鄰紐，[61]韻母元音（—e）則與質部元音（—et）相同，可通轉。[62]「麑」之通「彌」、「靡」，「猊」之通「弭」（皆明母支部），[63]均為「鯢」字可與明紐字通假之證。《莊子·雜篇·庚桑楚》：「夫尋常之溝，巨魚無所還其體，而鯢鰍為之制」，是亦以居處溝中積水為鯢鰍之特徵。又如《莊子·外物》：「夫揭竿累，趣灌瀆，守鯢鮒，其於得大魚難矣」，可見「鯢」與「鮒」本為同一類小魚。[64]「佖婦禺夫」，裘按語讀「匹婦愚夫」，今從。[65]「飤韭惡知終其茶」，末字原編者未釋，張光裕、袁國華等隸定為「茶」，何琳儀隸定為「菜」，[66]而李零、林素清則釋為「葉」字之訛，今姑從後說。李氏讀「葉」為「世」，林氏讀如本字，謂「古人……往往即以『食韭』為貧賤的代稱……匹婦愚夫一生侷處鄉間，僅知剪韭葉而食，尚且食之不盡，遑論其他。」劉釗則引《禮記·少儀》之文，「為君子擇蔥薤，則絕其本末」，而謂「簡文意為匹婦愚夫吃韭菜把葉吃光，以形容其愚昧淺陋。」

按，劉氏引〈少儀〉之文甚當，然以正面之義為解則未必正確，筆者以為此實乃取其反諷為用，下面將論之。其實此段仍存許多難解之處。第二聯後句「不知其鄉之小人、君子」，比第一聯後句的「不見江湖之水」多出三字，且以「小人、君子」一種獨特的複合賓語終句，渾不似韻文所該有之句，此其一。第三聯缺主語，注家衹好以「食韭」以下仍屬匹婦愚夫之事，而儘管可以如此，整句之長短、節奏

㊿57 劉信芳之說見其〈郭店簡《語叢》文字試解（七則）〉，收入李學勤、謝桂華主編，《簡帛研究二〇〇一》（桂林：廣西師範大學出版社，二〇〇一年九月），頁二〇三—二〇六。

58 劉釗讀「蔽翳」或「蔽晦」，與此說相近。

59 其全文如下：莊周家貧，故往貸粟於監河侯。監河侯曰：「諾，我將得邑金，將貸子三百金，可乎？」莊周忿然作色曰：「周昨來，有中道而呼者。周顧視車轍中，有鮒魚焉。周問之曰：『鮒魚來！子何為者耶？』對曰：『我，東海之波臣也。君豈有斗升之水而活我哉？』周曰：『諾，我且南游吳越之王，激西江之水而迎子，可乎？』鮒魚忿然作色曰：『吾失我常與，我無所處。我得斗升之水然活耳。君乃言此，曾不如早索我於枯魚之肆！』」

60 陳偉另文則讀「蜉蝣」，即一種浮在水上之蟲，然「浮」字於古韻亦不合。見其〈郭店簡《語叢四》考釋（七則）〉，收入艾蘭、邢文編，《新出簡帛研究》（北京：文物出版社，二〇〇四年十二月），頁三二三—三二五（按，除此條之外，此文與注❾所引陳著大同小異）。

61 見王力，《同源字典》，頁二〇（見注❻）。

62 支、質通轉，有如「卑」、「庳」等字為幫紐支部，而與「畢」（幫紐質部）、「鼻」（並紐質部）等字通假。見王力，《同源字典》，頁四七八—四七九（見注❻）。

63 王力，《同源字典》，頁三九九、四七二。

64 亦見《呂氏春秋．貴直論．貴直》：「有人自南方來，鮒入而鯢居，使人之朝為草而國為墟。」

65 至於「向」字，陳松長以為隸定不確，應釋為「丘」字，亦即鄉裡之單位；見其〈郭店楚簡《語叢》小識（八則）〉（見注⓯），頁二六〇。

66 何琳儀，〈郭店竹簡選釋〉（同注㉗），頁二〇四。

亦無法與其前二聯協調，此其二。此句所指若仍為百姓之無知，則整段甚無謂，沒有任何真正的意義可言，此其三。因此，筆者要大膽地提出一種可能。按，原簡上「小人」是以合文的方式寫出，「君子」（非合文）後有句讀符號，則似乎不得不於「君子」後段句。然若以節奏、韻腳及文義為慮，則好像該於「小」後段句方是。故頗疑原文寫的是「少」君子」，而抄者因不審文義而誤加「人」於「少」字下部，且將「少」字後句讀符號改成合文符號而於「君子」後另加句讀符號，此乃王念孫所謂「句讀誤而又加字以失其韻者」之類。67此或乃「少（小）人」被寫成合文而「君子」並不寫成合文之原故歟？68此雖為戰國當代之原書，然抄者此種誤解或妄改亦不能排除。

今照此種推測而重新排列、釋讀如下：

車敁（轍）之莖（鯢）酭（鰍），
不見江沽（湖）之水。〔之微合韻〕69
佖（匹）婦禺（愚）夫，（一〇）
不智（知）其向（鄉）之小（人）。〔魚宵合韻〕

君子（一）飤（食）韭（薤）
亞（惡）智（知）終其菜（葉）？（一一）〔月葉合韻〕

按，之、微與魚、宵二種合韻，均具有楚國用韻的特色。《楚辭．離騷》：「惟茲佩之可貴兮，委厥美而歷茲。芳菲菲而難虧兮，芬至今猶未沬。」[70]「茲」為之部，「沬」為物部，而物部即微部之入聲韻，合韻情況相類。[71]至於第二聯，倘若勿論句子長短之不一而依原釋文排列，則「君子」之「子」（之部）原則上可以與「愚夫」之「夫」合韻，然先秦《楚辭》中並沒有魚、之合韻之例（《詩經》乃有），而魚、宵則有之，如《楚辭．大招》首章以「遽」（魚部）諧「昭」、「逃」、「遙」（宵部）是也。[72]之、微（含物），與魚、宵二種合韻，亦恰好均為傅錫壬所謂「楚辭所獨有之合韻現象」之例，《語叢四》此章誠若兼而有之，無非是一種值得注意的現象。[73]若夫最後一聯，如以「茱」字釋「葉」字（葉部）之訛者不誤，則無法與「韭」字（幽部）入韻，然恰可與〈少儀〉篇中「君子」所食「薤」字（月部）合韻（即—at／—ap 入聲合韻）。月、葉合韻雖不見《楚辭》，然二部關係緊密，如同源字「介」（月部）、「甲」（葉部）即是其例。因此疑「韭」字乃「薤」字之省，祇寫其義符，然實讀如「薤」。

---

[67] 見〔清〕王念孫撰，《讀書雜志．淮南內篇》，中國訓詁學研究會主編，《高郵王氏四種之二》（南京：江蘇古籍出版社），志九之二十二，頁一一二九，總頁九五九—九七六。

[68] 或者原文為「小人君」，即「人君」本為下句主語，然抄者誤將「小人君」聯讀而妄加「子」字，且將「小人」合而為一，但導致此種錯誤的途徑似乎較複雜，因而姑視「人」為衍文。

[69] 此以屬之部之「酭」本字讀之。既依陳偉讀「鰍」，或該視為幽微（—əu／—əi）合韻，然儘管或以主要元音為相同，而似乎沒有此種合韻之例。今以「酭」視為鰍魚在楚方言之正讀，以「酭、水」為之、微合韻。

[70]「沬」字，本或作「沫」，江有誥或因此而謂此處「無韻」，王力依之，而傅錫壬則依劉永濟、饒宗頤以作「沬」為是，定為之、微合韻（以微部含物部），今從之。見江有誥，《楚辭韻讀》，頁六；王力，《楚辭韻讀》，頁一〇；傅錫壬，《楚辭古韻攷釋》，頁二九—三〇（見注❹）。

[71]《易經》中「損」六五與「益」六二兩卦爻辭有「十朋之龜（之部），弗克違（微部）」句，是或其合韻之例。

[72] 王力，《楚辭韻讀》，頁七九。

[73] 傅錫壬，《楚辭古韻攷釋》，頁一九三。

韻讀若可如此解決，全文乃能通讀順暢。轍水中之鯢鰌，與鄉閭之匹婦愚夫，均以其見識狹小而無法喻以大道，恰若蜩與學鳩之笑大鵬那樣，此即「小知不及大知」之理。然而後一聯乃反過來講，所謂「大知」者亦有其無法（或不屑）識小之局限性，謂「君子」（實即偽君子或一般貴族的代稱）吃蔥，總會先令人「絕其本末」，把兩端乾苦的部份切掉再吃，哪裡懂得要把整個葉子吃完？此又如大鵬之「視下」，亦無法辨別大地之「正色」，同樣又有大知不及小知之義。或講得直接一點，此便是諷刺「君子」假仁假義、託禮以為名之浪費奢侈。如此一來，便與前一章「竊鉤者為諸侯」同理：「君子」如同小人一樣有「偷竊」、有所「不知」，然一為刑戮之對象、愚蠢之笑柄，一為仁義之榜樣、禮儀之典範，此亦小大之辯，以霸術取正道之理也。兩段內容相成，故疑帶有章末符號的前章原該排在本章之後，以便成連續的一段。

(7)賢人智謀（簡十二至十四）

㬰（早）與臤（賢）人，是胃（謂）宊（詇）行。臤（賢）人不才（在）昃（側），是（一二）胃（謂）迷惑。不與智悔（謀），是胃（謂）自惎（誋）。㬰（早）與智悔（謀），是（一三）胃（謂）童（重）基（惎）。

「㬰」，原編者讀「早」，李零則疑此釋讀不確而將該字給予負面意義，今依原釋。「與」，李零讀「舉」，今從；陳偉則讀如字，義為「交結、親近」，劉釗「與賢人」同，而下面「與智謀」則讀「預先」之「預」或「參與」之「與」。「宊行」，原編者讀「宊」為「詇」，引《說文》「早知也」。林素清讀「央行」；陳偉釋「浹」之右下旁為「甫」而讀「輔行」或「旁行」；劉釗則釋該字為「㴴」而讀「浸行」。今依原釋而另有說。「自惎」，原編者讀「自誋」，李零、陳偉均讀「自欺」，今從後說。「重基」，原編者讀「重惎」，李零讀「重欺」，而陳偉、劉釗均讀如字，今亦讀如字：

> 𣊭（早）與（舉）臤（賢）人，
> 是胃（謂）⿱宀夾（抗）行。〔真、陽合韻〕
> 臤（賢）人不才（在）昃（側），
> 是（一二）胃（謂）迷惑。〔職部〕
>
> 不與（舉）智悔（謀），
> 是胃（謂）自惎（欺）。〔之部〕
> 𣊭（早）與（舉）智悔（謀），
> 是（一三）胃（謂）童（重）基。〔之部〕

此段分兩章，前章上下兩雙句分韻，後章則每行同韻。真、陽二部關係稍遠，合韻前例稀有，然依王力則同源字中乃有其例，如「氓」（陽部）與「民」（真部），「剛」（陽部）與「堅」、「豎」等（真部）。

---

❼❹ 筆者既依編者讀「𣊭」為早，就予「⿱宀夾行」以正面意義。假若李零之說可從而實有負面意義，則或可讀如「殃行」。

❼❺ 亦有陳氏所舉《淮南子·泰族》：「故仁義者，為厚基者也。不益其厚而張其廣者毀，不廣其基而增其高者覆」，然而「厚」與「基」在此講的似為兩回事，與本章有別。

字，是也。合韻關係雖疏，但因為「賢人」、「抗行」本各自為疊韻詞，韻味仍然濃厚（第三行「在」、「側」二字聲音亦彼此相近）。

「泱行」一詞，若原釋不誤，疑或讀如「抗行」。「泱」字聲符「央」為影紐陽部，「抗」字為溪紐陽部，聲母為喉、牙鄰紐，韻部疊韻可通。《楚辭．九章．哀郢》：「堯舜之抗行兮，瞭杳杳而薄天」，同句亦見《楚辭．九辯》（「杳」作「冥」）；《淮南子．氾論》：「季襄、陳仲子立節抗行，不入洿君之朝，不食亂世之食，遂餓而死」；皆指高尚絕倫之德行，適可與下面「迷惑」相對。74第十四簡「童（重）基」，則似不必改讀，當從陳偉說。荀子常引的《詩經．大雅．抑》曰：「溫溫恭人，維德之基」，是亦以「基」喻德行。75「重基」意義又近《道德經》之「重積德」（然「基」、「積」無法通假），即第五十九章：「早服謂之重積德」是也。全章蓋謂：早先抬舉賢人，便能有如堯舜般的高尚德行，相反則祇是迷惑而已；不抬舉有智謀者，乃等於是欺騙自己，然早先舉之則能給國家奠定良好厚重的基礎。

(8)雄之為朋（簡十四、十六）

邦又（有）巨鈜（雄），必先與之以為型（朋）。唯戁（一四）之而弗亞（惡），必𦘔（盡）其古（故）。

𦘔（盡）之而𢜩（疑），必攴鋊鋊（一五）其巻。女（如）𤖼（將）又（有）敗，鈜（雄）是為割（害）。

如上面所說，第十五簡依趙、陳二氏之說而移至第五、六簡之間，今不複論。「巨雄」，李零謂「是大鳥（大雄鳥）之稱。案『巨雄』於此似指賢才」，陳、林等皆以為有權勢的豪傑巨室可以當作靠山者。

「必先與之」之「與」，李零讀「舉」，他人則讀如字，意為「結交」、「籠絡」等；今亦讀如字。「巷」字，陳偉、林素清及李零（增訂本）皆以為「與」字之訛，讀「舉」（皆依原序而將句號移於「其」字前）。⑯陳劍則參照〈性自命出〉及上博楚簡〈孔子詩論〉中相關字形，指出該字當即「興」字，且「興」正好可與「雄」、「朋」押韻，今從其說。「唯戁」，裘按語讀「雖難」，陳劍讀「唯」如字而讀「戁」為「難」或如字（即「恐懼」），謂「既要結交邦國之巨雄，又要防止、阻止其勢力坐大。」

今依簡序調整而按韻分段如下：

邦又（有）巨[馬厷]（雄），
必先與之以為[土朋]（朋），
唯戁（難）（一四）其巷（興）。〔蒸部〕

女（如）[爿酉]（將）又（有）敗，
[馬厷]（雄）是為割（害）。（一六未終）〔月部〕

此兩節雖長短不一，前者三單句一韻，後者兩單句一韻，然似不妨其韻味。唯每行四字，而第二行獨多三個字，故疑「與之以」或「先與之」三字涉上文「早與」之意而妄加，亦不無可能，然缺乏他證，筆

⑯ 陳偉又讀「割」為「介」，謂「如果舉動面臨失敗，『雄』就會出來提供輔助或憑藉。」林素清謂：「遊說者如果抵觸權貴，則舉事不成，必為其所中傷破壞」；劉釗則云：「如果與『巨雄』的謀劃敗露，將受到其牽連。」皆依原序為說。

者亦不敢妄刪，僅錄以備一說。

《荀子．宥坐》篇曰：「居處足以聚徒成群，言談足以飾邪營眾，強足以反是獨立，此小人之桀雄也，不可不誅也。」同書〈非相〉篇以類似方式形容所謂「姦人之雄」。荀子既言小人之姦雄，則心目中或亦有君子之大雄，然後者不用「雄」字來形容，可知所謂「雄」者多指作亂者而言。故「巨雄」當如《淮南子．氾論》所謂：「天下雄俊豪英暴露于野澤，前蒙矢石，而後墮谿壑，出百死而紿一生，以爭天下之權」者，是也。然則本章蓋謂國家有豪門巨室，國君必先與之連結相合，而唯恐其強大興盛；國家假若將面臨破敗，一定是由於豪傑過於興旺所致（此略依陳劍為說）。此或與前章於內容相關而以「巨雄」與「賢人」、「智謀」作對比。

(9)不折所利（簡十六至十七）

利木侌（陰）者，不折（一六）其梪。利其渚者，不賽（塞）其𣲖（溪）。

「梪」字，裘按語以為即「枳」，讀「枝」。「渚」，陳偉讀為「瀦」，即蓄水池，可從。林素清謂此章總結上文，以樹枝、溪水喻豪門貴族，或是。

利木侌（蔭）者，不折（一六）其梪（枝）。

利其渚（瀦）者，不賽（塞）其𣲖（溪）。〔支部〕

此章兩個雙句相韻（此不以虛詞「者」入韻，不然可視為魚、枝交韻）。劉釗已指出，前句已見《韓詩外傳》第二卷第二十三章：「食其食者不毀其器，陰其樹者不折其枝」，當為古代成語。[77]本章意義已明，今不贅言。

⑽使下之道（簡十七至十八）

善叀（使）其下，若（一七）蛩蝨（蛩）之足，眾而不割（害），割（害）而不僕（仆）。

「蛩蛩」，裘按語指出二字均可釋為百足蟲。「僕」，原編者讀「仆」，該是。兩個「割」字，原編者均讀「害」，林素清謂即「不至於彼此衝突」，引《淮南子．兵略》：「故良將之卒，若虎之牙，若兕之角，若鳥之羽，若蚈之足，可以行，可以舉，可以噬，可以觸，強而不相敗，眾而不相害，一心以使之也。」同書〈說林〉篇亦云：「善用人者，若蚈之足，眾而不相害；若脣之與齒，堅柔相摩而不相敗。」然劉釗則引《太平御覽》（卷九、九四四、九四八）所引《魯連子》文「百足之虫，斷而不蹶」，以「斷」等於「割」，以為《淮南子》文中「害」字反為誤讀所致，本篇二「割」字均該讀如字；[78]陳偉亦引此文以為據，然本簡二「割」字，前者仍讀「害」，後者才讀如字。參看諸篇引文，筆者以為陳說最近其意。

---

[77] 劉釗，〈讀郭店楚簡字詞札記〉，頁八一（見注[28]）。

[78] 劉釗，〈讀郭店楚簡字詞札記（四）〉，《古籍整理研究學刊》第五期（二〇〇二年九月），頁四—六。

善叓（使）其下，若（一七）蚉（蚈）蝨（蛩）之足：

眾而不割（害），割而不僕（仆）。〔屋部〕

此章亦兩雙句相韻，然兩行前單句末字「下」、「害」亦可算作魚、月合韻，則四個單句亦有交韻之味。又，本章與下章文義極其相似，皆以「善某其某者，若某某」為形式（此獨無「者」字），學者多屬同一章。然本章與下章亦有幾處不同，如下章以三單句為單元，後單句皆以「而」開頭，而此章則四個單句，形式有別。況且，本章內部適可相韻，而於下章三行皆無法入韻，因而筆者分為兩章以示其不同。

本章蓋謂善使其下者，一心以使之，因而儘管眾多而不相衝突，即使失去其中之一而亦無害於其大體之行動。

⑾善事之喻（簡十八至二十一）

善事其上（一八）者，若齒之事䏦（舌），而終弗𪗔（憒）。善□□□（一九）者，若兩輪之相𨔣，而終不相敗。善叓（使）（二〇）其民者，若四旹（時）一遣一迲（來），而民弗害也。（二一）

「𪗔」，原編者以為从「追」之聲符為聲，讀作「憒」，即亂也；裘按語則指出亦可能从「臽」聲而讀為「臽（陷）」或「衍」（即錯過）。李零以為此字實與〈老子甲〉簡二十二讀為「逝」字所从相同而疑讀「噬」，而即使依裘氏所讀「臽」聲則宜讀「啗」較好；其《增訂本》則改讀〈老子甲〉該字為「羨」而逕讀本字為「啗」。陳偉讀作「讉」或「愆」。今取李零初說，說見下。第十九簡末所缺三字，原編者謂當補「吏（使）其下」，然相同文句已見上章，且此處所言該是種同等關係；李零補「事其君」，陳偉則補「事其友」。陳說該是，然今改「事」為「交」。「𨒅」，裘按語讀「轉」。「遣」，裘按語以為此字聲旁當為「䛗」字左部之省寫「故釋作『遣』」；李零初又照〈老子甲〉該字而讀「逝」，後來《增訂本》亦改讀「遣」。

善事其上（一八）者，若齒之事𦧇（舌），而終弗䛗（噬）。
善【交其友】（一九）者，若兩輪之相𨒅（轉），而終不相敗。
善㕜（使）（二〇）其民者，若四旹（時）一逝一㚈（來），而民弗害也。（二一）〔月部〕

按，「䛗」字，裘氏、李氏均謂同字見於曾侯乙銘文，或確為該字異體，然讀音从臽从欠从旡从何似難以確定。主語既為「齒」，本字該與咬義有關沒錯，而其下部恰似牙齒之象，則或从「齒」得義而非从「臽」得聲。「啗」屬談部，依王力之說主要元音相同，該可與下面「敗」、「害」等月部字通轉合韻，然終不如同屬月部之「噬」字扣緊，且「噬」有咬義，「啗」則指吞食，前者方為牙齒本身之功能。因此，筆者以為李氏或不該輕易拋棄其從《老子》傳本所得來的信息。〈老子甲〉該字與本字之不同，主要在於中間多加一個略像水形的符號，然則該字或可釋為从水䛗（即噬）聲，即河水流去之義，可視為「逝」字異體。[79]至於裘先生釋為「遣」之字，聲旁是否與「䛗」字相關亦難以確知，今姑讀為

[79] 「逝」與「噬」同為禪紐月部；「逝」與「筮」、「噬」等字之互相通假，見高亨，《古字通假會典》，頁六四五（見注[14]）。

「逝」。如此說來，則本章分三行同韻，每行三個單句，而不但每行末字相韻，第一、二行第二個單句末字亦均可與之相韻（「舌」屬月部，「轉」屬元部，與月部通韻）。值得注意的是，「一逝一來」與前兩行所云者句式不類，故頗疑本作「四時之來逝」而同樣入韻，之後因語言習慣而被改動（而假若釋作「遣」字，則屬元部，亦可通韻）。《管子．內業》：「靜則得之，躁則失之，靈氣在心，一來一逝」，是其例。

本章蓋謂善事其上者如牙齒之事舌頭，為之服務而不相咬害；善交其友者若兩個車輪之相輔相成而不相違敗；善使其民者如四時之來往，按時而行事，而人民則安之而弗為所害。此與前章於意義相連，而於形式則似乎獨立成章。此章亦恰好終簡，因而是否該接到第二十二簡亦未可確知。

⑿亡友不可（簡二十二）

山亡隆（？）則坨（阤），成（城）無蓑則坨（阤）。士亡双（友）不可，

此第三個字，原編者姑隸定為「墜」；張光裕、袁國華等則隸定為「墜」。顏世鉉讀「薤」或「豨」，即草木茂盛之義。❽李零隸定為陶，謂「似指陂、阪即山坡。」林素清則釋為「墮」，通「隋」，雖多訓「山狹而長」，然《詩經．周頌．般》「隋山喬嶽」句，毛傳以「隋山」為「山之隋墮小者也」，林氏謂在此指高山旁側「平緩的斜坡」；劉信芳釋為「隆」，讀法與林氏同，謂主峰四周之群小峰，與「巒」同義。❽「阤」，原編者引《說文》謂「小崩也。」「城」，原編者隸定為「成」而讀「城」，李家浩指出此字本即「城」字。❽「蓑」，原編者謂即「以草覆城」之義，林素清、陳偉則均讀「衰」，謂城牆由下向上的遞減。陳偉引《淮南子．繆稱》篇：「城峭者必崩，岸崝者必陀」，似與簡

義相近，今從其說。「士亡双（友）不可」句，原編者屬下章，實該屬本章，李零已指出過，此從內容從分韻均可知。

山亡堕（隓）則坨（阤），
城無蓑（衰）則坨（阤），
士亡双（友）不可。〔歌部〕

此章三句均韻歌部，而每句中間第三字亦略可相互合韻。83 句義蓋為：高山沒有小山為之撐腰墊腳則將要崩坍，城牆缺乏遮滅之基便將要塌陷，士人沒有良友則將無法成功。

⒀ 謀臣謀友（簡二十二至二十四）

君又（有）（二二）悔（謀）臣，則壤陉（地）不鈔。士又（有）悔（謀）双（友），則言談不（二三）甘（？）。

80 顏世鉉，〈郭店楚墓竹簡儒家典籍文字考釋〉，《經學研究論叢》第六輯（一九九三年三月），頁一八六—一八七。

81 劉信芳，〈郭店簡《語叢》文字試解（七則）〉，頁二〇五（同注57）。

82 李家浩，〈讀《郭店楚墓竹簡》瑣議〉，收入《中國哲學》編輯部、國際儒聯學術委員會編，《郭店楚簡研究》（《中國哲學》第二十輯；瀋陽：遼寧教育出版社，一九九九年一月），頁三四九。

83 「隓」屬歌部，與微部「蓑」字合韻，而「蓑」字又與之部「友」字合韻。假若依顏氏之讀「蕤」（微部），則三字皆可相互合韻。

「壞」，李零初誤讀為「攘」，《增訂本》又改回原字。「鈔」，李零、陳偉及劉釗均讀「削」，陳氏引《戰國策·趙策三》正有「壞地不削」句。最後一字，原編者姑釋為「甘」，裘按語則釋為「勺」，與「鈔」同屬宵部，謂疑讀「弱」（即宵部之入聲藥部字）。劉信芳同意釋「勺」而讀為「訋」，即語言難辨」，而陳偉則謂「勺」或可讀為「約」，以「不約」為「不窮」。今從陳偉讀「約」。

君又（有）（二二）悔（謀）臣，則壞陞（地）不鈔（削）；
士又（有）悔（謀）双（友），則言談不（二三）勺（約）。（藥部）84

此兩個雙句相韻藥部，中間無他韻。

此或可視與前章為一章，前章從反面言「亡友」，此章從正面言「有謀友」，內容大致相成。蓋謂君有謀臣，土地就不至於被奪取分割，而士人有謀友，言論能力乃無所約束。

(14) 力不如材（簡二十四至二十五）

唯（雖）戠（勇）力䎽（聞）于邦不女（如）材，金玉浧（盈）室不（二四）女（如）悔（謀），眾強甚多不女（如）旹（時）。

此章釋讀似無難處，今依韻分三行如下：

唯（雖）戠（勇）力䎽（聞）于邦，不女（如）材；

金玉浧（盈）室，不(二四)女（如）悔（謀）；

眾強甚多，不女（如）旹（時）。〔之部〕

三個雙句均韻之部，中間無韻。蓋言勇力、富貴、眾強再多，缺乏材能、智謀、時機亦難以持久，謀略之所以為貴者以此。「故謀為可貴」句，既承前又啟後，今歸為後章前句，不入韻，視為總結全篇而特提的一句。[85]

(15)善言之效（簡二十五、三）

古（故）悔（謀）為可貴。罷（一）(二五)

此句本接第二十六簡「家世乃有貨」句，而如前所云，今依陳劍說改接第三簡（見上面第四條）：

言之善，足以終殜（世）。參（三）殜（世）之福（富），不足以出芒（亡）。■(三)

「一言」與「三世」相對成文，而此簡序之調整誠若不誤，則此「言」字該指「談謀」而言，「一言之

---

[84] 嚴格而言，「鈔」既屬宵部，則或該算作宵、藥通韻。《楚辭》中亦多見，今不贅引。

[85] 然第三簡是否確為全篇末簡固未可知。

善」正指抓緊時機之善謀。「福」字，原編者疑讀「富」，則專指「金玉盈室」之類，然似讀本字可矣（陳偉同）。[86]

古（故）悔（謀）為可貴：（物部）

罷（一）（二五）言之善，足以終殜（世）。

參（三）殜（世）之福，不足以出芒（亡）。■（三）（月、陽合韻）

「貴」字屬物部，該句亦過短而半獨立，如前所云似不必入韻。唯後兩雙句「世」、「亡」之月、陽合韻關係較遠。依王力，此二部屬通轉關係，其同源字包括「界」（月部）與「境」、「疆」（陽部）；「穢」（月部）與「荒」（陽部）；「亡」（陽部）與「滅」、「蔑」（月部）等。[87]《楚辭》中無此韻，然月部為陽聲韻元部之入聲韻，而陽、元合韻則或有之，如《楚辭・九章・抽思》：「初吾所陳之耿著兮，豈至今其庸亡？何毒藥之謇謇兮？願蓀美之可完」，是其例。[88]然筆者頗疑「出亡」原為「亡出」，後因語言習慣而誤倒，亦不無可能。「出」為物部，如此則視為月、物入聲合韻，《楚辭》中偶見，亦或有楚國特色。[89]誠若如此，則不但可與其前單句「福」字（職部）通轉合韻（前行「善」（元部）、「世」亦可陽入對轉相互通韻），亦可與頭句「貴」字相韻。

此蓋承前章而言，謂祇要能因材能謀略可抓住時機而出一次善言善謀，則其功效或乃足夠終究一世，然假若缺之而光靠富貴、眾強等，則即使有累代傳下之福氣亦不足以維持，甚至逃命流亡亦在所難免。

參、結語

〈語叢四〉篇究竟是否楚地之產物，從數不多的韻文句及兩三項略似楚語的用詞為例，固然難以斷下定論。然如上所舉的魚宵合韻、之微合韻、微歌合韻等，可能皆為本篇與《楚辭》所共有而《詩經》反缺的合韻現象，而即使在〈語叢四〉與《楚辭》中均乃孤類寡例，然《楚辭》本來篇幅有限，單例不見得沒有意義。往後考古發現更多，可藉以為依據的楚地韻文或將逐漸增多，屆時蓋可望以對楚地用韻與中原地區用韻之差異有更加清楚的認識。

通過以上的韻讀分析，對〈語叢四〉之釋讀、句讀、簡序及文義等，雖然仍存許多難解之處，但同時又可指出不少考慮問題的新方向，甚至使我們能夠開始理解幾處從所未解之文。如其中「破邦亡家，事乃有託」及「時至而將，流滯而行」等文的簡序調整，對第二十七簡反面文字之迷的理解與處理，及

---

86 至於「出芒」之「芒」，唯劉釗基於原來的簡序而讀「鋒芒」之「芒」，謂「古人常將口舌之利比於兵器之利……喻指出口傷人」；見其〈讀郭店楚簡字詞札記〉，頁八七（見注28）。白于藍則讀「出妄」，謂「胡亂講話」：見其〈郭店楚墓竹簡釋讀札記〉，《古文字論集（二）》（《考古與文物》叢刊第四號〔二〇〇一年〇九二號〕），頁一七三—一七九。

87 王力，《同源字典》，頁三四三、三五〇、三七三（見注6）。

88 王力，《楚辭韻讀》，頁四二。然「完」字，一本作「光」，如是則成為陽部諧韻而已。依傅錫壬則「光」與「完」之「主要元音相同」而元、陽二部韻尾可通，「故元陽二部當亦可通韻」：見其《楚辭古韻攷釋》，頁一〇二—一〇三（見注3）。

89 〈九章・哀郢〉、〈九辯〉第八及〈招魂〉各一見：見王力，《楚辭韻讀》，頁四一、七〇、七二。物、月二部於傅錫壬隸屬於微、歌二部，而微、歌則又屬其所謂「楚辭所獨有之合韻現象」之中：見其《楚辭古韻攷釋》，頁一九三。

「君子食薤，惡知終其葉？」等文的重新句讀與詮釋等，儘管未敢謂其必是，然至少可藉以提出某些務須重加思考的問題及其可能的答案。從更廣的角度而言，〈語叢四〉的思想歸屬與淵源，似亦有從新考慮的必要。人君、貴族之霸取仁義之名，固與《莊子》同源，而其尚賢使能、事上使下交友之道，及其乘時而行事、貶眾強而褒智謀等，則均為他家所共尚，儒家亦不例外。然則稱之為漫無邊際而莫足以歸則可矣，若一定要將之視為傳授權謀縱橫之術者則未必。正是：「九天之際，安放安屬？隅限多有，誰知其數？」

參考書目

一、中文、日文著作

（漢）司馬遷撰：《史記》。顧頡剛等標點；北京：中華書局，一九五九年。

（漢）班固撰；（唐）顏師古注：《漢書》。北京：中華書局，一九六二年六月。

（漢）賈誼撰；閻振益、鍾夏校注：《新書校注》。北京：中華書局，二〇〇〇年七月。

（唐）孔穎達疏：《毛詩正義》（《毛詩注疏》）。中華書局一九三六年《四部備要》本。

（唐）孔穎達疏：《禮記正義》（《禮記注疏》）。中華書局一九三六年《四部備要》本。

（唐）房玄齡撰：《晉書》。北京：中華書局，一九七四年。

（唐）魏徵等撰：《隋書》。北京：中華書局，一九七三年八月。

（宋）朱熹著：《四書章句集注》。中華書局本臺灣版；臺北：長安出版社，一九九一年二月。

（宋）黎靖德編：《朱子語類》。王星賢點校；北京，中華書局，一九九四年三月。

（清）王引之撰：《經義述聞》。中華書局一九三六年《四部備要》本。

（清）王先慎撰：《韓非子集解》。鍾哲點校；北京：中華書局，一九九八年七月。

（清）王先謙撰：《荀子集解》。沈嘯寰、王星賢點校；北京：中華書局，一九八八年九月。

（清）王念孫撰：《讀書雜志》。中國訓詁學研究會主編，《高郵王氏四種之二》；南京：江蘇古籍出版社。

（清）王聘珍撰：《大戴禮記解詁》。王文錦點校；北京：中華書局，一九八三年三月。

（清）江有誥：《楚辭韻讀》。《續修四庫全書》第二四八卷；上海：上海古籍出版社，一九九五年，頁一二三—一四六。

（清）朱駿聲：《說文通訓定聲》。北京：中華書局，一九八四年六月。

（清）何文煥輯：《歷代詩話》。北京：中華書局，一九八一年四月。

（清）孫希旦撰：《禮記集解》。沈嘯寰、王星賢點校；北京：中華書局，一九八九年八月。

（清）孫詒讓撰：《墨子閒詁》。《諸子集成》本。收入楊家駱主編，新編《諸子集成》第六冊；臺北：世界書局，一九八三年四月。

（清）孫詒讓撰：《墨子閒詁》。孫啟治點校；北京：中華書局，二〇〇一年四月。

（清）畢沅撰：《呂氏春秋新校正》。《諸子集成》本。收入楊家駱主編，新編《諸子集成》第七冊；臺北：世界書局，一九八三年四月。

（清）焦循：《孟子正義》。沈文倬點校；北京：中華書局，一九八七年十月。

（清）戴望校正：《管子校正》。《諸子集成》本。收入楊家駱主編，新編《諸子集成》第五冊；臺北：世界書局，一九八三年四月。

（清）嚴可均輯：《全漢文》。任雪芳審訂；北京：商務印書館，一九九九年十月。

丁四新：《郭店楚墓竹簡思想研究》。北京：東方出版社，二〇〇〇年十月。

丁原植：《楚簡儒家性情說研究》。臺北：萬卷樓有限公司，二〇〇二年五月。

王力：《詩經韻讀》。上海：上海古籍出版社，一九八〇年十二月。

王力：《楚辭韻讀》。上海：上海古籍出版社，一九八〇年五月。

王力：《同源字典》。一九八〇年；臺灣版：臺北，文史哲出版社，一九九一年。

王利器校注：《鹽鐵論校注》。定本；北京：中華書局，一九九二年七月。

王葆玹：〈今古文經學之爭及其意義〉。收入《中國哲學》編輯部編（姜廣輝主編），《經學今詮初編》，《中國哲學》第二十二輯；瀋陽：遼寧教育出版社，二〇〇〇年六月。

方克立、李錦全主編：《現代新儒家學案》。北京：中國社會科學，一九九五年九月。

白于藍：〈郭店楚墓竹簡釋讀札記〉。《古文字論集（二）》，《考古與文物》叢刊第四號；二〇〇一年〇九二號，頁一七三—一七九。

池田知久：〈郭店楚簡『五行』の研究〉。收入氏編《郭店楚簡儒教研究》；東京：汲古書院，二〇〇三年二月，頁四五一—四八〇。

池田知久編：《郭店楚簡儒教研究》。東京：汲古書院，二〇〇三年二月。

牟宗三：〈儒家系統之性格〉。收入其《中國哲學十九講》；臺北：臺灣學生書局，一九八三年十月。

竹田健二：〈郭店楚簡『性自命出』と上海博物館藏『性情論』との關係〉。《日本中國學會報》第五四期，二〇〇二年。

艾蘭、邢文編：《新出簡帛研究》；北京：文物出版社，二〇〇四年十二月。

艾蘭、魏克彬原編，邢文編譯：《郭店〈老子〉——東西方學者的對話》；北京：學苑出版社，二〇〇二年九月。

何定生：〈從詩經本身看樂歌關係〉。收入林慶彰編著，《詩經研究論集》；臺北：臺灣學生書局，一九八三年十一月，頁一—一八。
何建章注釋：《戰國策注釋》。北京：中華書局，一九九〇年二月。
何琳儀：《戰國古文字典：戰國文字聲系》。北京：中華書局，一九九八年九月。
何琳儀：〈郭店竹簡選釋〉。《文物研究》總第一二輯；一九九九年十二月。
余嘉錫撰：《古書通例》。上海：上海古籍出版社，一九八五年七月。
吳良寶：〈讀郭店楚簡札記（三則）〉。《古籍整理研究學刊》二〇〇一年第五期，頁八—九。
李天虹：〈釋楚簡文字「度」〉。《華學》第四輯（二〇〇〇年八月），頁八五—八八。
李天虹：《郭店竹簡《性自命出》研究》。武漢：湖北教育出版社，二〇〇三年一月。
李家浩：〈讀《郭店楚墓竹簡》瑣議〉。《郭店楚簡研究》，《中國哲學》第二十輯；瀋陽：遼寧教育出版社，一九九九年一月，頁三四三—三四四。
李零：《長沙子彈庫戰國楚帛書研究》。北京：中華書局，一九八五年七月。
李零：〈郭店楚簡校讀記〉。收入陳鼓應主編，《道家文化研究》，第十七輯；北京：三聯書店，一九九九年八月，頁四五五—五四二。
李零：《郭店楚簡校讀記（增訂本）》。北京：北京大學出版社，二〇〇二年三月。
李零：《上博楚簡三篇校讀記》。臺北：萬卷樓圖書有限公司，二〇〇二年三月。
李銳：〈郭店楚墓竹簡補釋（二）〉。收入郭店楚簡研究（國際）中心編，《古墓新知——紀念郭店楚簡出土十周年論文專輯》；香港：香港國際炎黃文化出版社，二〇〇三年十一月，頁七七—九八。
李學勤：〈先秦儒家著作的重大發現〉。收入《郭店楚簡研究》，《中國哲學》第二十輯；瀋陽：遼寧教育出版社，一九九九年一月，頁一三—一七。

李學勤：〈荊門郭店楚簡中的《子思子》〉。收入《郭店楚簡研究》，《中國哲學》第二十輯；瀋陽：遼寧教育出版社，一九九九年一月，頁七五—八〇。

李學勤：〈試說郭店簡《成之聞之》兩章〉。收入廖名春編，《清華簡帛研究》第一輯；北京：清華大學思想文化研究所，二〇〇〇年八月。

李學勤：《簡帛佚籍與學術史》。一九九四年十一月編寫；南昌：江西教育出版社，二〇〇一年四月。

李學勤：〈論楚簡《緇衣》首句〉。收入廖名春編，《清華簡帛研究》第二輯；北京：清華大學思想文化研究所，二〇〇二年三月，頁二〇—二二。

李學勤、謝桂華主編：《簡帛研究二〇〇一》。桂林：廣西師範大學出版社，二〇〇一年九月。

李澤厚、劉綱紀主編：《先秦美學史》。臺灣版；臺北：金楓出版社印行，一九八七年七月。

杜維明：〈郭店楚簡與先秦儒道思想的重新定位〉。收入《郭店楚簡研究》，《中國哲學》第二十輯；瀋陽：遼寧教育出版社，一九九九年一月，頁一—六。

沈培：〈郭店簡《六德》「多」字舊說訂誤〉。待刊稿。

周鳳五：〈郭店楚簡識字札記〉。收入《張以仁先生七秩壽慶論文集》；臺北：臺灣學生書局，一九九九年一月，頁三五一—三六二。

周鳳五：〈郭店楚墓竹簡〈唐虞之道〉新釋〉。《中央研究院歷史語言研究所集刊》第七十本，第三分；一九九九年九月，頁七三九—七五八。

周鳳五：〈讀郭店竹簡《成之聞之》札記〉。收入氏編，《古文字與古文獻》試刊號；臺北：楚文化研究會，一九九九年十月，頁四二—五四。

周鳳五編：《古文字與古文獻》試刊號。臺北：楚文化研究會，一九九九年十月。

周鳳五：〈郭店竹簡的形式特徵及其分類意義〉。收入武漢大學中國文化研究院編，《郭店楚簡國際學術研討會論文集》；武漢：湖北人民出版社，二〇〇〇年五月，頁五三—六三。

周鳳五、林素清：〈郭店竹簡編序復原研究〉。收入周鳳五編，《古文字與古文獻》試刊號；臺北：楚文化研究會，一九九九年十月，頁五五—五八。

屈萬里：《尚書釋義》。一九八〇年；第二版，臺北：中國文化大學，一九九五年七月。

屈萬里：《尚書集釋》。臺北：聯經出版事業公司，一九八三年。

屈萬里：〈論國風非民間歌謠的本來面目〉。收入林慶彰編著，《詩經研究論集》；臺北：臺灣學生書局，一九八三年十一月，頁一九—三八。

林素清：〈郭店竹簡《語叢四》箋釋〉。收入武漢大學中國文化研究院編，《郭店楚簡國際學術研討會論文集》；武漢：湖北人民出版社，二〇〇〇年五月，頁三八九—三九七。

林蓮仙：《楚辭音韻》。香港：昭明出版社有限公司，一九七九年五月。

武漢大學中國文化研究院編：《郭店楚簡國際學術研討會論文集》。武漢：湖北人民出版社，二〇〇〇年五月。

季旭昇主編：《〈上海博物館藏戰國楚竹書（二）〉讀本》。臺北：萬卷樓圖書股份有限公司，二〇〇三年。

邱德修：〈湖北郭店楚簡〈緇衣篇〉考釋舉例〉。收入國立臺灣師範大學國文學系主編，《紀念許世瑛先生九十冥誕學術研討會論文集》；臺北：國立臺灣師範大學國文學系，一九九九年六月，頁六五—八二。

金開誠、董洪利及高路明：《屈原集校注》。北京：中華書局，一九九六年八月。

姜亮夫：《楚辭通故》。昆明：雲南人民出版社，一九九九年十二月。

姜廣輝：〈郭店楚簡與《子思子》——兼談郭店楚簡的思想史意義〉。收入氏編，《郭店楚簡研究》，《中國哲學》第二十輯；瀋陽：遼寧教育出版社，一九九九年一月，頁八一—九二。

姜廣輝：〈郭店楚簡與道統攸系——儒學傳統重新詮釋論綱〉。收入氏編，《郭店簡與儒學研究》，《中國哲學》第二十一輯；瀋陽：遼寧教育出版社，二〇〇〇年一月，頁一三—四〇。

姜廣輝主編：《郭店楚簡研究》。《中國哲學》第二十輯；瀋陽：遼寧教育出版社，一九九九年一月。

姜廣輝主編：《郭店簡與儒學研究》。《中國哲學》第二十一輯；瀋陽：遼寧教育出版社，二〇〇〇年一月。

胡樸安：《詩經學》。《國學小叢書》；上海：商務印書館，一九二八年三月。

荊門市博物館編：《郭店楚墓竹簡》。北京：文物出版社，一九九八年五月。

唐作藩編著：《上古音手冊》。南京：江蘇人民出版社，一九八二年九月。

唐君毅：《中國哲學原論・原道篇卷二：中國哲學中之「道」之建立及其發展》。校訂版；臺北：臺灣學生書局，一九八六年十月。

徐在國：〈郭店楚簡文字三考〉。收入李學勤、謝桂華主編，《簡帛研究二〇〇一》；桂林：廣西師範大學出版社，二〇〇一年九月，頁一七七—一八五。

徐在國、黃德寬：〈《上海博物館藏戰國楚竹書（一）緇衣・性情論》釋文補正〉。《古籍整理研究學刊》，二〇〇二年三月，頁一—六。

徐復觀：《中國藝術精神》。臺北：臺灣學生書局，一九六六年。

徐復觀：《中國人性論史，先秦篇》。臺北：臺灣商務印書館，一九六九年一月。

涂宗流、劉祖信：《郭店楚簡先秦儒家佚書校釋》。臺北：萬卷樓圖書有限公司，二〇〇一年二月。

涂宗流、劉祖信：〈郭店楚簡《緇衣》通釋〉。收入武漢大學中國文化研究院編，《郭店楚簡國際學術研討會論文集》；武漢：湖北人民出版社，二〇〇〇年五月，頁一八二—一九七。

袁國華：〈郭店楚簡文字考釋十一則〉。《中國文字》新廿四期；一九九八年，頁一三五—一四六。

袁國華：〈郭店竹簡「卲」、「其」、「卡」（卞）諸字考釋〉。《中國文字》新廿五期；一九九八年，頁一六一—一六九。

高本漢著，陳舜政譯：《先秦文獻假借字例》。臺北：中華叢書編審委員會，一九七四年。

高亨纂著：《古字通假會典》。董治安整理；濟南：齊魯書社，一九八九年七月。

高柏園：〈《論語》審美意識的哲學意義〉。收入淡江大學中文系所，《第六屆文學與美學國際學術研討會論文集》，一九九七年，頁三七一—三八七。

馬承源主編：《上海博物館藏戰國楚竹書（一）》。上海：上海古籍出版社，二〇〇一年十一月。

馬承源主編：《上海博物館藏戰國楚竹書（二）》。上海：上海古籍出版社，二〇〇二年十二月。

馬承源主編：《上海博物館藏戰國楚竹書（三）》。上海：上海古籍出版社，二〇〇三年十二月。

馬承源主編：《上海博物館藏戰國楚竹書（四）》。上海：上海古籍出版社，二〇〇四年十二月。

馬承源主編：《上海博物館藏戰國楚竹書（五）》。上海：上海古籍出版社，二〇〇六年一月。

康德（一七二四—一八〇四年）：《判斷力之批判》。牟宗三譯註；臺北：臺灣學生書局，一九九二年。

張守中撰集：《包山楚簡文字編》。北京：文物出版社，一九九六年八月。

張光裕主編、袁國華合編：《郭店楚簡研究·第一卷文字編》。臺北：藝文印書館，一九九九年一月。

淺野裕一：〈『五行篇』の成立事情——郭店寫本と馬王堆寫本の比較〉。《中國出土資料研究》第七號，二〇〇三年三月，頁一—二四。

許學仁：〈戰國楚簡文字研究的幾個問題——讀戰國楚簡《語叢四》所錄《莊子》語暨漢墓出土《莊子》殘簡瑣記〉。《東華人文學報》第三期，二〇〇一年七月，頁三七—六〇。

郭化若譯：《十一家注孫子》。北京：中華書局，一九六二年四月。

郭沂：〈郭店楚簡《成之聞之》篇疏證〉。收入《郭店楚簡研究》，《中國哲學》第二十輯；瀋陽：遼寧教育出版社，一九九九年一月，頁二七八—二九二。

郭梨華：〈中國哲學的起源與本原之探究——「文」與「情」的哲學思惟〉。大阪大学中国哲学研究室編輯，《中国研究集刊：特集号「戰国楚簡と中国思想研究」》騰号（第三十六号），頁九—三三。

郭錫良：《漢字古音手冊》。北京：北京大學出版社，一九八六年十一月。

陳奇猷：《呂氏春秋校釋》。上海：學林出版社，一九八四年四月。

陳來：〈荊門竹簡之《性自命出》篇初探〉。收入《郭店楚簡研究》，《中國哲學》第二十輯；瀋陽：遼寧教育出版社，一九九九年一月，頁二九三—三一四。

陳松長：〈郭店楚簡《語叢》小識（八則）〉。《古文字研究》第二十二輯；二〇〇〇年七月，頁二五七—二六一。

陳偉：〈郭店楚簡別釋〉。《江漢考古》一九九八年第四期，頁六七—七二。

陳偉：〈郭店楚簡《六德》諸篇零釋〉。《武漢大學學報（哲學社會科學版）》一九九九年第五期（總第二四四期），頁二九—三三。

陳偉：〈關於郭店楚簡《六德》諸篇編連的調整〉。收入武漢大學中國文化研究院編，《郭店楚簡國際學術研討會論文集》；武漢：湖北人民出版社，二〇〇〇年五月，頁六四—七四。

陳偉：〈郭店簡書《人雖有性》校釋〉。《中國哲學史》二〇〇〇年第四期（總第三二期）；二〇〇〇年十一月，頁三—一三。

陳偉：〈郭店簡書《尊德義》校釋〉。《中國哲學史》二〇〇一年第三期（總第三五期）；二〇〇一年八月，頁一〇八—一二〇。

陳偉：《郭店竹書別釋》。武漢：湖北教育出版社，二〇〇二年十二月。

陳偉：〈郭店簡《語叢四》考釋（七則）〉。收入艾蘭、邢文編，《新出簡帛研究》；北京：文物出版社，二〇〇四年十二月，頁三二三—三二五。

陳偉武：〈郭店楚簡識小錄〉。《華學》第四輯；二〇〇〇年八月，頁七六—七八。

陳復華、何九盈：《古韻通曉》。中國社會科學出版社，一九八七年十月。

陳斯鵬：〈郭店楚墓竹簡考釋補正〉。《華學》第四輯；二〇〇〇年八月，頁七九—八〇。

陳寧：〈《郭店楚墓竹簡》中的儒家人性言論初探〉。《中國哲學史》一九九八年第四期，頁三九—四六。

陳劍：〈郭店簡《窮達以時》、《語叢四》的幾處簡序調整〉。《國際簡帛研究通訊》第二卷第五期；二〇〇二年六月，頁一—六。

陳劍：〈郭店簡《六德》用為「柔」之字考釋〉。待刊稿。

陳麗桂：〈郭店儒簡〈性自命出〉所顯現的思想傾向〉。《中國學術年刊》第二十期；一九九九年三月，頁一三七—一五〇。

傅錫壬：《楚辭古韻攷釋》。臺北：淡江文理學院出版指導委員會，一九七三年六月。

馮友蘭：〈《中庸》的年代問題〉。收入羅根澤編著，《古史辨·第四冊》，《民國叢書·第四編·六七號》；上海：上海書店，頁一八三—一八四。

彭林：〈《郭店楚簡·性自命出》補釋〉。收入《郭店楚簡研究》，《中國哲學》第二十輯；瀋陽：遼寧教育出版社，一九九九年一月，頁三一五—三二〇。

程樹德：《論語集釋》。程俊英、蔣見元點校；北京：中華書局，一九九〇年八月。

黃俊傑：〈孟子後學對心身關係的看法——以馬王堆漢墓帛書《五行篇》為中心〉。〔臺灣〕《清華學報》新二〇卷第一期（一九九〇年），頁五五—八一。

黃暉撰：《論衡校釋》。北京：中華書局，一九九〇年二月。

黃德寬、徐在國：〈郭店楚簡文字考釋〉。收入吉林大學古籍整理研究所編，《吉林大學古籍整理研究所建所十五周年紀念文集》；長春：吉林大學出版社，一九九八年十二月，頁九八—一一一。

黃德寬、徐在國：〈郭店楚簡文字續考〉。《江漢考古》一九九九年第二期，頁七五—七七。

楊伯峻：《春秋左傳注》。一九八一年；修訂本，北京：中華書局，一九九〇年五月。

楊儒賓：〈知言、踐形與聖人〉。收入氏著《儒家身體觀》；臺北：中研院中國文哲研究所，一九九六年，頁一七三—二一〇。

楊儒賓：〈德之行與德之氣〉。收入氏著《儒家身體觀》；臺北：中研院中國文哲研究所，一九九六年，頁二五三—二九二。

楊儒賓：〈論公孫尼子的養氣說——兼論與孟子的關係〉。收入氏著《儒家身體觀》；臺北：中研院中國文哲研究所，一九九六年，頁八五—一二八。

福田哲之：〈郭店楚簡『語叢三』の再檢討——竹簡の分類と排列〉。《集刊東洋字》第八六號；二〇〇一年十一月，頁一二二—一三七。

裘錫圭：〈考古發現的秦漢文字資料對於校讀古籍的重要性〉（一九八〇年五月著）。收入氏著《古代文史研究新探》；江蘇古籍出版社，一九九二年六月。

裘錫圭：《文字學概要》。北京：商務印書館，一九九八年。

裘錫圭：〈中國古典學重建中應該注意的問題〉。《北京大學中國古文獻研究中心集刊》第二輯；北京：北京燕山出版社，二〇〇一年。

裘錫圭：〈談談上博簡和郭店簡中的錯別字〉。《華學》第六輯；二〇〇三年六月，頁五〇—五四。

裘錫圭：〈釋郭店《緇衣》「出言有丨，黎民所訓」——兼說「丨」為「針」之初文〉。收入郭店楚簡研究（國際）中心編，《古墓新知——紀念郭店楚簡出土十周年論文專輯》；香港：香港國際炎黃文化出版社，二〇〇三年十一月，頁一—八。

裘錫圭：《中國出土古文獻》。上海：復旦大學出版社，二〇〇四年十二月。

劉文典撰：《淮南鴻烈集解》。馮逸、喬華點校；北京：中華書局，一九八九年。

劉昕嵐：〈郭店楚簡《性自命出》篇箋釋〉。收入武漢大學中國文化研究院編，《郭店楚簡國際學術研討會論文集》；武漢：湖北人民出版社，二〇〇〇年五月，頁三三〇—三五四。

劉信芳：〈郭店竹簡文字考釋拾遺〉。《江漢考古》二〇〇〇年第一期，頁四二—四六。

劉信芳：〈郭店簡《緇衣》解詁〉。收入武漢大學中國文化研究院編，《郭店楚簡國際學術研討會論文集》；武漢：湖北人民出版社，二〇〇〇年五月，頁一六五—一八一。

劉信芳：〈郭店簡《語叢》文字試解（七則）〉。收入李學勤、謝桂華主編，《簡帛研究二〇〇一》；桂林：廣西師範大學出版社，二〇〇一年九月，頁二〇三－二〇六。

劉釗：〈讀郭店楚簡字詞札記〉。收入武漢大學中國文化研究院編，《郭店楚簡國際學術研討會論文集》；武漢：湖北人民出版社，二〇〇〇年五月，頁七五－九三。

劉釗：〈讀郭店楚簡字詞札記（四）〉。《古籍整理研究學刊》第五期；二〇〇二年九月，頁四－六。

劉釗：《郭店楚簡校釋》。福州：福建人民出版社，二〇〇三年十二月。

劉樂賢：〈《性自命出》與《淮南子．繆稱》論「情」〉。收入廖名春編，《清華簡帛研究》第一輯；北京：清華大學思想文化研究所，二〇〇〇年八月，頁一六二－一七二。

廖名春：〈荊門郭店楚簡與先秦儒學〉。收入《郭店楚簡研究》，《中國哲學》第二十輯；瀋陽：遼寧教育出版社，一九九九年一月，頁三六－七四。

廖名春：〈郭店楚簡《成之聞之》篇校釋〉。收入氏編，《清華簡帛研究》第一輯；北京：清華大學思想文化研究所，二〇〇〇年八月，頁八九－一一一。

廖名春：〈郭店楚簡《性自命出》篇校釋〉。收入氏編，《清華簡帛研究》第一輯；北京：清華大學思想文化研究所，二〇〇〇年八月，頁二八－六七。

廖名春編：《清華簡帛研究》第一輯。北京：清華大學思想文化研究所，二〇〇〇年八月。

廖名春編：《清華簡帛研究》第二輯。北京：清華大學思想文化研究所，二〇〇二年三月。

廖名春編：《新出楚簡與儒學思想國際學術研討會論文集》。北京：〔北京〕清華大學思想文化研究所、〔臺灣〕輔仁大學文學院聯合主辦，二〇〇二年三月。

熊十力：《原儒》。一九五四年；臺北：明文書局本，一九八八年十二月。

裴賢普：《詩經研讀指導》。臺北：東大圖書公司，一九九七年三月。

滕壬生：《楚系簡帛文字編》。武漢：湖北教育出版社，一九九五年七月。

蔡仲德：〈《樂記》作者問題辯證〉。收入人民音樂出版社編，《樂記論辯》（北京：人民音樂出版社，一九八三年），頁二三三—二六四。

蔣義斌：〈樂記的禮樂合論〉。《東方宗教研究》新二期（一九九二年三月），頁七三—一〇八。

錢遜：〈「使由使知」和「可道不可強」〉。收入廖名春編，《清華簡帛研究》第一輯；北京：清華大學思想文化研究所，二〇〇〇年八月，頁一四二—一四六。

錢穆：《先秦諸子繫年》。初版一九三五年；增訂版一九五六年；臺北：東大圖書公司再版，一九九〇年九月。

錢穆：《兩漢經學今古文平議》。一九五八年；臺北：東大圖書公司三版，一九八九年十一月。

鮑則岳，〈古代文獻整理的若干基本原則〉。收入（美）艾蘭、（英）魏克彬原編，邢文編譯，《郭店〈老子〉——東西方學者的對話》；北京：學苑出版社，二〇〇二年九月。

濮茅左：〈《孔子詩論》簡序解析〉。收入朱淵清、廖名春主編，《上博館藏戰國楚竹書研究》；上海：上海書店出版社，二〇〇二年三月，頁九—五〇。

戴璉璋：〈儒家慎獨說的解讀〉。《中國文哲研究集刊》第二十三期，二〇〇三年九月，頁二一一—二三四。

顏世鉉：〈郭店楚簡淺釋〉。收入《張以仁先生七秩壽慶論文集》；臺北：臺灣學生書局，一九九九年一月，頁三七九—三九六。

顏世鉉：〈郭店楚墓竹簡儒家典籍文字考釋〉。《經學研究論叢》第六輯；臺北：臺灣學生書局，一九九九年三月，頁一七一—一八八。

顏世鉉：〈郭店楚簡散論（三）〉。《大陸雜誌》第一〇一卷第二期；二〇〇〇年八月，頁二六—三七。

顏世鉉：〈郭店楚簡〈六德〉箋釋〉。《中央研究院歷史語言研究所集刊》第七十二本，第二分；二〇〇一年六月，頁四四三—五〇一。

顏世鉉：〈上博楚竹書（一）、（二）讀記〉。《臺大中文學報》第十八期；二〇〇三年六月，頁一—三〇。

顏世鉉：〈郭店竹書校勘與考釋問題舉隅〉。《中央研究院歷史語言研究所集刊》第七十四本，第四分；二〇〇三年十二月，頁六一九—六七二。

顏昌嶢著：《管子校釋》。一九二四年；長沙：岳麓書社，一九九六年二月。

魏啟鵬：《簡帛《五行》箋釋》。臺北：萬卷樓圖書有限公司，二〇〇〇年七月。

羅根澤：〈由《墨子》引經推測儒墨兩家與經書之關係〉。收入《古史辨‧第四冊》，《民國叢書‧第四編》；北京：樸社，一九三五年，六七號。

羅根澤：〈戰國前無私家著作說〉。收入《古史辨‧第四冊》，《民國叢書‧第四編》；北京：樸社，一九三五，六七號。

龐樸：〈馬王堆帛書解開了思孟五行說之謎〉。《文物》一九七七年十月，頁六三—六九。

龐樸：〈古墓新知——漫讀郭店楚簡〉。收入《郭店楚簡研究》，《中國哲學》第二十輯；瀋陽：遼寧教育出版社，一九九九年一月，頁七—一二。

龐樸：〈孔孟之間——郭店楚簡中的儒家心性說〉。收入《郭店楚簡研究》，《中國哲學》第二十輯；

瀋陽：遼寧教育出版社，一九九九年一月，頁二二一—三五。
龐樸：〈《語叢》臆說〉。收入《郭店楚簡研究》，《中國哲學》第二十輯；瀋陽：遼寧教育出版社，一九九九年一月，頁三二七—三三〇。
龐樸：《竹帛《五行》篇校注》。臺北：萬卷樓圖書有限公司，二〇〇〇年六月。
饒宗頤：《楚帛書》。香港：中華書局香港分局，一九八五年九月。
顧史考：〈郭店楚簡儒家逸書與其對臺灣儒學思孟傳統的意義〉。《第二屆臺灣儒學國際學術研討會論文集》；臺南：國立成功大學中國文學系，一九九九年十二月，頁一六九—二一一。
顧史考：〈郭店楚簡儒家逸書的排列調整芻議〉。《中國典籍與文化》編輯部編，《中國典籍與文化論叢》第六輯；北京：中華書局，二〇〇〇年十月，頁二〇六—二一八。
顧史考：〈從禮教與刑罰之辯看先秦諸子的詮釋傳統〉。《臺大文史哲學報》第五三期；二〇〇〇年十一月，頁一—三二。
顧史考：〈讀《尊德義》札記〉。收入張光裕主編，《第三屆國際中國古文字學術研討會論文集：新世紀的古文字學與經典詮釋》。香港：香港中文大學中國語言及文學系，二〇〇三年十月，頁三一九—三二九。
顧史考：〈從楚國竹簡論戰國「民道」思想〉。謝維揚、朱淵清主編，《新出土文獻與古代文明研究》。上海：上海大學出版社，二〇〇四年四月，頁二四八—二五八。
顧史考：〈以新出楚簡重遊中國古代的詩歌音樂美學〉。《政大中文學報》第一期（二〇〇四年六月），頁二三九—二四八。
顧史考：〈古今文獻與史家之喜新守舊〉。大阪大学中国哲学研究室編輯，《中国研究集刊：特集号

「戰国楚簡と中国思想研究」》騰号（第三十六号），頁五七－七四。

顧史考：〈從《楚辭》韻例看郭店楚簡〈語叢四〉〉。收入輔仁大學中國文學系編，《第四屆先秦兩漢學術國際研討會：上下求索——《楚辭》的文學藝術與文化觀照論文集》，二〇〇五年十一月，頁二六三－二八九。

顧史考：〈郭店楚簡〈成之〉等篇雜志〉。（北京）《清華大學學報》（社會科學版），二〇〇六年第一期，頁八〇－九二。

顧頡剛：〈《詩經》在春秋戰國間的地位〉。收入《古史辨・第三冊》，《民國叢書・第四編》；北京：樸社，一九三三年，六六號。

龔建平：〈郭店楚簡中的儒家禮樂思想述略〉。收入武漢大學中國文化研究院編，《郭店楚簡國際學術研討會論文集》；武漢：湖北人民出版社，二〇〇〇年五月，頁一四九－一五四。

二、英文著作

Allan, Sarah and Williams, Crispin, eds.: *The Guodian Laozi: Proceedings of the International Conference, Dartmouth College, May 1998*. Berkeley: Society for the Study of Early China and Institute of East Asian Studies, University of California, Berkeley, 2000 年。

Boltz, William G.: "Liijih 'Tzy i' and the Guodian Manuscript Matches." 收入 Reinhard Emmerich、Hans Stumpfeldt 編, *Und folge nun dem, was mein Herz begehrt: Festschrift für Ulrich Unger zum 70. Geburtstag*. Hamburg: Hamburger Sinologische Gesellschaft e.V., 2002 年 (Hamburger Sinologische Schriften 8)。

Bruns, Gerald L.: *Hermeneutics Ancient and Modern*. New Haven: Yale University Press, 1992 年。

Collingwood, R. G.: "Human Nature and Human History." 收入氏著，*The Idea of History* (1946 年). Oxford University Press 平裝本, 1956 年。

Cook, Scott: "Yue Ji 樂記 -- Record of Music: Introduction, Translation, Notes, and Commentary." *Asian Music* XXVI.2 (1995 年春／夏期)，頁一－九六。

Cook, Scott: "Consummate Artistry and Moral Virtuosity: the 'Wu xing 五行' Essay and its Aesthetic Implications." *Chinese Literature: Essays, Articles, Reviews* 第 22 期 (2000 年)，頁一一三－一四六。

Cook, Scott: "The Guodian Laozi: Proceedings of the International Conference, Dartmouth College, May 1998 書評." *China Review International* 9.2 (2002 年春季)。

Csikszentmihalyi, Mark: *Material Virtue: Ethics and the Body in Early China*. Sinica Leidensia 66; Leiden: Brill, 2004 年。

Emerson, Ralph Waldo (1809-1882 年): "History." 收入氏著，*Essays: First and Second Series*. New York: Vintage Books/ The Library of America, 1990 年。

Gadamer, Hans-Georg: "On the Scope and Function of Hermeneutical Reflection" (1967 年; G. B. Hess, R. E. Palmer 英譯)。收入氏著，*Philosophical Hermeneutics*. David E. Linge 編，Berkeley: University of California Press, 1976 年。

Goldin, Paul R.: "Xunzi in the Light of the Guodian Manuscripts." *Early China* 第 25 輯 (2000 年)，頁一一三－一四六。

Hegel, Georg Wilhelm Friedrick (1770-1831 年): *The Introduction to Hegel's Philosophy of Fine Art.*

Bernard Bosanquet 英譯; London: Kegan Paul, Trench & Co., 1886 年。

Heidegger, Martin: *Being and Time* (1927 年). John Macquarrie、Edward Robinson 英譯：New York: Harper & Row, 1962 年。

Kant, Immanuel (1724-1804 年): *The Critique of Judgement* (1790 年). James Creed Meredith 英譯, 1928 年：Oxford: Oxford University Press, 1952 年。

Nietzsche, Friedrich Wilhelm (1844-1900 年): *On the Advantage and Disadvantage of History for Life* (約 1875 年). Peter Preuss 英譯; Indianapolis: Hackett, 1980 年。

Puett, Michael: "The Ethics of Responding Properly: the Notion of Qing in Early Chinese Thought." 收入 Halvor Eifring 編，*Love and Emotions in Traditional Chinese Literature* (Leiden: Brill, 2004 年)，頁三七—六八。

Shaughnessy, Edward L.: *Rewriting Early Chinese Texts*. Albany: State University of New York Press, 2006 年。

Van Zoeren, Steven: *Poetry and Personality: Reading, Exegesis, and Hermeneutics in Traditional China*. Stanford: Stanford University Press, 1991 年。

國家圖書館出版品預行編目資料

郭店楚簡先秦儒書宏微觀

顧史考著. – 初版. – 臺北市：臺灣學生，
2006 [民 95]
面；公分
參考書目：面

ISBN 957-15-1306-7 (精裝)

1. 簡牘 – 研究與考訂

796.8 95008570

郭店楚簡先秦儒書宏微觀（全一冊）

著作者：顧史考
出版者：臺灣學生書局有限公司
發行人：盧保宏
發行所：臺灣學生書局有限公司
臺北市和平東路一段一九八號
郵政劃撥戶：〇〇〇二四六六八號
電話：(〇二)二三六三四一五六
傳真：(〇二)二三六三六三三四
E-mail: student.book@msa.hinet.net
http://www.studentbooks.com.tw

本書局登記證字號：行政院新聞局局版北市業字第玖捌壹號

印刷所：長欣彩色印刷公司
中和市永和路三六三巷四二號
電話：二二二六八八五三

定價：精裝新臺幣五〇〇元

西元二〇〇六年六月初版

79601

ISBN 957-15-1306-7（精裝）